一战全史 I

[法]加百利·阿诺托 著
钟旻靖 译

HISTOIRE
ILLUSTRÉE
DE LA
GUERRE DE
1914

吉林出版集团股份有限公司

译者序

加百利·阿诺托①充满活力，不知疲倦。他说："我热爱生活。"他也得到了上天的眷顾。他母亲活到快一百岁，他觉得自己注定长寿。某天，在法兰西学院，路易·巴尔图②先生对他说："您会活到九十岁。"他微笑回道："为什么要为我的生命设限呢？"③

他目光炯炯，声音洪亮，情商颇高，非常健谈。所有接触过他的人，都难以忘记与他相处的时光：

---

① 加百利·阿诺托（Gabriel Hanotaux，1853—1944），法国外交家、政治家、历史学家。
② 路易·巴尔图（Louis Barthou，1862—1934），法国记者、政治家，曾任法兰西第三共和国内政部长、外交部部长，1918年当选为法兰西院士。
③ Duc de La Force. Gabriel Hanotaux［J］. Revue des Deux Mondes, 1944,81(2)：149.［德·拉·福尔斯公爵.加百利·阿诺托［J］.两个世界，1944，81(2): 149.］

无论是在陈列了他诸多著作的巴黎住所中，在由他举办、有各国外交官出席的法美委员会①沙龙上，还是在位于奥榭兹②，由他精心布置、坐拥五万册藏书的修道院内，抑或在位于法国南部，坐落于柠檬树和花丛中，背山面海的红房子里。

1853年11月19日，加百利·阿诺托出生于波尔伏尔③的一个资产阶级家庭：他父亲是律师，舅舅是历史学家亨利·马丁④。不过，他的祖先大都是农民，这给他留下了深深的烙印，他在回忆录⑤中自称"大地之子、农民之子"。他始终认为农业是法国社会的基石，对科技进步和资本主义工业化持保守态度。他从不炒股，宁愿买地买房。他既不喜欢商业，也不喜欢工业⑥。而且，他有一点儿瞧不起善于经商的英国人⑦。

19世纪70年代初，他在巴黎攻读法律学士学位，同时对文学和艺术怀有浓厚兴趣。随后，因受到两位贵人鼓励，他开始专攻历史：一位是他的舅舅亨利·马丁，另一位是他在法国高等研究应用学院⑧遇到的加

---

① 法美委员会（Comité France-Amérique），由加百利·阿诺托于1909年创办成立，宗旨是向政府领导人及民众宣传和提醒美国在世界生活中的重要性，同时拉近加拿大法裔和法国的关系。该委员会如今更名为法美协会（France-Amériques），总部设在巴黎第八区的勒马罗瓦酒店（Hôtel Le Marois），宗旨是促进和加强法国与所有美洲国家的友谊和了解。

② 奥榭兹（Orchaise），位于法国中央——卢瓦尔河谷大区（Centre-Val de Loire），卢瓦尔-歇尔省（Loir-et-Cher）。

③ 波尔伏尔（Beaurevoir），位于法国上法兰西大区（Hauts-de-France），埃纳省（Aisne）。

④ 亨利·马丁（Henri Martin, 1810—1883），法国历史学家、评论作家、小说家、政治家，1859年凭借《法兰西历史》（Histoire de France）一书荣获法兰西学院戈贝尔历史大奖（Grand prix Gobert），1878年当选法兰西院士。

⑤ Hanotaux, G. Mon temps: Tome 1［M］. Paris：Société de l'Histoire Nationale, Plon, 1933.（加百利·阿诺托.我的时光：第1卷［M］.巴黎：民族历史出版社，普隆出版社，1933.）

⑥ Gillet, L. Gabriel Hanotaux, 19 novembre 1933［M］. Paris：Société de l'Histoire Nationale, Plon, 1933.（路易·吉莱.加百利·阿诺托，1933年11月19日［M］.巴黎：民族历史出版社，普隆出版社，1933.）

⑦ Hanotaux, G. Du Choix d'une Carrière［M］. Paris：Flammarion, J. Tallandier, 1902.（加百利·阿诺托.职业选择［M］.巴黎：弗拉马利翁出版社，达朗迪耶出版社，1902.）

⑧ 法国高等研究应用学院（École Pratique des Hautes Études），创立于1868年，总部位于法国巴黎，下辖三大学院——地球与生命科学院、历史与科学哲学院及宗教哲学院，主要提供硕士和博士阶段教育，于2017年加入巴黎文理研究大学（Université Paris Sciences & Lettres）。后者为大学与院校共同体，组建于2010年，如今汇集11个院校和研究机构，近年来综合排名为法国第一，世界前一百。

百利·莫诺①。1877年，他在《历史研究》②杂志上发表了几篇文章。时任国立文献学校③校长的儒勒·基切拉④想见见这位年轻的作者，于是在图尔农街⑤接见了他。儒勒·基切拉对他说："您还是缺乏研究方法的训练……到我们学校来，您将学会如何查找、批判和使用文献。"这位历史学前辈还解释道，其他地方教授现成的历史，而国立文献学校不仅教授史实，还传授研究方法。加百利·阿诺托被校长说服，于1878年进入国立文献学校学习。1921年，加百利·阿诺托在《两个世界》⑥杂志发表了一篇题为《国立文献学校百年校庆》的文章，写道："它（国立文献学校）维护了法国历史的尊严。它保持学术独立，恪守学术道德，追求科学真理，因研究成果严谨，研究方法创新，成果应用持久，学术研究独立及学术道德崇高，而享有盛名。一百年来，它遵循以上宗旨。它可以为此自豪。"⑦

在国立文献学校学习的同时，加百利·阿诺托在舅舅亨利·马丁的引荐下，担任外交部档案馆专员。1880年，他担任新成立的外交档案委员会秘书，该委员会负责出版外交部的文件；同年，进入法国高等研究应用学院担任讲师，教授当代历史。那时，舅舅马丁推荐他为《法兰西共和国日报》⑧历史文集专栏撰稿，他的才华得到了时任法国总理、日

---

① 加百利·莫诺（Gabriel Monod，1844—1912），法国历史学家。
② 《历史研究》（*Revue historique*）杂志，季刊，由加百利·莫诺和古斯塔夫·法尼耶兹（Gustave Fagniez,1842—1927，法国历史学家）创刊于1876年，现今仍在发行。
③ 国立文献学校（École Nationale des Chartes），创立于1821年，位于法国巴黎，专门提供历史基础学专业硕士和博士阶段教育，于2019年加入巴黎文理研究大学。
④ 儒勒·基切拉（Jules Quicherat，1814—1882），法国历史学家、考古学家。
⑤ 图尔农街（Rue de Tournon），位于法国巴黎第六区。
⑥ 《两个世界》（*Revue des deux mondes*）杂志，法国文学月刊，创刊于1829年，是法国最古老的刊物之一，现今仍在发行。
⑦ Hanotaux, G. Le Centenaire de L'École des Chartes［J］. Revue des Deux Mondes, 1921, 61(4): 794.［加百利·阿诺托.国立文献学校百年校庆［J］.两个世界，1921，61(4): 794.］
⑧ 《法兰西共和国日报》（*République Française*），由莱昂·冈贝塔创刊于1871年11月7日，最后一期发行于1924年7月12日。

报创刊人莱昂·冈贝塔①的赏识,并于1881年担任外交办公厅副主任。1898年,沃盖子爵②在法兰西学院接见加百利·阿诺托时,提及了这段往事:"某天,冈贝塔在他创刊的《法兰西共和国日报》历史文集专栏读到了您的文章。他被您的才华吸引,打听您的情况。他富有想象力,雄心勃勃,善于招贤纳士。他派人找到您。我没有在现场,但不难想象你们会面的场景:您中肯地谈论您所熟知的那个时代的历史,表达自己的观点;冈贝塔兴致勃勃地推敲您的观点,予以回应。你们思想碰撞,产生火花,相谈甚欢。当晚,他很高兴进行了如此愉快的会面,说'这个年轻人非常优秀'。之后,他把您纳入麾下,为您提供了一个外交部的职位。"③加百利·阿诺托在回忆录中提到这段经历时写道:"因此,我的生命在双重使命下有了充分、统一的意义,即在历史中寻求政治规则。"④

从此,加百利·阿诺托平步青云。1883年,他进入茹费理⑤的内阁,担任办公厅主任;1885—1886年,被派往君士坦丁堡担任使馆秘书;1886年,当选为埃纳省议员,进入国民议会;1889年,被保守派议员挤走,于是重新回到外交部,先后担任保护国事务厅副主任、商务厅主任和殖民地事务厅主任。随后,他的事业达到巅峰,他先后在三个温和派内阁担任外交部部长:迪皮伊⑥内阁(1894年5月30日—1895年1月14日)、里博⑦内阁(1895年1月27日—1895年10月28日)和梅利纳⑧内

---

① 莱昂·冈贝塔(Léon Gambetta, 1838—1882),法国政治家,曾担任法兰西第三共和国总理。
② 沃盖子爵(Vicomte Eugène-Melchior de Vogüé, 1848—1910),法国学者、外交家、政治家,1888年当选为法兰西院士。
③ Duc de La Force. Gabriel Hanotaux [J].Revue des Deux Mondes, 1944,81(2): 150. [德·拉·福尔斯公爵.加百利·阿诺托 [J].两个世界,1944, 81(2): 150.]
④ Hanotaux, G. Mon Temps : Tome 2 [M] . Paris : Société de L'Histoire Nationale, Plon, 1938 : 241. (加百利·阿诺托.我的时光:第2卷[M].巴黎:民族历史出版社,普隆出版社,1938:241.)
⑤ 朱尔·茹费理(Jules Ferry, 1832—1893),法国共和派政治家,曾两次出任法兰西第三共和国总理,任内推动政教分离、殖民扩张、教育世俗化。
⑥ 夏尔·迪皮伊(Charles Dupuy, 1851—1923),法国政治家,曾五次出任法兰西第三共和国总理。
⑦ 亚历山大·里博(Alexandre Ribot, 1842—1923),法国政治家,曾四次出任法兰西第三共和国总理。
⑧ 朱尔·梅利纳(Jules Méline, 1838—1925),法国政治家,曾担任法兰西第三共和国总理。

阁（1896年4月29日—1898年6月14日）。任期内，他不信任英国，致力于促进法俄联盟的建立，执行对非洲的殖民政策。

此外，加百利·阿诺托在学术领域颇有建树，一生撰文两百余篇，著书五十余部，从未因政治事务而放弃历史研究。其中，对黎塞留①的研究让他进入法兰西学院的殿堂。1878年，他着手整理相关文献。1896年，《红衣主教黎塞留传》②第1卷出版，并获得法兰西学院戈贝尔历史大奖。1897年，加百利·阿诺托当选为法兰西学院院士。《红衣主教黎塞留传》后五卷由加百利·阿诺托与德·拉·福尔斯公爵③共同完成。其他著作包括《贞德传》④《当代法国史》⑤《一战全史》⑥《法兰西民族史》⑦《法兰西殖民帝国》⑧等。

1914年秋，在第一次世界大战爆发之初，加百利·阿诺托如史官一样，开始记录这段他亲身经历的历史。魏刚将军⑨说道："这段历史，是加百利·阿诺托先生边经历边书写的。人们一定在军队总部或指挥部见过他。他翻阅文献，总结军事行动要点。而且，他与将领们交谈，了

---

① 黎塞留公爵（Duc de Richelieu，1585—1642），于1624—1642年担任法兰西国王路易十三的枢密院首席大臣及教机，在法国政务决策中具有主导性的影响力，牢牢巩固了法国专制制度，为路易十四时代的兴盛奠定了基础，被誉为杰出的政治家、外交家。

② 全书共六卷，于1896—1944年出版。Hanotaux, G. Histoire du Cardinal de Richelieu [M]. Paris：Société de L'Histoire Nationale, Plon, 1896—1944. (加百利·阿诺托. 红衣主教黎塞留传[M]. 巴黎：民族历史出版社，普隆出版社，1896—1944.)

③ 奥古斯特·德拉福尔斯（Auguste de La Force，1878—1961），法国贵族戈芒（Caumont）家族后人，第12代德·拉·福尔斯公爵，法国历史学家，1925年当选法兰西学院院士。

④ Hanotaux, G. Jeanne D'Arc [M]. Paris：Hachette et Cie, 1911. (加百利·阿诺托. 贞德传[M]. 巴黎：阿歇特厄希出版社，1911.)

⑤ Hanotaux, G. Histoire de La France Contemporaine, 1871—1900 [M]. Paris：Furne, Société D'Édition Contemporaine, 1903—1908. (加百利·阿诺托. 当代法国史，1871—1900 [M]. 巴黎：富尔纳出版社，当代出版社，1903—1908.)

⑥ Hanotaux, G. Histoire Illustrée de La Guerre de 1914 [M]. Paris：Gounouilhou, 1915—1924. (加百利·阿诺托. 一战全史[M]. 巴黎：古努伊鲁出版社，1915—1924.)

⑦ Hanotaux, G. Histoire de La Nation Française [M]. Paris：Société de L'Histoire Nationale, Plon, 1920—1929. (加百利·阿诺托. 法兰西民族史[M]. 巴黎：民族历史出版社，普隆出版社，1920—1929.)

⑧ Hanotaux, G. Pour L'Empire Colonial Français [M]. Paris：Kapp, 1935. (加百利·阿诺托. 法兰西殖民帝国[M]. 巴黎：卡普出版社，1935.)

⑨ 马克西姆·魏刚（Maxime Weygand，1867—1965），法国军官，第一次世界大战期间任斐迪南·福煦元帅（Ferdinand Foch，1851—1929）麾下参谋长。1918年11月11日，负责向德国代表团宣读停战协定。

解他们，听他们解释自己的想法和行动。"① 在《一战全史》中，加百利·阿诺托抽丝剥茧，讲述引发这场大战的深层原因；他批判人性之恶，谴责挑起战争的一方的残酷暴行；他赞美人性之善，颂扬为和平、自由、真理而战的民族的崇高精神。他虽然饱受战争之苦，感叹命运不公，但是依然竭尽所能遵循书写历史的法则，尊重史实，保持公允。他对战前危机、参战势力、几大战线及重要战役进行了详尽描述，阐述各个方面的细节，例如，某个会面的谈话内容、某几国领导人之间的来往信件、各方势力的兵力和武器装备、各战役中参战方的兵力部署等。本书不仅提供了珍贵、翔实的文字史料，而且辅以相关插图，对读者深入了解这段历史具有重大意义。

虽然译者为法语科班出身，也在法国留学数年，取得了对外法语教学和汉学研究的硕士学位，并于2020年获得巴黎第三大学语言学博士学位，但是在翻译领域只是初出茅庐，在历史研究领域也是才疏学浅。即使译者态度认真、肯于钻研，尽可能采取直译，但译文中难免存在错误和不足，恳请相关学者和读者批评指教。

最后，感谢吉林出版集团股份有限公司对译者的信任，感谢编辑老师的校正，感谢各位工作人员的付出，能够让本书面世。

钟旻靖
2021年7月于湘潭大学外国语学院

---

① Duc de La Force. Gabriel Hanotaux［J］. Revue des Deux Mondes, 1944,81(2):154.［德·拉·福尔斯公爵. 加百利·阿诺托［J］. 两个世界, 1944, 81(2): 154.］

目　录

第一章　引起冲突的外交因素 ………………………………… 001

发生在1875年的事件 ……………………………………………… 003

德意志帝国、奥匈帝国及俄罗斯 ………………………………… 006

德国宣布支持奥匈帝国 …………………………………………… 007

俾斯麦对巴尔干半岛的国家的轻视 ……………………………… 008

俄罗斯疏远德国 …………………………………………………… 011

三国同盟 …………………………………………………………… 012

三国同盟中的意大利 ……………………………………………… 014

法俄同盟 …………………………………………………………… 017

缔结同盟 …………………………………………………………… 019

殖民扩张 …………………………………………………………… 022

日俄战争 …………………………………………………………… 024

日俄战争后续—巴尔干半岛和摩洛哥 …………………………… 025

第二章　英国的政策，三国协约 ……………………………… 027

英国和俄国 ………………………………………………………… 028

英法两国间的对抗 ………………………………………………… 029

1900年，英德关系的完全转变 ………………………………… 031
威廉皇帝和德兰士瓦战争 …………………………………… 032
爱德华七世登基 ……………………………………………… 036
德国海军 ……………………………………………………… 037
爱德华七世和《英法协约》 ………………………………… 038
英俄关系亲近 ………………………………………………… 040
三国协约 ……………………………………………………… 041

第三章　德国的经济及泛日耳曼主义 …………………… 045
两个德国 ……………………………………………………… 046
封建制的、农业化的东部 …………………………………… 050
土地均分论者与贵族 ………………………………………… 051
贵族与泛日耳曼主义 ………………………………………… 053
西部的德国与产业政策 ……………………………………… 054
产业快速发展的另一面 ……………………………………… 057
经济危机 ……………………………………………………… 059
殖民扩张 ……………………………………………………… 060
世界政策的失败 ……………………………………………… 062
战前 …………………………………………………………… 066
世界政策与泛日耳曼主义引发战争 ………………………… 068

第四章　德国的政治 …………………………………………… 071
帝国议会 ……………………………………………………… 073
地方主义 ……………………………………………………… 078
天主教徒 ……………………………………………………… 081

德国内部困境 ································· 084

纪律因素 ······································· 086

学校 ··· 088

大学和知识分子 ································ 092

军国主义 ······································· 095

反德精神 ······································· 100

德国的和平主义者和军国主义者 ··········· 102

德国皇帝 ······································· 107

威廉二世与法国 ································ 109

另一场会晤 ···································· 112

德皇的角色 ···································· 116

一个想要发动战争的皇帝 ···················· 120

皇帝的首相们 ································· 121

比洛伯爵 ······································· 122

冯·贝特曼·霍尔维格 ························ 126

皇储 ··· 129

第五章 军备政策 ························· 131

常备军 ·· 133

1913年的法令 ································· 136

重型炮 ·· 140

航空 ··· 142

其他专门用于战争的工具 ···················· 143

军备财政资源 ································· 144

德国后备军 ···································· 146

德国海军 ··· 149
谁是侵略者 ··· 152

第六章 处于德国对立面的法国 ·························· 155
新的军事制度 ··· 157
三年法令 ··· 161
三年法令和德国 ··· 168
75毫米火炮 ··· 172
重型炮 ··· 177
航空及其他 ··· 179
法德两国所做努力的对比 ································· 180
法国海军 ··· 182

第七章 欧洲大国：奥匈帝国 ···························· 187
奥地利 ··· 188
帝国中的斯拉夫问题 ····································· 190
二元政权 ··· 194
促成统一的因素 ··· 195
皇帝 ··· 200
弗朗茨·约瑟夫一世 ····································· 201
军队 ··· 203
奥匈海军 ··· 207

第八章 欧洲大国：土耳其 ······························ 209
土耳其的衰落 ··· 209

东部问题	212
巴尔干半岛上的国家	216
革命前夕的土耳其	219
年轻的土耳其	222
巴尔干战争	228
土耳其军队	232

第九章 欧洲大国：俄罗斯 235

俄罗斯军队	235
俄罗斯的庞大	239
俄罗斯的进步	244
外交政策	246
波兰问题	253
皇帝	256
尼古拉二世	259
俄罗斯的陆军和海军	266
塞尔维亚	272
塞尔维亚军队	281
黑山	283
黑山军队	287

第十章 欧洲大国：英国 289

英国想要和平	290
海军竞赛	300
英国与德国	310

大英帝国 ··· 313
英国的实力如何？物质上及精神上的实力 ····································· 317
陆军和海军实力 ·· 323
英国海军 ··· 327

第十一章　欧洲大国：比利时　　335

比利时中立 ··· 340
1906—1912年的英国—比利时谈判 ··· 342
比利时军队 ··· 346
日本 ··· 349
日本的陆军和海军 ·· 356

第一章
引起冲突的外交因素

1870年战后，德国（Allemagne）政治架构；
德意志帝国、奥匈帝国（Autriche-Hongrie）及俄罗斯联邦（Russie）
三国同盟（Triple Alliance）；
法俄同盟

1914年爆发的战争与1870年的那场战争息息相关。尽管俾斯麦（Bismarck）总是声称他不是有意分割法国领土，但他提出的《法兰克福条约》（*Traité de Francfort*）还是在我们国家脊梁流血的伤口上，撒下了那撮引发日后祸患的盐。他不抱任何幻想，还表示要求割走梅斯（Metz）和洛林（Lorraine）是个错误的决定。

1871年8月13日，他对法国驻柏林大使德·加布里亚克（De Gabriac）说："我不抱任何幻想。从你们手中拿走梅斯是荒唐的，但也是迫不得已的。总参谋部表示在梅斯这样的缓坡地形背部，我们可以安排10万名士兵，没办法，我们只好留着梅斯这个地方。阿尔萨斯（Alsace）和洛林的割让也是这个道理。如果要保持长久的和平，我们必须这么做。因为这几个省对我们来说，是很大的隐患啊！"

在萨多瓦（Sadowa）战役后，这个狡猾的政治家并不想削弱奥地利（Autriche）和它的盟军。他既现实又讽刺地说："萨多瓦战役后，我亲爱的国王决定夺取每个战败国一片领土，作为对它们的惩罚。他总是不停地对我说，他要替天行道。我就回复他，那还是让上帝自己裁决比较好。"

同样在1870年的战争后，他也猜到，如果无休止地与尚未平息的法国作对，他一手打造的帝国将会遇到灾祸。

这是官方的证据，除此之外还有其他充分的证据能证实俾斯麦犹豫不决。我们可以看看两位德国现代艺术家对俾斯麦特别戏剧性的评价，其中一位，伦巴赫（Lenbach）善于取得他的信任：

"有一次，艺术家伦巴赫谈起瓦格纳（Wagner）最近出的新作：'这位音乐诗人写道，俾斯麦对法国友人犯了一个最愚蠢、最恶劣的罪行。他顺着自己的心意，像个粗人，恬不知耻地从法国手中抢走了梅斯和斯特拉斯堡（Strasbourg）。这两个本来友好的邻邦，一起为人类文明进步做贡献的国家，就因为有了他，互相憎恶，形成了几代人都难以修补的鸿沟啊！'接着，伦巴赫激动地反驳道：'瓦格纳错了。其实不是俾斯麦想要吞并洛林和阿尔萨斯，是毛奇（Moltke）以军事利益的名义，要求他这么做的。他也是没办法反对。最终他在国王面前屈服了。这才是真相。'"

因此，俾斯麦再有远见有毅力，作为首相，他还没那么大的本事能控制普鲁士（Prussien）的狼子野心。帝国求胜的野心远远大于这位首相运用外交均衡势力的决定。在1870—1914年的四十多年间，我们都能看到这份野心勃勃和谨小慎微之间的角力。智慧的那一方做出退让，轻率冒失让德国乱了方寸。这个状态一直持续到德国推行泛日耳曼主义（Pangermanisme），使得全世界受伤或受威胁的人民都仇恨它的那一天。

发生在1875年的事件

第一件让人高兴的事发生在1875年，是俾斯麦在威胁法国之后，在俄罗斯和英国（Angleterre）的施压下，不得不做出让步。在这次事件中，我们能找到一些1914年发生的更值得谴责的事件的影子。

1875年5月10日，亚历山大二世（Alexandre Ⅱ）的首相戈尔恰科夫（Gortschakow）在俾斯麦想要攻打法国时，制止了他。如此，俄罗斯部长才能给司法部发送这封著名的电报，使俄罗斯有调停战争的权利："现在，和平得到保障了。"对此，俾斯麦非常生气，他对戈尔恰科夫说话的措辞类似于威廉皇帝（Empereur Guillaume）和乔治五世（Roi Georges V）说话时的措辞："在一个信任你的朋友背后突然搞小动作，这太不友好了！"同时，他还指责维多利亚女王（Reine Victoria）和英国采取的外交手段："他们之前认准德国断交的意图，现在却两面三刀。"德国真的相信，其他大国都该无条件相信它漏洞百出的外交谎言。

从那时起，德国司法部应该能感受到来自这三个欧洲大国的联盟的潜在威胁。俾斯麦责怪所有人，其实他应该好好自责吧。

这个未说出口的担忧深深困扰着德国司法部。俾斯麦在他的《回忆录》（Souvenirs）里承认他厌恶联盟。他以为建立三国同盟就万无一失了，没想到与奥匈帝国和意大利（Italie）结盟抵抗俄罗斯，却将俄罗斯推向了法国的阵营。而且，他亲手打造了日后遏制德意志帝国的那把可怕的钳子。

从此之后，反俄情绪蒙蔽了他的双眼，也一点点蒙蔽了他的继任者的双眼。

他的智慧没能派上用场。他以为，给俄罗斯在君士坦丁堡（Constantinople）附近留一块自由的土地，会缓和俄罗斯的反德政策。他与俄罗斯签订了著名的《再保险条约》（Traités de réassurance），其模棱两可的条款，试图欺骗圣彼得堡（Saint-Pétersbourg）和维也纳（Vienne），在沙皇（Tzar）和他的家族面前极尽阿谀奉承之事。为了德国的事业，在圣彼得堡，德国酝酿的诡计慢慢发酵。

但这只是权宜之计！

不管怎样，俄国人还是心存怀疑的。他们知道德国耍的这伎俩并不真诚，也知道德国人对斯拉夫人（Slave）的憎恶、对俄国的忌妒、对在东方的这个莫斯科（Moscovite）大国崛起的担忧，都会让德国人忽略谨慎的、有远见的忠告。我们知道，在圣彼得堡，面对戈尔恰科夫的询问，俾斯麦说："如果俄罗斯和奥地利开战，德国会保持中立。"（1876年秋）这句话对应德国"会尽一切可能避免战争，但不会放弃奥地利"的立场。

准确地说，这是一个引起这场冲突的、不可否认的外交因素之一。历史的车轮缓慢前进着，不过在某些时刻，天命不可违。

俄罗斯几乎被欧洲中部的两大帝国联盟挡在了欧洲之外，当它尝试转头实现它欧洲政策的传统目标——占领君士坦丁堡和巴尔干半岛（Balkans）时，却遭到了奥匈帝国和德国的一致反对。

1876年7月的莱希斯塔特（Reichstadt）会晤后，巴尔干半岛被俄罗斯和奥匈帝国一分为二。俄罗斯把居住在半岛东部的斯拉夫人留给自己，把西部的领土让给了奥地利。就在这个协议之后，俄罗斯于1878年对土耳其（Turquie）宣战。这个协议也是引起1914年一系列事件的导火索。俄国在俄土战争中付出的代价是巨大的。但正当它前往圣斯特法诺（San-Stefano）——君士坦丁堡附近的小镇，准备收割战后果实时，却遭到了奥匈帝国、德国和英国的抗议。

俾斯麦侯爵

在俾斯麦的主持下，各大欧洲强国派出代表参加柏林会议（Congrès de Berlin）。在会上，他扬扬自得，给了戈尔恰科夫代表的俄国一个下马威。其实其他国家早已背着俄国修改了《圣斯特法诺条约》。在这些敌对国家的施压下，俄国不得不亲手撕了旧的条约，接受新的条款。奥匈帝国占领了波斯尼亚和黑塞哥维那（La Bosnie et L'Herzégovine）。

1879年签订的《柏林条约》，非但没有彻底解决土耳其的问题，反而让土耳其重新与俄罗斯形成对立。它把色雷斯（Thrace）和马其顿（Macédoine）的民众重新置于奥斯曼（Ottoman）的压迫下，埋下了日后冲突的隐患。它同意把保加利亚（Bulgarie）建成一个独立的、有自治权的亲王国，但压制了保加利亚的民族意识，激化了解放的国家和被解放的人民之间的矛盾。

在柏林，俾斯麦和比肯斯菲尔德（Beaconsfield）伯爵不择手段，让奥匈帝国夺得管理波斯尼亚和黑塞哥维那的权力，这是发生在欧洲会议上最严重的占领事件。就好比在巴尔干半岛上斯拉夫人的阿尔萨斯—洛林。

从那之后，奥匈帝国、德国乃至整个欧洲都要经受因俾斯麦的不详布局所带来的惩罚，就像一个隐藏在欧洲事务下一触即发的地雷。这两个日耳曼（Germanique）帝国从此纠缠不休，直至灭亡。

德意志帝国、奥匈帝国及俄罗斯

为了很清晰地判断这些重大历史变化，需要了解一些次要事件。

纵观半个世纪以来欧洲发生的事，我们发现，自1866年以来，普鲁士就被它在萨多瓦战役取得的胜利所困。北德意志邦联（Allemagne du Nord）成立后，在某种程度上，它实行的是奥匈帝国政策，而不完全是普鲁士政策。从理论和实践角度来看，总是那个优秀的第二名制定游戏规则。

其实，南德邦国（Allemagne du Sud）当时是，而且会一直是北德意志邦联心头的牵挂。即使有统一南北的雄心，却未能实现。19世纪中期的民族主义和浪漫主义高喊德国统一，却忽略了这个现实：北德朝着北面的海，南德朝着南面的海；北德信新教，南德信天主教。而且，还有夹在南北两德间尴尬的中部大陆地区。

不管怎样，政治和军事手段都无法缓和因地理、人种及宗教因素产生的潜在冲突。这个新成立的联邦如果依附于奥匈帝国的话，只能保证自身一定程度的安全，但是如果能和南德实现统一，就能完全自保。

那么，只有考虑双方内部利益和目标，才能实现双边统一。北德只有为南德谋利，才能让南德对它忠心耿耿。奥匈帝国在失去一部分领土后，只有选择往多瑙河（Danube）地区扩张。正如俾斯麦在《回忆录》中所说："奥匈帝国想打破现有界线，扩张至多瑙河地区是很正常的。看看德意志帝国的成立，不难理解奥地利是如何利用保加利亚民众和科托尔海湾（Cattaro）为自己谋利的。"这句话完全说明了奥匈帝国的行动计划。所以，德国决定和奥匈帝国结盟是引发1914年战争的源头之一。

德意志帝国既然提出与奥匈帝国结盟，那它就必须保障后者的利益。不然，奥匈帝国很有可能转向法国阵营，会严重威胁到普鲁士在德国的统治，而且萨多瓦战役和色当（Sedan）战役将有一个截然相反的结局。

德国宣布支持奥匈帝国

德国既然决定促使奥地利扩张至多瑙河地区和巴尔干地区，那它就应该在奥匈帝国的政治代表和领导人中找到可以利用的棋子。只要稍稍放低姿态就能找到这些棋子，他们就是匈牙利的部长们。俾斯麦深知，这些匈牙利人不喜欢斯拉夫人。于是在保持理智的情况下，他决定好好利用这一点。他预料到了奥匈帝国政治上的弱点和缺陷，所以他得以掌控它。

他在《回忆录》中写道："如果匈牙利能一直审时度势，那么这个勇敢独立的民族很快就会明白，在人口众多的斯拉夫人面前，他们显得微不足道。人口稀少的它只有依靠德国，才能保障自己的安全。但在关键时刻，科苏特（Kossuth）等人的所作所为，都反映了那些匈牙利律师和骑兵过于自负，看不清政治形势。许多匈牙利人难道不是站在流动小车上，摆出那副著名的'德国人不就是犹太人？'的样子吗？"

所以，俾斯麦绝不上当，并利用他所称的"匈牙利沙文主义"（Le chauvinisme Hongrois）。安德雷西（Andrassy）成了他的棋子。他与俾斯麦签订了同盟合约，以保障奥匈帝国能顺利进驻巴尔干半岛，并防止斯拉夫势力在半岛上扩张。

既然是反斯拉夫的条约,意味着必然是反俄的条约。任俾斯麦如何叱咤风云,都不能扭转这个主要局面。德国奉承奥匈帝国,却在俄罗斯边界付出了惨痛代价。

俾斯麦也许隐约预感到了这个后果,他在《回忆录》中说:"与奥匈帝国结盟存在许多可能的忧患:宗教问题,与法国在天主教教义上融洽相处的可能性,缺乏从德国和奥匈帝国角度出发的政治眼光。总的来说,在维也纳形成的一定的政治自主让人非常担忧。什么时候会突发变数?没有人能预知。"

可以说俾斯麦故意夺取了法国两个省,但他却完全忽视了这个错误可能引发的后果。他想让历史折服,还想让世人相信他做到了万无一失。可是他打造的帝国已从根本上逐渐衰落并注定走向灭亡。

德国要么疏远奥地利,要么疏远俄罗斯,真是左右为难。为了能同时解决奥匈帝国和斯拉夫人的问题,法国采取了比德国更睿智的政策,首先必须保障自身安全。如果想像德国那样一箭双雕的话,注定会失败。

俾斯麦对巴尔干半岛的国家的轻视

除上文提到的错误以外,俾斯麦还犯了另一个严重的错误,就是故意忽视巴尔干地区人民的未来。俾斯麦常说,并且一开始还略带诚意地说,巴尔干整个半岛都抵不上波美拉尼亚(Poméranien)投弹手的一根骨头。在柏林会议上,他对这些弱小的巴尔干地区人民只有轻视,却未料到日耳曼有一天会栽在他们手上。

柏林会议（1879年）

维尔纳（Werner）作品

第一排：卡罗伊（Karoly）、戈尔恰科夫、迪斯雷利（Disraëli）、安德雷西、俾斯麦、舒瓦洛夫（Schouvalow）、比洛（Bülow）、穆罕默德·阿里帕夏（Mehemet-Ali-pacha）

第二排：沃丁顿（Waddington）、拉多维茨（Radowitz）、科尔蒂伯爵（Cte Corti）、乌比利（Oubril）、圣·瓦利耶（Saint-Vallier）、德普雷（Desprez）、卡拉特奥多里·帕夏（Caratheodory-Pacha）、萨多拉·贝（Sadoulah-Bey）

第三排：哈耶梅尔雷（Haymerlé）、洛奈伯爵（Cte Launay）、荷亨洛赫（Hohenlohe）、德·穆伊（De Mouy）、欧多·罗素（Oddo Russell）、索尔兹伯里（Salisbury）

第四排：维尔纳（此画作者）、赫伯特·俾斯麦（Herbert de Bismarck）、学者布施（Busch）

卡拉特奥多里帕夏在他的《新回忆录》（*Mémoires inédites*）中写道："俾斯麦亲王对这些东方人民的态度，可以从以下事件中看出端倪。在召开柏林会议前，我们在保加利亚问题上无休止的讨论，使俾斯麦失去了耐心，他说：'我们已经花费两天时间讨论保加利亚问题了，保加利亚人民都没想到我们会如此重视吧！作为德国的全权代表，不瞒你们说，我不关心这些细节问题。我们已经决定给保加利亚自治权，但我们还不知道是否能找到一位保加利亚公爵的合适人选。如果能找到，那就最好。但没必要没完没了地讨论保加利亚贵族们的组成性质问题，对于这一点，我已心中有数了。'

"有一天，俾斯麦在阅读《圣斯特法诺条约》第七条时，看到有关保障非保加利亚人政治权利的部分，涉及马其顿—罗马尼亚（Koutzo-Valaques）地区时，他说：'这个就不用管了。'说着，就拿笔把它划掉了。

"当索尔兹伯里再次提出要安排一天讨论亚美尼亚（Arménien）问题时，俾斯麦不耐烦地喊道：'怎么还要讨论啊！'

"当奥斯曼和俄罗斯代表们在讨论拉兹（Lazes）人口数量时，英国代表也加入了他们的讨论。这时，俾斯麦对索尔兹伯里侯爵说：'阁下，我相信拉兹人的问题是值得讨论的。但我们是否真的有必要花费时间讨论它，毕竟天气也越来越热了。'

"总之，俾斯麦从未放过任何一个表达他观点的机会，'这些身处欧洲文化圈之外的民众没有任何未来'，只有在涉及欧洲列强关系时，讨论这个地区的民众和政府形式问题才有意义。"

我引用俾斯麦的这句巴尔干半岛民众没有未来的原话，并不是为了指责他犯了严重错误，而是通过找到源头，明确地警醒俾斯麦的追随者们，东部问题只有在涉及欧洲列强关系时才有价值。

三十五年过去了，我们有可能在这么短的历史中看到，如果欧洲领导人能够更明确、更深刻地看清事实，那么欧洲还是有所收获的。

俄罗斯疏远德国

因为俄罗斯疏远德国,俾斯麦精心打造的帝国注定动荡不安。他有理由说:"这些斯拉夫人啊,应该把他们的头撞到墙上去!"但他并不能通过这句有预见性的话为自己辩解。

在强大的俄罗斯的威胁下,德国不知道安抚法国,以得到它的支持。这就是引起战争的外交上的根本原因。这个原因也能解释为什么过于冒失的德国无法同时提防来自英国的敌意了。在这之前,我们还要了解在奥地利和俄罗斯之间,德国最终选择支持前者所带来的一系列后果。

沙皇亚历山大三世

柏林会议刚刚结束时,俄罗斯才意识到它在1870年所犯的错误。德国既然与奥地利结盟,那俄罗斯就应该转向法国阵营。

法国只有一项与它的民族尊严相符的权利。战败以后,它自我反省及疗伤,随时准备抵抗袭击,期待敌人受到惩罚,并期盼正义的钟声响起的那一天。

法国人民经验丰富,通过分析敌人心理,抓住了对方的弱点,还善于等待时机,给敌人以重击。德国一系列过分的行为让所有人都讨厌它。法国的手段就是任敌人做他们想做的事,让他们尝到令人无法容忍的自负所结出的苦果。

三国同盟

德国与奥匈帝国缔结正式盟约,之后又马上拉拢意大利形成三国同盟。这件事的重要程度远远超过《柏林条约》的签订。如果这件事未发生,那么俄国皇室还会在政治立场上犹豫不决。

柏林会议刚结束的时候,俾斯麦就去了维也纳。

1881年10月27日,意大利国王翁贝托一世(Roi Humbert I)在他的部长会议主席和外交大臣曼奇尼(Mancini)的陪同下,也来到了维也纳。公众非常关注这些活动,却不知道其中的真正含义。

俾斯麦下着一盘棋,想削弱法国实力,孤立法国。他从奥匈帝国这里入手。来自萨克森(Saxon)的奥匈帝国外交大臣博伊斯特(Beust)伯爵,想对德国实行"放手政策",他说,此政策允许"从两个帝国的利益和繁荣出发,实现积极的和平合作"。他和戈尔恰科夫一样,都有自己的想法,不想被"另一个首相"牵着鼻子走。但俾斯麦愚弄了他,把他玩弄于股掌之中,还暗中勾结匈牙利的安德雷西,并引导弗朗茨·约瑟夫一世(Francois Joseph I),这个萨多瓦战争的战败者,一手把帝国的命运交到了曾将奥地利逐出德意志的大臣,即俾斯麦本人手上。德奥两国君主在萨尔茨堡(Salzbourg)进行了会晤。

按弗朗茨·约瑟夫的话说,萨尔茨堡成了"博伊斯特伯爵的裹尸布"。1879年10月7日,德国和奥匈帝国在维也纳缔结盟约,建立防御同盟,并于1888年2月3日公布了条约内容。

这是条约内容:

第一条:双方承诺,一方遭到俄罗斯的进攻,另一方应举全部兵力援助,并不得单独媾和。

第二条：若一方遭到第三国进攻，则另一方不能支持攻击者，且应采取善意的中立。若进攻者得到俄罗斯支持，即以积极合作或兵力援助形式的支持，那么缔约双方必须履行第一条所说义务，立即调动所有兵力，共同作战，直到双方议和为止。

第三条：为了杜绝任何伪造的文书，并从条约的和平性质出发，双方对条约应保密。

在双方都知晓并一致同意的情况下，才能告知第三方此条约。

在亚历山德罗夫（Alexandrowo）的会晤中，鉴于亚历山大沙皇所述条款，双方希望俄罗斯不会发动实际进攻。所以，现在没有理由通告此条约。

万一俄罗斯发动进攻，双方都有义务通知其领导人亚历山大沙皇。

代表们亲手签订此条约并盖章，特此证明。

签名：安德雷西

亨利七世 罗伊斯公爵 （Prince Henri VII REUSS）

维也纳，1879年10月7日

俾斯麦在他的《回忆录》中阐述了建立三国同盟的原因。他简明扼要地说："为了抵抗法俄同盟，我们必须建立德奥同盟。"他在给巴伐利亚（Bavière）国王的信中，预见了将会发生的事及其结果："我可能会把德奥同盟视作保证欧洲和平和德国安全的基石。如果德国善于保持统一，并懂得巧妙领导军队，那么这个新式考尼兹（Kaunitz）同盟（法俄同盟）就不能威胁到德国。然而，我们还应竭尽所能地避免这件可恶的事。如果我们的同盟能像他们一样团结统一，那他们根本不可能对我们造成致命威胁，甚至都不需要意大利加入我们的同盟了。"

但他又立即提出如下观点,来说明他的所有想法:"作为奥地利的同盟,德意志帝国不会忘了英国的支持。"由此,我们可以看出俾斯麦与其继任者们政治思想的根本区别。实际上,英国的介入变成了他的噩梦,他只有用尽办法来阻止它。

俄罗斯是条约涉及的唯一目标,说明德国明确与俄罗斯断交,中止三国同盟。

此外,这只是一个防御条约:只有契约一方遭到俄罗斯进攻时,另一方才会相助。如果一方遭到第三国进攻,那另一方只需保证"不能支持攻击者,且应保持善意的中立"。而且,只有在进攻方得到俄罗斯援助的情况下,才有"共同作战的义务"。

关于将德奥同盟条约告知俄罗斯,从根本上说,是德奥在必要时用来威胁和抵抗俄罗斯的手段。这些手段和预防措施对1914年决裂前的形势产生了影响。

俾斯麦不满于这样的强强联盟。他想竭尽所能保障奥匈帝国的安全,后者在1866年时与意大利对战过。意大利当时是个危险的对手,极有可能成为他们的劲敌,至少是个让人不省心的邻国。所以,俾斯麦一手操办相关事宜。

三国同盟中的意大利

意大利非常怨恨拿破仑三世维护了教皇的俗权,也对法国设立突尼斯(Tunisie)保护国极其失望。而且,它讨厌奥地利,一直感到后者对威尼斯的威胁。记得一位奥地利外交官在谈到弗朗茨·约瑟夫一世时说:

"如果我们打开他的心房，会在那儿找到三个字：威尼斯（Vénétie）。"若是俾斯麦负责处理俗权事务，那意大利就得担心统一的问题了。俾斯麦以他一贯厚颜无耻的态度解释了为何且如何向意大利施加影响。

无论如何，1882年在维也纳签署的德国、奥匈帝国及意大利三国同盟条约，补充了1879年签署的德奥同盟条约，实现了三国同盟。

条约内容未公布，但我们知道其明显不同于德奥同盟条约。它的唯一主旨是防守：限于"在受到他国进攻时，协约各方都应承担保护其他国家的义务，以互相保护领土完整"。而在俾斯麦亲王安排下，法国、俄罗斯这两个相隔遥远的国家，被350万精兵包围。此时德国成为欧洲外交界一把手。

最初同盟有效期定为五年，但经过1887年3月、1891年6月、1898年5月（有效期六年）、1904年5月及1909年5月的续订后，同盟已成为契约三国的政治基调。但意大利是唯一不太受约束的国家，往往在续约时，它就出难题。最后一次续约在1913年6月，意大利所签的条约非常谨慎，允许它在不违反条约的情况下保持中立。

俾斯麦认为还需迈出新的一步。既然已经采取防范俄罗斯的措施，那么若能从后者那儿得到满足及安全保障就锦上添花了。他担心俄罗斯因受到三国同盟的威胁转而投向法国的怀抱。所以他发挥才干，拉拢了莫斯科司法部，取得他们的信任。1884年9月，他感到俄罗斯沙皇政府在签订有关德俄在受到其他国家进攻，互相保持友好中立的条约时，害怕来自革命的法国的威胁。

这就是俾斯麦命名的《再保险条约》，他采取了所有预防措施。在1896年有关此事的讨论中，俾斯麦确信奥匈帝国和意大利会承认德国在俄罗斯方面所做的额外担保。但马歇尔（Marshall）男爵在帝国议会

（Reichstag）上，对这个虚伪的行为做出了认真的判断，以此回应俾斯麦："没有人会完全信任这种保险和再保险机制。在适当的时候，每个人都会寻思，两者之中谁占优势。"这表明，德国外交对自身做出了评价。

而在这种模糊不清的局势中，感到危险的俄罗斯，只签订了为期三年的条约。从1887年开始，它重获自由。

1887年3月，俾斯麦还在位，三国同盟条约到期，并重新续订。但1890年，德国发生了一个重大事件。1888年6月15日登基的德皇威廉二世，解除了俾斯麦享有盛名的职务，并解雇了他。新首相卡普里维（Caprivi）将军没有与俄续订《再保险条约》。

俾斯麦怒不可遏，他想告知全世界新德皇有多么忘恩负义。一开始他只是在私人谈话中揭露日耳曼外交内幕。1896年沙皇结束在法国的访问后，俾斯麦更加具体地对外公布内幕。如果俄罗斯再怀疑一下，就会看清德国更新了保险和《再保险条约》的所有阴谋，极其肆无忌惮、厚颜无耻地卖弄虚伪。

亚力克西大公爵（Grand-Duc Alexis）、穆拉韦夫伯爵（Comte Mourawieft）、沙皇尼古拉二世（Tsar Nicolas II）、菲利·福尔（Félix Faure）、加百利·阿诺托在"波图瓦"号（Pothuau）巡洋舰上（1897年8月）

法俄同盟

1890年3月27日，俾斯麦卸任。1890年5月11日，俄罗斯军队最高统帅，普列文（Plevna）战役的战胜者——尼古拉大公爵（Grand-duc Nicolas）来到巴黎，要求会见兼任部长会议主席及国防大臣的德·弗雷西内（De Freycinet）。他问了有关重建法国军队的具体问题，表示对法军如自家军队一样关心。"如果我有发言权，"他补充道，"在战时，我们两国军队将会合二为一。众所周知，这样就能阻止战争的发生，因为没有谁愿意迎战联合起来的法国和俄国。"在离开时他还说："在我心里，法国是位盟友。"这次初步交流后，未来法俄同盟的军事特征就已相当明确了。

德·弗雷西内

不久，这个军事特征更加明显地公开显现。驻圣彼得堡的法国海军专员被秘密告知，一支法国舰队将访问俄罗斯，俄罗斯将举办一系列体现两国友好的活动迎接他们。沙皇本人想借此机会表达对法国的情谊。

1891年7月，在海军上将热维斯（Gervais）的带领下，一支法国舰队从瑟堡（Cherbourg）出发，驶向波罗的海（Baltique）。

俄罗斯在喀琅施塔得（Cronstadt）为他们举办了令人难忘的迎接仪式：亚历山大三世起立听俄国海军演奏的《马赛曲》(*Marseillaise*)。这是越过德国，沙皇帝国向法兰西共和国伸出的友谊之手。

在离开喀琅施塔得后，返回法国前，海军上将热维斯带领的舰队还去了朴次茅斯（Portsmouth）。此行是为了向世人表明俄法关系的亲近对

英国无任何敌意。

第二年，俄海军在阿韦兰（Avellan）的带领下访问了巴黎，巴黎人民热情喜悦地迎接了他们，让人确信法兰西民族一致欢迎他们的光临。我们能感到，欧洲第一次卸下了二十年来俾斯麦政治压在它身上的负担。

同时司法部也没闲着。卡诺（Carnot）先生时任共和国总统，他忠诚坚定的性格，略带忧郁的高贵形象，令世人肃然起敬。

里博

德·弗雷西内，是法国国防长官，是组织国家铁路、恢复军队秩序、创建总参谋部的人，并兼任部长会议主席及国防大臣。

亚历山大·里博（Alexandre Ribot），是位重要的国会议员及伟大的演说家，得到大家的尊重，担任外交部部长。

这样的领导班子能媲美几乎任意一个欧洲政府权力机关。共和国对能自由选择如此可敬的公民来掌权感到自豪。

俄罗斯大使德·穆伦海姆（De Mohrenheim）男爵，既活跃又审慎，头脑清晰灵活，在巴黎辅佐俄政府的工作。而驻圣彼得堡的法国大使德·拉沃拉耶（De Laboulaye），完全取得了亚历山大三世的信任。

在一份德·穆伦海姆提交的有关法国政府对俄罗斯外交部部长德·格尔斯（De Giers）的提议所做回应的报告上，沙皇亲手用蓝笔写道："两国就会如此发展。"

事情果然如沙皇想的那样进行。

萨迪·卡诺总统在爱丽舍宫（贝尔底片）

缔结同盟

1891年8月27日，法俄同盟设置了基本原则，即和平和防御原则，但有点偏理论性。原则明确两个细节：首先，冲突发生时，在军事上明确要求双方同时进行军事干预；其次，在外交上处理国际问题时，要求双方政府始终保持相互沟通与商榷。

第二年，布瓦岱弗尔（Boisdeffre）将军作为法国参谋处副总参谋长来到圣彼得堡商谈法俄军机处协议。此协议明确了同盟的基础，之后卡西米尔·佩里埃（Casimir-Perier）领导的内阁在巴黎对协议做了修订。

法俄所采取的一系列公开措施，都体现了两国经常有外交往来。其一，在迪皮伊（Dupuy）内阁担任外交部部长的阿诺托，于1895年5月31日及6月10日，针对米勒兰（Millerand）的质询发表了公开声明，就两国政府在基尔（Kiel）的共同行动，宣告两国同盟。其二，俄国沙皇与法国总统菲利·福尔进行国家间友好互访，在"波图瓦"号巡洋舰上举办的举世瞩目的宴会，都表明两国"朋友及同盟"的亲密关系（1897年8月26日）。

从那时起，两国间保持长期外交往来，彼此取得了绝对信任。尼古拉二世坚定地实践了亚历山大三世的首创思想。

尼古拉二世在他非常敬仰的父亲去世后，登上了王位。他行事小心翼翼，甚至有些不安地承担起了重任。他是个羞怯的人，这个重担最初似乎都要把他压垮了。一开始，他身边有经验丰富的洛巴诺夫（Lobanow）公爵出谋划策指引着他，但不久他就失去了这位军师。从

俄国沙皇尼古拉二世和英国国王乔治五世

此，这位年轻的君主只有独立面对世上最繁重、最难熬的工作。幸好，他还能依靠他的母亲。她是一位经历丧夫之痛的丹麦公主，忠于丈夫的遗愿，保护儿子不受德国阴谋的影响。

尼古拉二世在刚登基时就来到巴黎。他与笔者有过一次谈话。他描绘了自登基以来所有令他烦忧的重大问题。从预见性的视角，他猜测了所有会威胁他统治的各方潜在危害：外部危害有芬兰（Finlande）、波兰、高加索（Caucase）东部及远东地区，内部则要面对虚无主义者提出的可怕规划。当他权衡政府需求时，必须考虑到可能的攻击性暴力及激烈对抗。他感到正在狂暴的波浪上摇摇晃晃，而且孤立无援，没有合适的人选能来帮他渡过难关。但他坚信俄罗斯的未来以及人民对他的爱戴。

海军上将热维斯

在凡尔赛宫的一个会客室里，这位矮小的、金发碧眼的年轻人，穿着一身合体的军舰官员制服，他那双爱思考的眼睛，憧憬着未来。他用细长的手拂过短胡须，面对激动的对话者，寻找着前方未来的秘密。他骨子里温和的执拗与决心，表现在如下方面：从外在看，永远不会违背其父亲的意愿，永远不会信任德国；从内在看，期望依靠人民对他的感情与信任，解决政治和历史遗留下的难题。他本能地决定遵循内心的公正和灵感，解决最棘手的问题。

从那时起，法国和俄国一直忠于共同拟定的契约。在防御及为各自利益的扩张行动上，它们仍保留一定的自由。在所有涉及共同利益的事务上，它们都紧密联合在一起。

法俄同盟，或称"双重同盟"，自成立二十年来，经历过最严重的危机，也遭受过最危险的攻击，即使面对最强烈的诱惑也未被击垮。因此，它是历史上最罕见的国际稳固同盟的典范之一。其实，伟大帝国和民主共和国有一项超越所有事件的最高条约，就是在德国威胁世界独立自主的情形下，彼此感到共同的危机，必须携手对抗德国。

总有一天，同盟将争取到其他忧心天下、审时度势的力量，共同抵御德国霸权。

殖民扩张

1890—1910年，是欧洲人民殖民扩张的时期。可以说，法俄同盟必须要做的，就是保护自己的未来。法国已占领了突尼斯和日本东京及越南北部大部分地区，还通过在刚果（Congo）、马达加斯加（Madagascar）、印度支那（Indo-Chine）和整个非洲东北部建立殖民地，保障及维持了它在世界上的威望。而且它开始将目光投向摩洛哥（Maroc）。它明白通过在非洲大陆储备军队后备人员，将巩固其在欧洲的地位。有一天，比利时国王利奥波德（Léopold）问笔者："你们到底想在非洲找到什么啊？"笔者回答道："陛下，您是去那儿找金子的，我们是去找士兵的！"

应该在时机还允许时，就实行殖民扩张政策。如果我们不快速防备，那全球都被殖民了。其实德国应该早点儿做准备。

俾斯麦曾长期重复地讲，他不是一个"热衷殖民的人"。但他错了。

在晚年，想必他也像其他人一样想要殖民。在离职前，就是他与英国达成协议，以桑给巴尔（Zanzibar）作为交换，为德国在东非建立殖民地。他和其继任者，挑拣了殖民餐桌上残留的"面包屑"：萨摩亚群岛（L'archipel des îles Samoa）、多哥兰（Togoland）、喀麦隆（Cameroun）和位于北直隶湾的胶州湾租借地。但总的来说，因为执政者，德国不是个成功的殖民者。

泛日耳曼主义的一个著名谬论：德国通过夺取他国领土，为移民和后代提供更广的出路。既然没有储备领土，那就夺取别国的。在殖民扩张末期，它对他国的妒火，曾差点儿引起打乱欧洲和平的摩洛哥危机。1914年战争前夕，德国毫不掩饰地对英国表示，如果取得胜利，它想要求法国让出一部分或全部殖民地。这时，德国已厚颜无耻地暴露了自己的野心。

而法国在朱尔·茹费理（Jules Ferry）和其继任者的领导下，明智地抢先一步。通过花费最少的人力、物力，在最广袤的殖民领域上扩张了领土。不到二十年，它就快速、果敢地挽回了前任政体造成的损失。

殖民扩张运动如同人们构想的一样，带来了极大的利益。当时，法国处于一个最危险的反军国主义盛行的时期，国力面临被削弱的危险。而殖民扩张运动得以让法国保持清醒的军事头脑，并培养出了一个机警的军官群体，习惯于支配人的军官们得以运用一种现代管理模式。军队和国家重新习惯了与他人建立信任、享受胜利的果实。民族为殖民军自豪。通过远征，殖民军已训练成能随时为国家其他事业服务的军种。

但殖民扩张政策也有一个严重弊端：它使法国与英国，在全球各地都处于敌对状态，而且在国际关系上，法国被英德两国双面夹击。

可是德国并不懂得利用它面前的有利形势。而法国谨慎的外交政策，使得它在处理与英国相关的殖民争端事务时，不走极端。所以，在1885—1900年的艰难时期，英法两国得以逐渐调停所有争端。同时，英国心甘情愿地出让北非、刚果、马达加斯加、亚洲和大洋洲的殖民地给法国。法绍达（Fachoda）事件不了了之，而摩洛哥危机也彻底拉近了两国的距离。

日俄战争

殖民扩张政策给俄罗斯带来了最严重的后果。它的行动范围主要在亚洲。受到德国的鼓动，它快速吞并了从西伯利亚（Sibérie）至太平洋（océan Pacifique）地区的领土。当它攫取满洲、朝鲜半岛（Corée）和亚瑟港（Port Arthur）时，也盯上了日本（Japon）。

欧洲，尤其是俄罗斯，并不了解日本的兵力。日俄战争给俄国带来了自克里米亚（Crimée）战争以来最严重的问题。一部分由外因挑起的内忧，加重了外患带来的危害。尼古拉二世看到他身边最忠心的臣子，一个个牺牲在枪林弹雨下。他顺从仁慈的心经历了悲痛，但他相信人民视

沙皇尼古拉二世在贝特尼（1901年9月）

王为"父"的感情能给他同时拯救王朝和帝国的力量。在美国（États-Unis）有力的斡旋下，维特（Witte）代表俄国与日本议和。他为《宪法》奠定了基础，同时用极高的财政管理能力拯救了俄罗斯帝国的信誉。俄国与日本和解后，外交部部长伊兹沃尔斯基（Iswolski）又实现了俄国与英国的和解，这标志着俄罗斯政治的长足进步。

由此，欧洲政策整体缓和下来，殖民扩张运动接近尾声。在1908年前后，欧洲偃旗息鼓。

在与法国的经济和外交竞赛中，俄国得以度过最艰难的时期。它从基层入手，重振了经济、政治和军力。但是，奥匈帝国和德国也利用这个时期，致力于把它排除在欧洲之外。

当它在远东作战时，它的对手们已经在近东取得了成果。奥匈帝国毫不掩饰，它想趁俄国在沈阳失利时，有所行动。

奥匈帝国驻圣彼得堡大使埃伦塔尔（Aehrenthal）伯爵刚离任并担任外交部部长一职时，奥匈帝国就磨刀霍霍，打算吞并波斯尼亚和黑塞哥维那。

日俄战争后续—巴尔干半岛和摩洛哥

出于共同目的，共享伪善本质，两个日耳曼帝国紧密联系在一起，建立了同盟。这时他们的计划暴露在世人眼前。奥地利想趁俄罗斯正一门心思扑在亚洲时，将政权彻底扩张至多瑙河下游及巴尔干半岛。在法国正处理战利品——摩洛哥的繁杂事务时，德国想借机损害法国甚至英国的利益，在海上及殖民地建立权威。

为了共同目的，奥地利和德国捆绑在同一条船上。它们所要面对的巴尔干半岛和摩洛哥两地的问题交替出现，循环往复。

其实将这两国捆绑在一起的纽带，是它们与奥斯曼帝国签署的基本协定，共同企图在印度、高加索、波斯（Perse）及阿尔及利亚（Algérie）多地策动战争。此外，自1910年以来德国和奥匈帝国实行的极端武装政策，明确说明了它们有所企图，更确切地说，它们已秣马厉兵了。

反俄及反法政策，仅仅是威廉皇帝，至少是他身旁操纵他的人，对这个"宏伟蓝图"所做的个别行动，将不惜任何代价保障德国霸权。如一位德国政论家所写，这给德国带来一丝"喘息"的机会。因为，当它周围有其他大国时，它无法"呼吸"。

所有征服者都有这样致命的、急不可耐的狼子野心，但结果往往不尽如人意，因为自由受到侵犯的人民会奋起反抗，拿破仑推行的政策就是这样一个例子。而对德国来说，它所推行的政策被称作"帝国主义"或"泛日耳曼主义"。长久以来，俄国、法国已对此有所警觉，英国也将最终看透德国过分的野心。

第二章
英国的政策，三国协约

爱德华七世（Edouard VII）前的英国政策；
爱德华七世即位后的英国政策；
三国协约（Triple Entente）中的英法协约

英国对德国自1870年战争以来的态度，在爱德华七世即位前后，截然不同。

第一个时期，1870—1901年，英国与德国在重大国际事件上，基本达成共识。第二个时期，英国逐渐推进与法国的同盟，随着《英法协约》(*Entente cordiale*)的签订，逐步促成了1912年的军事调解及发生在1914年令人紧张的谈判。

一开始，英国与法俄无疑是处于敌对状态的。但自"德国制造"（Made in Germany）运动发生后，英国逐渐对德国失去信任。长久以来，张伯伦（Chamberlain）象征着第一种政策，而爱德华七世象征着第二种政策。无论如何，英国政治在很长时期内都不太明朗，一部分自由派人士，甚至内阁的一部分成员都坚持亲德政策。

那剩下要讨论的问题就是：协约包含了哪方面的同盟？如果发生武装冲突，英国如何自保？直到战争爆发的那天，这个重要问题都无法明确。德国错误的外交政策最终使英国选定强劲党派。

为了能理解这些反差和抉择，我们需要介绍一系列连贯事件及对事件的思考。

英国和俄国

自从英国获得海上霸权，在世界范围内扩张了殖民地后，它就有了如下两个目标：一是维持海上实力以保障帝国统治；二是避开所有不可掌控的危险。总的来说，就是要保障大英帝国有在世界各地开展和平贸易的必要条件；对于必须依赖海上通道生存的本土群岛来说，要保证供给渠道。

从这几个原则出发，英国会永远保持深谋远虑和雷厉风行的行事风格，和它最惧怕的敌人及对立的强国寻求合作，弥补自身的不足。

直到1901年，英国的传统政策还把法国和俄国视为最大威胁。

自1901年起，英国才意识到，德国不断增强的国家实力，对英国的贸易、

张伯伦

海上霸权及本土安全的威胁都要更危险、更直接。这就是为什么英国转变了对德国的态度，并在一个决定性的时刻，成为德国的头号对手。

如同我们在上文所提到的那样，1870年的战争给欧洲带来的首个影响是，俄国认为，趁着法国败北的机会，应该向近东进军。戈尔恰科夫则是这个传统政策的推手。他以解放生活在巴尔干半岛，信仰东正教的斯拉夫人的名义，使亚历山大大帝和俄国卷入1878年的战争中。

当英国为君士坦丁堡的事忧虑时，奥地利也正为如何夺取巴尔干半岛忧心。在德国的支持下，这两国拉近了彼此的距离。而俾斯麦举行的柏林会议，防止了俄国在打败土耳其后，向巴尔干扩张的政策。

俾斯麦主宰了这个政策，而实际缔造者是比肯斯菲尔德。后者带着"体面的和平"，胜利回到伦敦。从此，英俄两国进入新的冲突阶段，而德意志则是那个得利的渔翁。

英法两国间的对抗

在柏林会议上，出现了另一个因各自形势引发的后果。其实1875年的事件为拉近法俄两国的距离铺了路。但德国和英国却横插一脚，它们同意把土耳其让给法国，阻挡了法俄亲近的道路。

而刚刚从灾祸中脱身、重新振作起来的法国，由于在大陆上受到德国军力的制约，转向海上和远方扩张势力范围。因为它明白，世界不会长久处于无主状态下。

由德·雷赛布（De Lesseps）主持开凿的苏伊士运河（Suez），在某种程度上，开创了法国在地中海（Méditerranée）上的新局面。从此，

黑尔戈兰岛

法国在埃及（Égypte）来去自如。而且，对运河工程进行长期阻挠的英国，趁机买下了一大半运河公司的股份。法国也尝试重新恢复差点儿被削弱的传统影响力。当土耳其问题触发殖民时代的那一刻，不管愿意与否，英法两国在埃及都进入了互相竞争状态。

英国担心俄国和法国在地中海的扩张，却一点儿都不担忧德国在大陆和北方的势力。因此，它铆足了劲儿对抗俄国和法国。

1882—1902年，英国在欧洲之外征服多地，英国帝国主义也达到顶峰。在欧洲组成的三国同盟根本威胁不到英国。反之，它与奥地利携手对抗斯拉夫人，还得到克里斯皮（Crispi）领导的意大利的支持，阻止法国在地中海及红海（Mer Rouge）上的扩张。

1891年缔结的法俄同盟，与其说它动摇了英国的决心，不如说它让英国起了疑心。因为在这段长久的博弈中，英国都紧跟在德国身边，而且总能得到后者的支持。比如，德国帮它处理了埃及的事务；1893年，它与德国共享东非；通过它的大力帮助，德国建立起殖民帝国；也是在调解殖民地事务时，为了一次毫无意义的交换，它将黑尔戈兰岛出让给德国，如今它后悔不已；它还与德国达成协议对抗俄国，同时夺取胶州湾和威海，并于1900年，制订了对抗中国的大体计划。

与此同时，英国把意大利的势力逼到了马萨瓦，并趁机占领北埃及和苏丹（Soudan）。

而且，英国想联手日本对抗俄国，还准备在中国沈阳大干一场。在有关暹罗（Siam）、突尼斯、马达加斯加、刚果及尼罗河（Nil）上游等事务上，英国差点儿彻底与法国断交。在这段法绍达事件发生前的关键时期，各国政府都需要坚持谨慎行事，以防关系决裂。

因为害怕法国在摩洛哥建立殖民地，英国把摩洛哥托付给了德国，却不知道自己即将铸成大错。1900年，德国与英国在中国事务上达成协议后，威廉皇帝还说："在德意志帝国之外，能与最强的日耳曼政府达成协议，将强劲有力地推动两国在世界市场的共同发展。"

可最终，在德兰士瓦战役中，英德关系还是遇到了绊脚石。德国不仅扩大了在海上及殖民地的势力范围，还发展了工业及商业。威廉皇帝说了这句座右铭："我们的帝国建立在海上。"由此，英国和张伯伦才重新思考与德国的关系。

1900年，英德关系的完全转变

英德关系转变的关键时刻，似乎要追溯至19世纪末最后几周（1899年11月）。1899年10月，张伯伦和塞西尔·罗兹（Cecil Rhodes）推行的帝国主义政策，导致了德兰士瓦（Transvaal）战争的爆发。德国似乎很想为了三国同盟的利益，趁机迫使英国加入他们。

战争在1899年10月爆发。11月，威廉二世在首相比洛伯爵的陪同下，来到伦敦。11月27日，比洛在没有通报的情况下，拜访张伯伦。

比洛说，在离开伦敦之前，他得向这位声名显赫的政治家致意。

在与张伯伦的谈话中，比洛说他来自外交部，已向索尔兹伯里侯爵询问了英国是否有可能加入三国同盟。索尔兹伯里侯爵，即英国首相，表示不能把英国置于与其无直接利益关系的斗争中。所以，比洛来游说张伯伦，说道："您是英国外交一把手，有责任促成英德同盟。"张伯伦却说，他同意索尔兹伯里大人的观点，根本没必要讨论英国加入三国同盟的事。比洛伯爵坚持说道："那至少我们两国拟定一个协约，总可以吧？"这时，张伯伦没直接拒绝，而关于协约一事，他们继续讨论下去……

张伯伦是一个能快速处理外交繁文缛节的人。仅仅三天之后，在莱斯特（Leicester）的一次演说中，他就提出达成英德友好协约的想法："我们与美国建立了友好关系，那我们也应该亲近德国，并与其建立一个更亲密的同盟。"

但是，不管英国还是德国，都不太响应张伯伦的这一提议。究其原因，要么是索尔兹伯里大人坚持己见，要么是在初次会谈中出现了难以解决的问题。所以，这件事就被搁置了。而张伯伦也逐渐放弃这一想法，不过直到爱德华七世登基后，他才彻底死心。

威廉皇帝和德兰士瓦战争

在德兰士瓦战争的关键时期，威廉皇帝对英国持模棱两可的态度。人们说，他想利用这个时期，让英国看到与德国同盟的重要性。

一方面，在詹姆森突袭行动（Raid Jameson）发生时，威廉皇帝给克鲁格（Krüger）总统发去一封慰问电报，在南非引起巨大的反响。维尔容（Viljoen）将军说，根据威廉皇帝的说辞，克鲁格总统应该从此表示他有信心，德国不会允许英国占领布尔共和国（Républiques Boers）。克鲁格总统说道，当英国遭遇第一次失败时，他就知道威廉皇帝会与法俄一起进行调停，拯救无法保证独立自主权的布尔人民。由此，或多或少可清楚确认威廉皇帝所做的承诺，即在斗争中，德国会向法国提议参与。但法国拒绝干涉其中。

另一方面，在《每日电报》（Daily Telegraph）（1908年10月28日）上刊登的一篇著名文章中，威廉皇帝发表"给一位外交官的声明"，他以一种完全不同的方式，为自己和德国辩护，并表明态度：

> 毫无疑问，德国民众抱有敌对情绪，但能说德国官方持敌对态度吗？
>
> 布尔人的代表们在法国和荷兰（Hollande）受到款待，他们愿意来到柏林，德国民众也会对他们表示热烈欢迎，但他们要求我接纳他们时，我拒绝了。当战争进行得如火如荼时，法俄要求德国干预英国，促使其停战。那我是如何回复他们的呢？我说，德国不会参与一场致力于加速英国衰落的欧洲行动。面对如英国这样的海上强国，德国会远离纷争。如今（1908年）骂我的英国人，应该知晓在当时的斗争中，我的所作所为……

但这样的声明与不容置疑的事实相矛盾：如威廉皇帝发给克鲁格总统的电报，以及在布尔茹瓦（Bourgeois）任法国外交部部长时，德国所进行的一些活动。所以，比洛在帝国议会上表明，1896年所发的帝国电报不能"永恒不变地"决定德国的政策。

罗伯茨勋爵检阅爱尔兰护卫队

这个颇具讽刺意味的辩解，为之后贝特曼·霍尔维格（Bethmann Hollweg）首相对违反比利时中立政策所做的解释做了铺垫，他说："我们能怎么做就怎么做。"

威廉二世的辩护者施泰因（Stein）更机灵地声称，德国只承诺给非洲共和国外交援助。言下之意即德国只等着"跑去救胜利"。

威廉皇帝为了证明支持英国，他想提供一个更清楚的细节。

在那次著名的《每日电报》的采访中，用他的话说，就是："我亲自了解了英国和布尔共和国的确切实力，在此基础上，我拟订了一个对我来说最优，也符合总参谋部意见的作战计划。我把此计划紧急发给了英国。巧合的是，这份计划与罗伯茨勋爵实施的计划几乎不谋而合……"所以，这位皇帝首次把他还未经过考验的战略才能，用到了指导英国攻打布尔共和国的战争中。即英国能取胜，还得感谢他。但据英国国防大臣霍尔丹（Haldane）所做的官方声明，在官方战争档案中，并未找到德国所拟订的作战计划。

沙皇尼古拉二世和霞飞将军在俄国参加大规模演习（1913年8月）

因威廉皇帝的口无遮拦、三心二意所引起的事端，给英德两国关系带来了非常麻烦的影响。德国的外交官和史学家应该思考，中国有句成语叫"此地无银三百两"。

爱德华七世登基

当爱德华七世登基时（1901年1月22日），他已深思熟虑，计划拉近与法国的距离。

在他登基前，他就已经与俾斯麦划清界限很长时间了，这表明了他亲法的态度。1878年，一位亲近他的人写道："威尔士亲王（Prince de Galles）代表年轻、勇敢、高贵的英国，替代了之前无为、犹豫、病态的英国。这位杰出的王位继承人还有一些其他想法，而且，他非常不信任俾斯麦……"

我们可以认为，在爱德华七世正式即位后，这些原本处在萌芽时期的想法得以充分成长，并且决定英国现今的局面。

然而，爱德华七世只有得到人民的支持，才能真正把这些想法付诸行动。英国政府尤其在外交事务上，以遵循人民的意见为原则，善于听取人民意见。

英国人民已开始隐隐约约地不太喜欢德国了。

而且，德国在德兰士瓦战争中的态度让他们更加讨厌德国。但问题的根源还远不止于此。

德国逐渐显现扩张主义行径，总有一天会把魔爪伸向英国。同样，某天会引起欧洲分

爱德华七世的加冕礼

裂的主要原因之一，即经济冲突，也显现出来了。

经济贸易的利益受损最先引起了英国的警惕。埃德温·威廉姆斯（Edwin Williams）在1897年推动的"德国制造"运动，体现了德国的出口贸易在世界市场上的发展，甚至抢占了英国本土市场，导致英国的生产和贸易水平下降。斯坦利（Stanley）在一次引起巨大反响的演讲中，表达了他的担忧。他对朗伯斯保守会（Lambeth Conservative Club）说道："在澳大利亚（Australie），我们的市场份额下降了20%，而德国却上升了400%。在新西兰（Nouvelle-Zélande），我们损失了25%，德国却有1000%的增长。在开普敦（Cap）殖民地，我们的贸易在最后十年内有125%的增长，但德国却翻了10倍。甚至在加拿大（Canada），我们都损失了11%，德国却增长了300%。因为英国即将重新夺回贸易权杖，所以我们可能有些夸大了危害。但不可小觑德国取得的巨大进步。在世界经济竞争中，后者所能取得的成果将无法预估。"

德国海军

与此同时，德国在航海领域的发展也引起了英国的注意。在政府津贴的帮助与鼓励下，一些大型航海公司在汉堡（Hambourg）和不来梅（Brême）都创办起来了，并在各大海域都投放了大吨位巨轮，在所有对手面前升起了德国国旗。几年之内，这支舰队的人数和吨位都翻了一倍。

这场在贸易、殖民、航海三个领域的扩张，还产生了一个更令人生畏的结果。由于要保障远方的贸易和殖民地利益，德国决心大力造船。1899—1907年，德国的海上预算增加了73%，而作为海上老霸主的英国，仅仅增加了23%的预算。英国之前抢占的先机并不会带来多大帮助。因为自1908年起，德国紧追其后，开始建造大型装甲。这种装甲在短时间内应该会成为战舰，即无畏级战舰。1908年，德国的海军预算是4亿马克，其中700万马克投入潜艇的建造中。在战争前夕，它的海军预算应该达到了8亿马克。

这些在意料之外或之中的德国的进步，让英国政府和民众开始审视两国联盟的问题。如果继续联盟，英国凭借自身的财力和人力，即便海上实力雄厚，又是否能对抗德国？不久之后，第一批齐柏林飞艇（Zeppelins）的建成，让英国更加担忧。英国担心，如果没有大陆上的同盟力量，将难以抵御侵略者的进攻。

所以说，德国对英国贸易、人文精神及本土带来的危害，足以让英国民众大力支持爱德华七世的观点和政治举措。

我们暂不讨论采取谨慎政策的缓慢发展过程。英国极少通过制定方针来指导外交政策，而是审时度势。正如俾斯麦所说的，实事求是。

欧洲民众逐渐看到这个政策所带来的结果。

1901—1910年5月6日，爱德华七世在位期间，一直推行这个预防性的政策。他的继任者乔治五世也继续贯彻落实此政策。英德两国政府及主导力量都懂得分寸，以避免战争。但对德国政府的言行有所警惕的英国，却只是采取了预防措施而已。

爱德华七世和《英法协约》

我们先回顾一下，推动这个明智又慎重的进步所经历的步骤。

1899年起，英法两国在有关殖民地的大多数问题上都达成和解，为新政策做了铺垫。之后，爱德华七世登基后，明确及推进了此项新政。

1901年5月1日，爱德华七世来巴黎拜访埃米勒·卢贝（Émile Loubet）总统。他在英国商会的演讲中，发表了激动人心的言论："推动英法两国友谊进程，是我坚定不移的目标。"

1903年，两国签订了仲裁协约。1904年4月8日，发生了一件更重要的事，两国签署了《英法协约》，在外交上解决了摩洛哥问题及一系列殖民地残余问题，如埃及、纽芬兰（Terre-Neuve）及新赫布里底（Nouvelles-Hébrides）等。

从此，《英法协约》所拟方案得以自由发展。但是，拟定协约不代表同盟。当协约一方处于武装冲突时，另一方并不能保障有效的协助。这是此协约的弊端。然而，随着双方友谊的加深、目的保持高度一致，以及其他国家的加入，特别是俄国的加入，最终应该结成同盟。协约作为一种促成和平的手段，如果在战时能促成建立同盟，那它就发挥了最大的功效。

在埃米勒·卢贝执政期间，由德尔卡塞（Delcassé）开创的《英法协约》，在1906—1912年法利埃（Fallières）执政期间，由皮雄（Pichon）细化了协约细节，此项政策得以发展。

英国政府中的亲德派质疑此项政策的有效性。但在实施此政过程中，他们逐渐打消了疑虑。

同时，协约也让英法两国得以处理世界上悬而未决的、棘手的问题。尤其在德国大力干预的摩洛哥问题上，英国给予法国很大支持。有远见的人从德国干预摩洛哥危机中，可以看出它想称霸世界的野心。

英俄关系亲近

《英法协约》带来的主要影响之一，是它促进了英俄关系的亲近，并由此建立了合乎逻辑的反德联盟。但之后联盟的处境却变得异常艰难。

英国既然和法国结成朋友，或者说两者结成同盟，就不能与俄国处在有潜在冲突的局面中。在英国看来，日俄战争极大地消耗了俄国在亚洲殖民扩张的力量，已减轻了给英国殖民地带来的危害。俄国在损失亚瑟港后，它的影响力被削弱。但德国夺取了中国的胶州湾，取代了俄国的位置，同样威胁到了英国。

确实，英国在很长一段时期内，与奥匈帝国联合，反对俄国在君士坦丁堡及地中海地区的扩张。处在内忧中的俄国，为了复兴消耗颇多，似乎已不足为惧。而德国在亚洲已有所壮大，在巴格达（Bagdad）修建铁路的庞大计划中，不难看出它的触角已伸向了波斯湾（Golfe Persique）地区。英国不得不担忧在苏伊士运河地区及印度殖民地的安全。

从1906年5月起，阿斯奎斯（Asquith）政府的外交部部长爱德华·格雷爵士（Sir Edw. Grey）在下议院（Chambre des Communes）发表了一些有利于英俄关系亲近的言论："这两个大国越来越有意向，携手友好处理与其相关的事务……这友好往来趋势，必将推动解决涉及双方的问题，并增进两国友谊。"

两国的外交互访，进一步贯彻了这些有益举措。驻英国的法国大使保罗·康邦（Paul Cambon）采取的外交手段，对这些举措的实施起到了重要作用。涉及印度、阿富汗（Afghanistan）、波斯、中国西藏及波斯湾边境的问题，都有条不紊地通过调解，得以友好解决。

俄国方面，沙皇尼古拉二世的部长伊兹沃尔斯基，却缓慢处理英俄友好政策。1908年2月,爱德华·格雷爵士催促下议院遵循他的意见:"我宣布,我支持两国在共同利益问题上,签订一份公平公正、光明正大的协约……如果议会否决此提议或阻止协约的签署,那我就失败了。"爱德华·格雷爵士毫不客气地、坚定地置英国近一个世纪的反俄往事于不顾。

1908年6月10日,爱德华七世与尼古拉二世在列巴尔①

爱德华七世在巴黎万塞讷出席阅兵仪式(1903年5月)

(Reval)举行的会晤,与爱德华七世访问法国具有相似的意义。从此,三国亲近关系最终确定,三方正式签订三国协约。

三国协约

从这时起,法国、英国、俄国紧密联合在一起,在国际事务处理上,起到重要作用。在摩洛哥危机和巴尔干问题处理中,我们也能看到这三方的影响力。这两起事件,在某种程度上预示着1914年战争的爆发。

---

① 1918年爱沙尼亚独立后,改称"塔林"。——编者注

汉堡美国航运公司的"皇帝"号货轮（50000吨）

在这些欧洲大规模的政治演变中，不存在哪方持续主张反德。相反，英国、俄国寻找机会解除德国的担忧。两国非常真诚地努力向德国示好。更重要的是，任何能协调三国协约各方与德国利益的机会，英俄都不会放过。

尼古拉二世、爱德华七世、乔治五世与威廉皇帝、弗朗茨·约瑟夫一世之间频繁互访。而且，他们互访之后常常签订非常重要的协约。1910年11月，尼古拉二世与威廉二世在波茨坦（Potsdam）会晤，签署了一份德俄协议。通过这份协议，俄国宣布不再反对德国在巴格达建造铁路。而且，还从德国边境撤掉一定数量的军队。因此法国和英国受到德俄间有点儿过于亲密的友谊影响。

但是，英国对德国还是有所保留。霍尔丹大人访德，多次令法国担忧。在战争爆发前夕，即1914年7月底，当德国以为英德两国最终建立了亲近关系时，德·雅戈（De Jagow）还对英国大使说，英国与德国断绝关系了。

而法国过于屈尊，以至于在摩洛哥危机中，它同意与德国在摩洛哥和刚果，进行某种程度上的经济共管。在阿加迪尔（Agadir）事件后，法国也屈服于德国的要求，并同意割让这块美丽的殖民地上的一块宝地。

上述这些都是能定义三国协约真实特征的细节。

三国协约完全不是具有侵略性的体系，也不属于人们所说的"包围型"党派。它们只是想保持自由、独立的欧洲国家，要坚决小心地维持欧洲的平衡。面对经济和军事力量不断增强的德国，始终保持戒备。相互间保持绝对的行动自由，它们集合三方力量，维护世界安全、和平。

第三章

德国的经济及泛日耳曼主义

德国的经济增长；德国的农业及工业；
世界政策（Weltpolitik）；泛日耳曼主义

1914年，欧洲几大列强——法国、俄国、英国，对德国和奥匈帝国的态度，是自1870年战争以来发生的所有事件产生的结果。这也与德意志帝国建立以来令人生畏的发展息息相关。

德国不仅着手发展外交、经济，也重视整个种族的壮大。它进步得如此之快，以至于它的邻国逐渐倍感压力。而且，它采取的极具侵略性的手段和不正当竞争伎俩、实施的关税和联盟制度，更是火上浇油。德国贵族派的行事方式，就如同他们承认提前挑起贸易战争一样。

因此，德国自愿把自己推向经济冲突的局面中，并接受任何结果。这个追求物质享受的、多产的种族，不惜一切代价，要求享受，要求福利，他们把这视为应得的权利。

"德国优于其他所有国家！"这样一句口号团结起了全国人民，下至最普通的工人，上至最精英的学者。如果在分析1914年的相关国家人民之间的冲突时，不关注这一点，就无法辨清冲突的真正特征。

两个德国

德国是世界上种族最多元化的国家之一。它是凯尔特人（Celtes）、条顿人（Teutons）、斯堪的纳维亚人（Scandinaves）和斯拉夫人融合的国家。在中世纪时期，这几个种族就是现今德国人的雏形。

德国传统分成南、北两部分。认清划分东部和西部的因素也很重要，尤其是如果我们从帝国的成立方式来看待德国的话。瓦格纳教授说过："德国的分界线不是莱茵河（Rhin），而是易北河（Elbe）。"

科隆（Cologne）和柏林分别是这两部分的中心。

因同一种语言及百年政策汇集起来的两方，却明争暗斗。这是如今引起战争的深层原因之一。即便双方有意向拉近距离，但他们因各怀目的而南辕北辙，仍处在一分为二的僵局中。双方有不可调和的矛盾，并且这种复杂又棘手的矛盾表现在政党竞争中，久而久之，阻碍了德国的政治发展。

壮实而奴性的金发普鲁士人，冷静、坚韧、用心、有条理。在几个世纪以来的治安体制下，他们养成了侦察及告密的习惯。当他们有能力的时候，就会用一种咄咄逼人、奸诈的讽刺方式报复。长期的贫困生活使他们养成了精打细算、吃苦耐劳的品质，但最近他们获取财富后，就舍弃了这两种品质。极度的无神论取代了刻板的新教，让他们变得越来越虚伪。

莱茵人（Rhénan）通常是棕发，比较瘦。他们快活、神秘、灵巧又现实。他们饮着山丘上种的葡萄酿成的酒，享着乐，当阳光灿烂时他们就通情达理。

巴伐利亚人（Bavarois）对从祖先那里传承下的信仰很虔诚，而且非常乐观。

汉诺威人（Hanovrien）既瞻前顾后又感情用事，如果他们担心做人傲慢会妨碍德国统一，那就太天真了。

在普鲁士人主导的大环境下，这些西部和南部的德国人不太自在，但为了统一，他们还是愿意接受普鲁士人的统治。当受到普鲁士人严重错误的伤害时，虽然一开始本能地想抗议，但随即守纪的精神占了上风，如萨韦尔讷（Saverne）危机发生时那样。究其原因，粗鲁的普鲁士

汉堡港口一角

君主不接受过于频繁的反驳。

莱茵人是凯尔特人的后代，传承的是罗马人的文化。在图林根（Thuringe）及莱茵河畔生活，名字以Briga（布里加）、Magus（马格斯）、Durum（杜姆）和Acum（阿库姆）结尾的人，都证明着高卢（Gaule）部落的存在。依靠高卢、使用日耳曼服务的罗马人，则是这两个种族的混合。

高卢人又把罗马文化传播给了日耳曼人。"日耳曼"这三个字完全不能代表一个统一的民族，因为这是一个高卢词，意指"邻居"。

另外，这些莱茵河上游的人民，与下游的人民长期处于敌对状态中，即巴达维人（Bataves）、弗里斯兰人（Frisons）、法兰克人（Francs）。他们似乎是诺曼人（Normands）、"北方人"，即斯堪的纳维亚人。据塔西佗（Tacite）所说，他们与丹麦人（Danois）及占领英国的英格兰人（Angles）说同一种语言。我们可以在齐格弗里德（Siegfried）传奇中找到这两方人民永久敌对的痕迹：只有伯尔尼（Berne）的迪特里希（Dietrich）才能战胜来自尼德兰（Niederland）的不可征服的英雄，即萨利克法兰克人（Francs-Saliens）。

不用过于强调他们之间有点儿模糊，而且不断改变的区别，我们能承认在北海（Mer du Nord）附近，有三个一直敌对的种族：在比利时生存的凯尔特人，在北方生存的法国北方人、英格兰人、诺曼人、斯堪的纳维亚人，以及制伏了宿敌莱茵人并集这三类人于一体的德国人。

在现今政治中，这些基本的人种区别还有所体现。美茵茨（Mayence）、美茵河畔法兰克福（Francfort-sur-le-Mein）、科隆、特里尔（Trèves），这些差点儿被我们征服的省份，投靠了我们。他们自愿保留了我们民法典中符合他们家庭及财产观点的原则。因为是在我们身上，他们才认识了自己。莱茵河彼岸的学者，十分仔细地寻找了四年阿尔萨斯人民抗议路易十四（Louis XIV）征服的证据，但一无所获。

我们把这些半凯尔特人与真正的德国人区别开来：后者是哥特人（Goths）及冠有可怕名字的哥特部落，汪达尔人（Vandales）、赫鲁利人（Hérules）和格皮德人（Gépides）。一个特征就是，东部的日耳曼人在整个古代都是忠于君主统治的，而西部实行共和制，当地人民通过选举选出领导人。

威廉二世及皇后在他们登基时

在东部，这些哥特人与斯拉夫人或萨尔玛提亚人（Sarmates）打交道，这又是另一段古老的仇恨历史。很多斯拉夫部落在日耳曼尼亚（Germanie）定居。1144年的一张波兰地图界定了吕根（Rugen）和克拉科夫（Cracovie）间的波兰边境。勃兰登堡（Brandebourg）即边境省。1150年的另一张波兰地图，显示斯拉夫王国扩张至巴伐利亚的雷根斯堡（Ratisbonne）及伦茨堡（Rendsbourg），而勃兰登堡和什未林（Schewerin）归属于普鲁士边境省。强调这一点是合适的，即讲德语的人不一定就是德国人。

封建制的、农业化的东部

人民因出身不同，形成了习俗、传统、律法的多样性。

东部由封建父系的财产制度统治。多纳·施比特（Dohna Schobitten）、荷亨洛赫·厄林根（Hohenlohe Oeringen）、哈茨费尔德（Hatzfeld）和唐纳斯马克（Donnesmark），这几个超级庞大的家族，在东普鲁士或西里西亚（Silésie）是真正的小王国，常常通过长子世袭制和委托遗赠的方式扩大领土。在威廉一世（Guillaume I）统治初期，他们依旧统治着一些附属部落。他们在公共事务中行使权力是可以理解的，毕竟他们管辖着庞大的人口。在习俗中，存在农奴制的遗留痕迹：在柏林，一个没有合理理由离开主人的女仆，会遭到警察逮捕。直到如今，农场主还对农民行使追索权。

不过，大财主关心仆人的福利、管家与农场工人间的关系淳朴和善。通过这些创举，社会发展落后的区域得以大力发展。所有现代化改革都推动了农村发展。通过科学、密集型农业生产方式，土地产出及牲畜产出不断增长，土地价格因此提高，无节制的投机更使其再次涨价。

由此，农民既负担不起如此高昂的地价，付出的劳动也得不到应有的回报，他们一点儿都不自在。1885—1892年，波兰附近的省份人口流失严重，大批居民迁徙到德国。在河流的那一边，这些人告别故乡，留起山羊胡子，取了英文名，随美国的大溜，拥护共和政体，还看不起以前的同胞。

另一种形式的迁徙发生在德国境内。由于工业的迅猛发展，一些农民成了工人或用人。1870年，柏林有80万居民。如今，在柏林市及其郊区，有350万居民。1913年，在6650万人口中，农民仅有1650万。

土地均分论者与贵族

面对如此高速的发展，政府是大力推动城市的发展，还是保障农村的利益呢？我们知道，在威廉二世执政初期，他倾向于社会主义措施。随着德国逐渐工业化，贵族们开始插手政治，而且以奥伊伦堡（Eulenbourg）为首的一派开始密谋。他们对威廉二世说："到农村能给帝国招募到最好的军队。没有我们，别说军队，连君主制都难保。"

威廉二世考虑后，随即解雇了俾斯麦的继任者——卡普里维首相。之后，克罗多维兹·冯·荷亨洛赫（Chlodowiz von Hohenlohe）首相、比洛伯爵及贝特曼·霍尔维格首相，都不约而同地屈从于贵族势力。贵族势力不断壮大，位于一人之下、万人之上。

由贵族建立的"农业耕作者联盟"（Ligue des Agriculteurs），成为帝国最有势力的经济、政治机构之一。此机构大力操控选举，大部分选举出来的人都是极端贸易保护主义者。

其中一位，帕萨多伍斯基（Pasadowski）伯爵，担任内阁秘书，成了掌控经济的一把手。《法兰克福条约》对商品做了非常精细的划分，其中著名的关税税则就是他一手制定的。这个关税制度也迫使俄国签署了一份非常糟糕的商务条约。

德国有条不紊地使用如此咄咄逼人的经济手段，注定会与大多数列强断绝来往。

这一系列灵活搭配的手段，给德国的农业带来了一丝春风。但这份繁荣如同泡沫，转瞬即逝。

贵族们和土地均分论者，赚得盆满钵满，个个锦衣玉食。而遭受剥削的农民和农业工人，却多劳少得，食不果腹。他们会继续成群结队离

慕尼黑狂欢节

在巴伐利亚山上，人们跳民族舞

开农村，一窝蜂拥入城市，并成为社会党的新成员。

以保护农村的名义，贵族们清空了农村。由此，城市和农村间的平衡被打破。这种方式缺乏分寸、判断，没有人性，这几点常常成为"德国式手段"的特征。

于是，德国招募外国人到这些被遗弃的土地上耕种。第一批外国人是奥地利的波兰人，接着是罗塞尼亚人（Ruthènes），最后是被视为"贱民"的俄国人。贵族对工人不好，俄国很不满意，于是，规定只在德国有分寸地对待俄国农业工人、保障其利益的情况下，才会给工人们发放护照。同时，俄国警惕与德国的竞争，并通告废除1904年签订的被俄国政论家形容为"敲诈""骗局"的商务条约。

这事发生在1914年4月，土地均分派再次受到重创。贵族的进攻型政策却颇有成效。想要自保的俄国变得十分可恶。此时，普鲁士面临双重危机，一方面，农业工人流失，俄国市场关闭。此外，斯拉夫人对普鲁士的仇恨加剧。另一方面，人们已经做好了心理准备。而且长期以来，土地均分派赞成泛日耳曼主义，并且把战争纳入经济规划中。

贵族与泛日耳曼主义

普鲁士贵族除了军事手段强硬、言行蛮横自大，还为了利益穷兵黩武。普鲁士保守派虽然守旧，却有极其敏锐的洞察力。他们明白，如果要促进粮食出口，即小麦、燕麦、大麦和糖的出售，德国产业必须开创新的出路。而且，德国君主一直都想征服世界。由此，大地主掌控了大型产业。

在造船运动兴起时，农村人说了一句著名的话："Die grüssliche flotte."可译为"他们的舰队让我们都烦了"。之后，他们却支持本国的"世界政策"："德国必须夺得一个太阳下的位置"。

地主和土地均分论者也都支持、接受这个政策，并为战争做准备。一开始，他们是为了自己的利益，之后，是为了整个民族扩张需求而推动"世界政策"。

在这个全民运动中，我们从德国人身上看到了军官及老将军所特有的狂妄自大。因为他们声称，没有哪个国家比德国更适合推行"泛日耳曼主义"。

西部的德国与产业政策

接下来，我们一起来看，对于同样的问题，工业型、城市化的西部是如何应对及解决的。

弗伦森（Frenssen）在他著名的、有关农民习俗的小说中，细腻地表达了德国人民的根本优点：农民乌尔（Uhl），好争、爱花钱、酗酒、爱享乐，辛苦工作却欠了债。他勇敢又粗鲁，活得无忧无虑。作为日耳曼游民的后代，他塑造了一个棕发、中等身材，有敏锐头脑，善于复杂算术的形象。他精明、狡诈，骨子里就是个商人，命中注定要去往城市，在柏林和汉堡的汉萨同盟中发家致富。人们说，普鲁士人只要训练有素，就能在商场上克制住犹太人。

还有其他例子可以类比普鲁士人和犹太人，一是农民和士兵，二是企业家和商人。本质上，在这些例子中，后者给前者铺了路。而德国的商人和企业家，则携手为帝国处理了勃兰登堡问题，并促进了帝国的繁荣昌盛；通过海军扩张，把经济、政治事务发展至世界各地。"世界政策"，是德国政治的信使。

无论此举结果如何，几组数据就可明朗化了。从数据的增长可以看出德国产业的水平、需求及野心。

我们接下来看看几个不同领域的数据增长。

农业

德国农业收益有50%~80%的增长。1912年，粮食带来28亿马克的收益，牲畜创收40亿马克，牛奶创收27.5亿马克，总共创造近100亿马克的收益，换算成法郎为125亿。

1882年，有7.6万台蒸汽打谷机，1912年则增至48.9万台。1882年，割草机的数量为1.9万台，到了1912年则增至30.1万台。

1894年的糖产量为25万吨，1912年增至275万吨。

（法国的糖产量在1874年为50万吨，1912年增至96.3万吨。）

城市人口

在五十年间：

莱比锡（Leipzig）的人口从11万增至62.5万。

埃森（Essen）的人口从4万增至32万。

曼海姆（Mannheim）的人口从4万增至22万。

开姆尼茨（Chemnitz）的人口从3万增至27万。

柏林的人口从70万增至300万。

汉堡的人口从50万增至120万。

估计四十年后，柏林人口将达到1000万，并将开辟新区。

工业

在十年间,铁产量翻了一番。1914年,超过了1800万吨。

(德国铁产量远超英国。但是法国接近前者,而且三年来,法国的铁产量有了更高速的增长。)

商贸

1912年,德国的商贸额增长至250亿法郎,其中出口占120亿法郎。

殖民地

1900年,德国殖民地有3600万法郎的进口额,出口额为1400万法郎。

1911年,殖民地进口额为1.3亿法郎,出口额为8100万法郎。

商贸船队

1913年,汉堡美国航运公司(Hambourg-Amérique)的船队吨位为

宾根周边的一辆套牛车

130.7万吨，不来梅的劳埃德航运公司（Lloyd de Brême）的船队吨位为82.1万吨。

［英国丘纳德（Cunard）轮船公司的船队吨位为37.9万吨，大西洋轮船公司（Compagnie transatlantique）的船队吨位为35.9万吨。］

1913年，汉堡的贸易额为83.75亿法郎。

（伦敦为89.65亿法郎，马赛为33.92亿法郎。）

国家资产

储蓄银行资产有近130亿法郎的增长，资产总额达到180亿法郎。每年国家资产都有60亿~100亿法郎的增长。1895年，德国国家资产总额为2000亿法郎，1913年增至3000亿~3200亿法郎。当然，这是大概数据。

（法国与德国的国家资产大体等同，但法国的资产收入为250亿法郎，而德国为400亿法郎。）

产业快速发展的另一面

以上所列数据令人震撼，但凡事都有两面。举一个简单的例子：三分之二的德国人不缴纳个人所得税，因为他们的年收入在900马克（1100法郎）以下。

实际上，就是这4000万收入没有保障的人，导致德国发动战争。因为两年来，德国都找不到其他出路，必须要找到其他办法养活这群人。

另一个不可预见但现实的一面是：极速的工业化发展，不可置疑地导致德国社会风俗败坏。

柏林的私生子增长率远超巴黎。离婚率升高，而出生率降低。参照巴黎的出生率，柏林的出生率仅为17‰。夏洛滕堡（Charlottenbourg）、威斯巴登（Weisbaden）、马格德堡（Magdebourg）的出生率比柏林的还要低。

在工人居住区，每个周日，讲道者都在长椅前布道。1912年，为了避开繁重的教堂税，超过8000人离开路德教堂，而娼妓数量却增长了4倍。

根据一位前风俗警察长官的回忆，十年前，柏林警察登记在册的同性恋人数量达到6万人，而且很大一部分人属于上流阶层。

民众无宗教信仰、伤风败俗、过度淫乐，导致种族衰弱。德国的疾病传染率远高于法国，因为妓女与工人同住，并与小孩有接触。所以，当东普鲁士提供了68%的健康新兵时，柏林招募的健康新兵仅占比32%，连一半都不到。被工业全面渗透的萨克森（Saxe），当地人身体变得虚弱，孱弱的人比比皆是。

癫痫患者收容所及疯人院的增加也佐证了德国的种族衰弱。在这一方面，德国又破了纪录。

最后，德国军队待遇差、风气恶劣，导致只能从乡下招到新兵，而且某些堕落的亚级军官以折磨新兵为乐，举止不良，行为暴虐。对此，《前进报》（*Worwaerts*）刊登了完整的资料，并以他们的名字命名这些事件。

这些事件引发了一系列的声明，而这些声明一开始不被人理解。

《德意志报》（*Deutsche Tageszeitung*）刊登了一位名为亚当（Adam）的军医，对科隆新兵及从德国大城市招募的身心衰退者和神经衰弱者占比极高的士兵所做的调查，给人们敲响了警钟。此报评论说，如果这种情况继续下去，德国军队将命不久矣。农村才能给军队带来最健康、最雄健的新鲜血液。

由柏林的米特勒索恩（Mittler et Sohn）出版社于1913年1月出版的军事年鉴中，冯·德·戈尔茨（Von der Goltz）元帅（在战争初期，担任驻布鲁塞尔的军事总督）在一篇文章中写道："我们可以肯定地说，一个孤立的大城市，如果没有新鲜血液的加入，那么经历五代人之后就会消亡。"

1913年2月，在柏林的一场演讲中，关于帝国，冯·德·戈尔茨元帅悲叹道："黑暗力量正在侵蚀德国人民。"

最后，我们可以用一位驻柏林大使尖锐的话语，对以上声明做出总结："德国因为它的大城市而扬扬自得。但是，成也萧何，败也萧何。"

士气不振、风俗败坏，打击了德国的经济，更严重的是，重创了整个民族。从根本上来说，德国人对物质的追求反复无常，这是他们痛苦的来源，也导致树敌众多。

凡事要适可而止，因为过盛久之必衰。

经济危机

跃进与倒退、人事与天命，这些无法估计的因素之间的矛盾，在经济层面上，体现为德国经济发展与体制的矛盾。无论是经历高峰还是低谷，经济的发展过程都从未令人安心。

在过去二十年间，德国破产的公司是否多于新建的公司，我们不得而知。在工业和商业领域，流通速度极快，带来了进步，但也存在货款期限过长、客户良莠不齐、吨位过大、利润微薄等风险。由于发展的偶然性，即便在最繁荣的时期，我们也能从中感到一股潜藏的危机。

德国人以一个奇怪的词定义上述现象："局势"。局势好或坏、工人失业或工作、大城市繁荣或没落、衣服新或旧，作为消费者的德国人，要么打开钱袋，要么勒紧裤腰带。他们过惯了好日子，一旦出现危机，再也不能如父辈那样吃苦耐劳。由俭入奢易，由奢入俭难。

缺乏安全感，追求经济增长，促使德国追求扩张，逐渐把德国置于与全世界为敌之境地。海军及殖民地的扩张，引起与法国、英国、日本等国的斗争。商贸扩张及销售市场拓展，立即引起与全球商贸的竞争，用一个非常准确有力的词形容就是处于"战前状态"。

总之，上述两种形式的"世界政策"必然引起军备竞赛。

1896年1月18日，在德意志帝国成立25周年之际，在一次盛大的宴会上，威廉二世说道："德意志帝国，已成为一个世界王国。在世界各地，甚至最落后的地方，都有我们的同胞。德国的产品、科学、工业传播到了大洋彼岸。我们海运的货物价值达十位数。先生们，你们有义务帮我把我们的帝国并入欧洲帝国里。"

这就是他们的计划。

他们虽已实现了这个计划，但没有料到其后果——用尽全力在世界上占有一席之地，要付出与其他强国为敌的代价。

殖民扩张

如《北德报》（*Gazette de l'Allemagne du Nord*）所述"在世界开辟一条自己的道路"，如比洛伯爵在帝国议会上所说"夺得一个太阳下的位置"，威廉二世为了达到上述目的，首先盯上了大清帝国（Empire Chinois）这块肥肉。1898年2月8日，比洛伯爵在帝国议会上说："向胶州湾派兵完全不是一时兴起。而是经过了深思熟虑、周全考虑的一项目标明确、有把握的政治举措。"

但是，理想很丰满，现实很骨感。原本，德国与英国签订了一份协议，已拟定如何共同瓜分中国。但是，当住在一栋德国制造、号称不可燃的房子里的瓦德西（Waldersee）大元帅，好不容易被法国海军从一场大火中救出时，德国瓜分中国的计划就以最荒谬的方式泡汤了。

即便如此，德国还是得以设立胶澳①租借地。这既是成果，也是引起德国与日本敌对的主要原因。

除了处在垂死边缘的中国，世界上还有另一个病入膏肓的国家，被人觊觎已久，那就是土耳其。德国和奥匈帝国都盯上了这个送到嘴边的猎物。

在柏林会议上，奥匈帝国就表现出它的野心。它吞并波斯尼亚和黑塞哥维那这一举动，是如何引发1914年世界大战的，这属于全欧洲的问题。

而德国则是通过对土耳其帝国的军事、政治、经济渗透，逐渐控制它。德国不仅在巴格达修建铁路，还在君士坦丁堡训练土耳其士兵、提供军备及经济支援。

在巴格达修建铁路，是一场成功的外交举措，即便遭到英国、俄国和法国的反对，随着时间的推移，此举最终被证明是合理正确的。而被德国外交和经济政策操纵的英、俄、法三国，最终转舵，改为支持德国在美索不达米亚（Mésopotamie）的扩张。

德国的坚持不懈和俄国的忍气吞声，促成了波茨坦和解。

其实，以上举措收效平平。在整个欧洲，人们几乎只讲法语。一位叫乌格宁（Huguenin）的瑞士（Suisse）人和一位叫瓦尔多（Waldor）的荷兰人，引导欧洲走向法语化道路。他们不可能是因为受贿或利益而这

---

① 青岛旧称。——编者注

样做的。这令德国大失所望。现实主义者基德伦-韦希特尔（Kiderlen-Waechter）提出，德国最好放弃妄图统治全球的幻想。因为这个长久的政治运动，已经令德国与英、俄、法三大列强在各时期及各领域产生敌对。牺牲过多，收效却甚微。要打通世界的这一角并不容易。

德国觊觎的第三个国家是摩洛哥。虽然它想全面入侵，

在弗里德里希斯费尔德运送鹅

但心有余而力不足。

摩洛哥危机也是引起世界大战的原因之一。在下文，我们会特别分析摩洛哥危机及同一时期发生的巴尔干半岛危机。

世界政策的失败

简言之，在战争爆发前几年，扰乱世界二十年的"世界政策"还是失败了。通过殖民，德国工业也未能开发与其需求成正比的市场。德国的商贸确实有长足发展，但不确定因素太多。受到警醒的大型欧洲市场趋向关闭。德国整体经济已下滑至最低谷，而且还得依赖它多疑的对手国。

在"世界政策"走到半道时，德国民众的态度就已经变得尖刻及失

望了。

"大学教授们说，人们用一个被昏睡病蹂躏的国家，来弥补我们在摩洛哥的损失。安哥拉（Angola）是非洲赤道附近唯一繁荣的国家。当我们想在这儿建立殖民地时，英国却在我们面前插了一杠。世界各地对我们的忌妒和敌意（见比洛伯爵、贝特曼·霍尔维格首相在帝国议会上的讲话），阻碍了我们的道路，抑制了我们的发展，并以之前的权利为由妨碍我们的事业。但是，我们必须生存下去。

"既然我们有实力，为什么不借此把人们拒绝给我们的东西，夺下来呢？如果我们总是在决定性时刻退却，那我们持续在军队和舰队上做出的巨大牺牲，又有何用？

"我们必须不惜任何代价，立即革新。"

德国经济方面的计划如下：一是迫使俄国有偿续订那份让它有所怨言的商务条约（见贝特曼·霍尔维格首相的讲话）；二是对于法国，不管是使用伎俩还是威吓，或在必要时使用武力，我们都要让它同意废除《法兰克福条约》中的第二个条款，并且在符合双方利益的前提下，拟订对德国最有利的方案："法国必须两者择一：要么加入德国关税同盟，要么还给德国签署商务条约的自由，并不能从中获利。"

如果德国无法通过和平方式达到以上目的，那它就诉诸武力。

以下措辞，最稳重地权衡了诉诸武力的可能性："法国的兵力不容小觑。甚至有些重要的军队认为他们优于我们。我并不同意他们的看法。因为，很多东西在我们这里是真实存在的，而对于法国来说，仅仅是纸上数据。另外，其他因素也该列入考虑的范畴，如法国社会组织混乱，人民没有战斗热情，战争发生时还未任命指挥官等。假设战斗很艰苦，令人钦佩的民族情感并不能代替仅存于纸上的数据作战，也无

克虏伯工厂的马丁炉车间

法弥补2000万居民的差距。"［丹尼尔·弗里德曼（Daniel Fraymann）］结论：我们很可能赢得战争，让我们冒险干一场。

况且，"情出无奈，罪可赦免"。这些逐渐明确，并被好战热情发酵的想法催生出"泛日耳曼主义联盟"。它由哈斯（Hasse）博士创建于1891年，自1895年起有了迅猛发展。联盟章程如下："调动日耳曼人民的民族意识，从而由内至外地跟上所有日耳曼部族进步的步

克虏伯工厂全景

农贝尔最大的市场，这里有来自世界各地的蛇麻

克虏伯工厂的铸造车间

在巴伐利亚收割蛇麻

第三章 德国的经济及泛日耳曼主义

伐。"

战争前夕，联盟领导班子由六人组成：克拉斯（Class）主席、美茵茨的律师冯·利伯特（Von Liebert）和凯姆（Keim）将军、冯·施特塞尔（Von Stoessel）司令、克林格曼（Klingemann）牧师和伊岑普利茨（Itzenplitz）船商。联盟委员会人员众多，其中有前军官、地理老师、出版商，他们负责维持众多会员的革命热情，调动其积极性。

我们知道联盟与皇储之间有着密切联系，不然，至少也受到后者的直接影响。它不仅推动了武装政策（这一点需要特别研究），还通过各种手段促进了日耳曼族在全世界的渗透，尤其是通过一个系统的组织，在和平的掩饰下筹备战争。

这个组织的体制非常周密。

在联盟成立时，一本名为《世界级的德意志帝国》（*Un Empire allemand universel*）的册子制定了组织制度。附带说明一下，最近威廉皇帝所做的声明就受到了这本著名册子的启发。"不管结果如何，我们都要实现推动日耳曼国家发展的目标。我们将发挥才干，在合理范围内继续努力，并在确保安全打响战争第一炮之前，我们都将谨慎行事，一步步来。届时，欧洲面临我们如此周密的布局，将毫无还手之力！"这就是"这个组织"的胜利。

战前

我们用一个既生动又合理的词来形容这种隐匿的侵略状态——战前。
法国特别研究了"战前"状态对全世界所造成的危害。瑞士、意大利、英国、北美、南美无一幸免，还有比利时受尽折磨。

德国在经济和人事上双管齐下：一是为了德国企业的利益，实行产业和商贸垄断；二是招募人员，以筹备战争为主要目标，安排物资，并开展间谍行动。如此，德国放言："我们有如此细致的准备，欧洲将一击即溃。"

我们知道，主要涉及以下几个产业：面粉、煤、战争设备、飞机、无线电报、棉花、自动通信、被无数产业依存的冶金业［克虏伯集团的对手，著名的蒂森（Thyssen）集团成功把冶金业打入法国市场，直到老诺曼底区］及各化学工业。在东部，在事先定好的战略点周围，德国占领了附近的农田和土地。在整个法国，尤其在中部，德国控制了大型酒店及公共区域，把这些地方变成指定的间谍活动中心。

在这些地方，人流量大，而且大堂里没有任何监控。人们高谈阔论，交际花、侍者和皮条客把人们的谈话内容到处传播，不放过任何一个细节，有时连最机密的内容都被泄露了出去。这些内容都被酒店主人或经理记录在"笔记本"上。而酒店主人和经理要么是德国军官，要么是忠心执行监视任务的间谍。

在一些桥的附近、道路交叉口及大城市附近，都有一些可疑建筑，它们与国防物资工厂仅一墙之隔。这些德国企业将生产法国或俄国铁路公司需要的火车头、后勤部需要的面粉、汽艇要用到的氢气、制造火药所用的棉花和军用汽车所需的发动机。它们还将设立机械制造，甚至无线电报业的分公司。因为有强大的经济做后盾，这些企业涉及议会及政府界。

一些可疑的古董商人、裁缝逐渐涌入巴黎和几大城市，还出现了一些卖便宜货的集市。商店里的员工全是红头发，他们监视着一切。他们研究公众的品位，挖掘客源，窃取生产技术和商业机密。如此费尽心力适应法国的生活，想被大众接受，他们要么是打着安家的幌子"和平入侵"，要么就是为之后的武装侵略做准备。在埃纳省的一个小城里，一名德国人混入了市政委员会，差点儿成为当地市长。在动员日那天，他却离奇消失。几周后，他带领一个骑兵连回到当地，说："既然你们不想选我当市长，那我就代表德国占领这里，再当市长。"

德国仔细地筹备这场战争。他们在比利时要塞附近，斥巨资建造放置重型炮的水泥发射平台；在各工厂的地下室都储备了大量弹药；在地下铺满了电话线，并在地面上安装了无线电报所需的天线。

德国的产业扩张，是德国在战前走的一步名副其实的阴招。

世界政策与泛日耳曼主义引发战争

对于德国这样一个唯利是图的经济大国来说，即便它的产业机械化发展惊人，但它所得的收益与牺牲却不成正比。

它本该开辟新市场，但市场却趋向关闭。在殖民扩张之后，它在实行经济扩张政策时，却受到各大对手国的牵制，这些警觉的大国开始在各领域采取预防措施。

德国逐渐陷入经济危机，极有可能被灾蒙祸，它越来越忧虑。在发起战争的一个半月前，皇帝的心腹、财政官巴兰，在一份柏林最官方的报纸上，明确提出产业扩张主义，而产业扩张要么使德国走向灭亡，要么使其走向战争。

> 我们正陷入一个可怕的危机中。我们的殖民地根本不能保证经济发展所需的市场额，开发新市场是我们的当务之急。但是，当前世界市场不仅没有对我们放宽通道，反而越来越紧

缩，并趋向关闭。这是英国和法国推行的经济政策造成的后果。他们有比我们更加充裕的资金。他们不随意外借，而且签订了有益于他们的产业发展的契约。这就导致了我国产业岌岌可危。这种情况继续下去的话，德国危在旦夕。

这份郑重的警告使土地均分论者和工业家更加确信这一点：德国处于危险中，只有靠自己才能摆脱险境。

1913年7月10日，一位外交家写道："如今，德意志政府得到民众的全面支持，大力投入战争准备中。而民众的精神面貌却更让人担心。因为，两年来在东方发生的所有事件，都使人们习惯了战争状态。现在对于他们来说，战争并不遥远，而是能让德国摆脱政治和经济困境的一根救命稻草。"①

再说，难道德国政府没有指出唯一可能的出路吗？十年来，德国有意疯狂增加军费投入。就算有经济危机，民众怨声载道，政府还一次性要求富人们捐出了10.5亿马克的军费。所有人都明白其中的道理，没人埋怨。他们说，战争临近。同时，又有点抱歉地说道："战争是必要的，但不会持续很长时间，因为我们终将结束战争！"

出发去汉堡的移民

---

① 《黄皮书》（*Livre Jaune*）。

第四章

德国的政治

德意志帝国的成立；造成解体的原因；规章制度；
帝国统治者：皇帝

简言之，引起1914年战争的根本原因：在欧洲有一个根本不受控制的大型工业和军事机器，它不断加大马力，完全刹不住车。

俾斯麦为了达到自己的目的，向德国人民允诺普选制度。他缔造北德意志邦联后，又在凡尔赛（Versailles）宣告了德意志帝国的成立。当时，他就考虑到要面临的难题。普鲁士王国是否足够强大到包容德意志地方主义？新上任的君主是否有足够的权力保障国家安全并领导内政？

俾斯麦并不想听到人们谈论说这是"罗马帝国"的复兴，但王储却是此说法的拥护者。因为俾斯麦通过德国以前的历史明白，这种说法容易让人产生错觉。但普鲁士国王甚至想过不以"皇帝"自称,他说:"这就是个指挥官的荣誉称谓,你们想要我拿它做什么啊?"但俾斯麦却回答说:"陛下,您不能永远都以'主席'这个中性名词自称啊!这个词是抽象的,而'皇帝'却代表无上权力,至高无上!"

由此,普鲁士国王成为德意志皇帝。确实,这个头衔使他掌握了联盟中其他任何一个国家领导人都没有的实权。

如果要维护普选制度的方针和惯例,并且通过媒体和议会保障控制权(议会的目的是防止绝对专制主义),那么帝国只有通过取得领导阶层和有产阶级的支持,才能预防人民发起革命。俾斯麦非常清楚地表达了他的观点:"毫无疑问,聪明的阶层把他们的智慧用在保护自己的财产上,这是他们的物质基础。尽管如此,为了政府的安全及发展,有产阶级对我们来说更加有用……不管有产阶级拥有的是物质还是知识产权,所有没有与他们处理好关系的大型政体,总会快速落得法国那样的下场,第一次法国大革命给法国政府带来了严重后果。"

如果说皇权、人民的普选权和地主精英的权力,这三者共同牵引帝国这辆车的话,还需要一只掌握方向的手。这个担子必须由皇帝任命的一名部长挑起,并且这名部长不仅要抵抗得住多数党投出的偶然票,还得经受得住来自法庭和王党的影响。像面对其他任务一样,俾斯麦毫不犹豫地接下了这个重任。

简言之,帝国,是俾斯麦为他自己而建的。如果没有他,帝国就会处于可怕的困境中。

事实也确实如此。人民普选逐渐趋向社会主义化,土地均分论者和贵族也制订了盲目自私的计划。人民和有产阶级都觊觎权力,想利用权力为自己的利益服务。面对这两股势力,威廉皇帝对内无力保住皇家权

汉堡易北河中的泳池

力，对外无力拯救帝国的命运。

归根结底，现代德意志帝国有解体的趋势，也有可能完全解体。帝国既然从战争中诞生，那遇到危机时，它也只能回归本源，再次浸浴在战火中。这是它能使用的最终手段。

帝国议会

帝国议会是为在帝国中实现普选制度效力，或者说是实现其监察作用的机构。它并没有权力干涉其他议会的内部事务，但保留一定的批判权。但联邦政府却常常反对它的批判权。

帝国议会的权力受到如此多的限制，我们几乎可以认为它并没有太多实际权力：它不能对部长进行弹劾；没有联邦议会（Bundesrath）的同意，它也不能投票通过任何一项法律；除了可以表决反对国家贷款，它没有任何其他方式能对国家行政权产生直接影响。而它一旦使用这唯一拥有的权力，就会造成整个政府停摆，所以如果需要的话，它也只能悄悄借助于这个方法。在发生冲突或解体的情况下，人民必然会把错全都归咎于帝国议会。

所以，在政治层面，帝国议会仅仅是供受人尊敬的又极易满足的人们发表怨言的地方。如此，它逐渐把目光投向只与它有关的问题，而且最终把目光定在最能引起选举界关心的经济问题上。不管是党派的权势影响，还是党派间的辩论，都离不开"利益"两字。这又是社会物质主义占了上风。公共生活仅有为人民福利提供额外保险的作用。只有作为社会中心的天主教一派，还保留某些观念。

威廉二世参加某次帝国议会会议

松巴特（Sombart）写道："人民见识过本尼希森（Benigsen）、拉斯克（Lasker）、班伯格（Bamberger），这些在国会上与俾斯麦巅峰对决过的议员，对现在的政府失望也是可以理解的。那些我们的父辈和祖辈为之疯狂的理想，如今已黯淡无光……空虚的外表也掩盖不了虚无的内在……现今的所谓革命党派，即社会民主党，完全照搬以前自由党派的旧模式，暴露出我们这个时代理想非常贫乏。他们还高喊着法国人民占领巴士底狱（Bastille）那天的口号：'自由、平等、博爱！'"松巴特是否想要其他不一样的东西？其实，现代德国完全没有政治活力，帝国议会没有任何抱负，也完全没有成为帝国中的自由机构的想法。

由于帝国议会和帝国间缺乏平衡，大城市中的普选制度趋向社会主义化。从数量上看，社会主义武装力量无可匹敌。但它是否能够冲击皇权，并把天平拨向有益于革命的这头呢？这就是问题所在。社会党对领导阶层有威慑作用，它有突然推翻后者的能力，但是否有完全取代后者的能力呢？

社会民主党听取了所有民众不满的声音，在各大城市不断壮大。在最近一轮选举中，它赢得了代表400万选民的111份授权。但是，随着它不断壮大，并且在它加入议会后，它的章程、发展及行为准则都完全具体化，而且只为它所代表的阶级的经济利益服务。

在它一侧，一些大型工会组织同样有了蓬勃的发展。这些工会组织身负社会民主党的事业，随着自己的意愿支配它。工会活动是一种用于

慕尼黑的路德维希大街

调解的工具，它对任何暴力斗争都不感兴趣，仅仅指挥和平罢工和组织合法抵抗运动。它把8000万马克的经费存到了德意志银行，以资本家的眼光管理经费。

这是处于休眠期的社会主义。而且，在现代德国，所有事情最终都与钱有关。他们把一本名为《资本论》（*Le Capital*）的书奉为指导革命思想的圣经。但是，钱并不能促成革命。

所以，尽管社会民主党在政府中占据一定地位，吸收了大量公务员，并且在选举上取得了显著成功，它也只能是一个齿轮没有咬合的、空转的机器。它的组织结构使它发挥不了作用。在帝国议会中，它仅仅是占的席位多而已。它浪费了大量时间，而提不出有效的策略，它的无能让人失望。除提议征收战争税外，它毫无作为。而战争税的实质是要求民众将财产充公，这有可能是引起德国大规模没落的第一个导火索。

因为这个党派一心只想着钱，所以当国家到了危急的关头时，它也只知道把错误归咎于钱，就像凯撒（César）的士兵在法萨罗朝敌人脸上打那样。

它组织的大型游行，与其说威震四方，不如说可笑至极：他们不但没有表现出一个组织该有的能量、觉悟和冲劲，反而像一只踉踉跄跄、无精打采的无头怪。

在特雷普托（Triptow）公园，在15辆红色四轮车上，有50位演说家做了演讲。在草坪上挤满了密密麻麻的人，看不到尽头。据社会党报纸报道，总共有20万人。而据警察统计，只有9万人。铃声一响，所有人都保持安静。然后，高级神职人员满怀热忱地朗诵一个新宗教的箴言。10万只手举向空中，在这片黑压压的人群之上，它们就像沐浴在阳光下的白色卷边。这些勇敢的人到底在干什么呢？他们正在发誓，要赢得政治自由，就算冒着生命危险也在所不惜。

这是庄严的一刻。在城堡上，人们深受感动。他们有可能发起革命吗？宫殿里到处都是士兵、机枪，桥梁也被禁止通行。这是1789年还是1830年的情景？

突然，庞大的人群动摇了，惊叫着散开。为了维持秩序，只需要100多位中士向人群猛扑上去，用拳头、脚和刀背击打他们，还不会遭到他们的反抗。[博纳丰（Bonnefon）]

在决定性的时刻，古老的民族奴性又一次战胜了激情和个人能量。这些人可能是勇敢的，但对国王来说，他们只是在下级军官身后的一群士兵。只有当野兽在他们身后吼叫，或当他们很饿时，才会感到害怕。

作为一个政体，社会党的畏惧并不是引发战争的直接原因之一。但是，习惯于富裕生活，把所有努力都放在解决生计问题上的德国人民，却经历失业和极度贫困。这让德国领导人一直忧心忡忡。

社会党的真实行动能力在解决饥荒问题时体现出来了。从那时起，它就取得了选民的信任。它在选举上的实力，虽然并不能把它变成国家的主人，但也能让它占满帝国议会的席位。它为夺取了土地均分论者和贵族的权力而自夸。这又涉及党派斗争和国家内部矛盾。德国的格拉古兄弟威胁到了地主贵族。社会党所占的111个席位就像无产阶级打响胜利第一炮的先锋队。

贵族们为他们的利益、财产、遗产而惶惶不安。在"有产者"和"觊觎者"手中的皇冠，必须要交出来了。在更加激烈的社会主义选举影响下，选择一种新型的解体角度是毋庸置疑的。但是，这也是皇家政府寻找解决严重内部危机使用的唯一手段——战争。

地方主义

帝国建立过程中固有的困难,即"存在的不可能性",其不仅与政治、经济或社会有关,还与历史、地理与宗教有关。德意志民族统一了,但它的管理层还没有,它们不是连贯的。引起战争的因素之一,是否与以前的地方主义有关呢?在战后连续不断的调解中,地方主义将重新找回它的路。如果我们把现在的德国与过去的德国进行对比,就知道中央集权不会是德国的最终道路,联邦制才是出路。

在官方政体下,旧的政治结构和新的帝国机构暗中较着劲。在法国的历史上,这种新旧体制的矛盾持续了好几个世纪,而且很多次都危害到了国家和王朝。所以,如果德国走了法国的老路,一点儿都不稀奇;如果这种矛盾涉及德国的民族命运,也一点儿都不奇怪。

首先,面对中央权力被侵犯,宫廷拼命捍卫自己的独立自主权、影响力及利益。王公贵族不仅在城堡和皇宫内互相诽谤、暗中斗争,这些消息还传播了出去。例如,一位来自彼得格勒(Pétrograd)的德国工业家谈论了德国皇帝和其附庸。后来,巴伐利亚的路易(Louis)公爵回应了这个笨头笨脑的人,他说:"我们不是附庸,而是皇帝的同盟,我们是平等的。皇帝是我们同辈中年纪最长者。我们与他约定,共同追求繁荣昌盛。"

萨克森的国王被选为公断人,授予利珀-比特费尔德(Lippe-Bitterfeld)伯爵利珀亲王国的王位。在这之前,一直是由皇帝的姐夫绍姆堡-利珀(Schaumbourg-Lippe)公爵担任亲王。威廉二世还以为可以用他的方式对摄政伯爵进行报复,对于后者写的一封非常恭敬的来信,他用一封傲慢的信作为回复:"我不允许您用这样的语气跟我说话。"后

巴伐利亚的一位伯爵葬礼的丧葬队

来，利珀伯爵毫不犹豫地公布了这封写给这位易怒的帝王的信。这封信是表达礼貌、谦恭的模板。所以，整个德国的王公贵族都对皇帝颇有微词。整个国家的状况也证实了这一点。

战争前夕，巴登（Bade）大公国和萨克森王国与普鲁士王国发生矛盾。在一个铁路问题上，自私的普鲁士王国企图使前两者破产。

至于黑塞（Hesse）大公爵，他不放过任何一个可以嘲弄他皇家表亲的机会。皇帝刚在致力于毁灭社会民主党的、给人印象深刻的其中一个讲话中，提到他反对那些"没有故乡的乌合之众"，接下来的那个月里，大公爵就邀请了黑塞的社会党人做客，还请他们抽了雪茄，并进行了友好交谈。

除了以上这些，就更不用说那些与普鲁士王国势不两立的小国了。由于家庭或个人原因，罗伊斯（Reuss）或萨克森—迈宁根（Saxe-Meiningen）的人永远都不会踏入柏林半步。

发生在梅克伦堡-什未林（Mecklembourg-Schwerin）和梅克伦堡-施特雷利茨（Mecklembourg-Strelitz）两大公国之间的事，极好地显示了中央权力在面对地方主义时的局限性，所以这是最惊人的事件之一。两大公国的管理结构，让人想到1789年前法国的管理结构。一个由骑士、城市代表、皇家代表组成的国会，用一种父系制度的方法解决所有政治、经济问题，远离群众，而且向统治者发难。这样的事引起整个德国的愤慨。每年，在帝国议会上都能听到关于对梅克伦堡中世纪的政治结构不变的抨击。梅克伦堡大公爵与皇帝和其首相彼此商量，意在结束这个让他们烦扰、让人们恼怒的局面。

但是，大多数骑士都反对改变政治结构，所以皇帝、两大公爵和德意志民族失败了。尽管后者有心改变，但公国不接受现代的政治结构。因此，帝国政府和帝国议会再也不敢插手与他们无关的内政事务了。

对立的王国之间表面装得友好和睦，但实际相互妒忌。它们的矛盾使南北两德更加势不两立，更确切的是凯尔特的南部与斯拉夫的北部的对立。普鲁士人瞧不起巴伐利亚人，巴伐利亚人也讨厌普鲁士人。慕尼黑厌恶柏林，所以一点儿小事就能让这亦敌亦友的两方发生冲突，至少会有言语上的冲突。

双方在萨韦尔讷事件中，以及在关于冯·勒特尔（Von Reuter）上校功绩的讨论中就已发生过摩擦。这个军事事件的结果，表明地方主义有局限性。一旦涉及爱国主义，它就得让步。

一开始，萨韦尔讷事件是由一位普鲁士军官和他带领的联邦士兵滥用权力引起的。这导致愤怒的巴伐利亚和符腾堡（Wurtemberg）的人民发起暴动。巴伐利亚人和普鲁士人都视对方为胆小鬼，追忆了1870年兵力衰弱的往事。帝国议会的大多数成员都一致反对保守党成员，而且一部分民族自由主义者责备首相，认为他的措辞优柔寡断，对军队有利。接着，一切重新归于平静。之前，艾尔兹贝格（Erzberger）是最凶狠的攻击首相的人，之后他进行了公开道歉，重新变成那个最会阿谀奉承的人。只有信天主教的巴伐利亚人还怒火中烧，并畏畏缩缩地利用最后一股社会党势力，企图打赢这场仗。尽管信天主教的中部还有地方主义的倾向，但中部其他地区都支持帝国政府的统治。

为何人们有如此这般的转变？调查显示，在萨韦尔讷有一股反对德国驻军的"法国"势力，只要几个小孩喊"法国万岁"，整个德意志民族就会重新团结起来。

在德国，有很多地方主义反对普鲁士或帝国的政权侵入。当前，我们只能得出这样的结论：不管巴伐利亚人、巴登人还是萨克森人，他们不管是信奉天主教、封建制度还是社会党，他们都是忠于自己王国的。他们对统治者普鲁士没有任何忠诚或好感可言，对东部德国，他们只有仇恨和怀疑。但是，他们骨子里统一德意志民族的梦想，仍然高于一切。

显然，我们不能预料战败会带来怎样的影响，是否会导致德国解体。地方政府对媒体和民众有一定的影响力。面对那些对他并非时时宽容的"附庸国"，皇帝也并非时刻保持友好。从这点看，帝国必须取得战争胜利。战争曾是工具，现在成为唯一可行的对策。如果帝国在战争中处于劣势，那它的政治体制就要受到挑战。

天主教徒

我不会讨论战前德国的所有内政，我也不会着重讨论宗教的多样性，因为宗教多样性对帝国统一没有严重危害。然而，帝国议会中的天主教势力，使政府机构运行复杂化，而且引起政治分歧。这关系到国家核心，我们应该仔细分析这个问题。

尼采（Nietsche）把德国新教视为一种在基督教和情理上的偏瘫。如果要给出更好的解释，那只能说新教的基本原则完全隔绝了情理和信仰。路德（Luther）是位神秘主义者，他的推理为信仰服务。他揭示圣托马斯（Saint Thomas）通过提出人类存在的目标是要与天主结合，并且建立永恒的联结，而确定了教会的权威。

德国个人主义思想将新教设想成主观和神秘的宗教，对基督教教义造成了不可修复的危害。尽管新教虔敬派竭尽全力，精神和道义守则依旧千疮百孔。

康德（Kant）尝试用他基于人性"全体性"上的人生整体构想，以及他所定义为宗教基准的伦理义务，来复兴宗教精神和道义守则。因此，在德国，一种基督唯理主义逐渐诞生。这是一个不太关心教义，特别注重道义的精英宗教。但是，它的特征决定了其不可能大众化。

当路德主义逐渐贵族阶级化时，并未受到传统宗教严格控制的人民，他们不太奉行宗教习俗，逐渐放弃，实际上已成为无神论者。宗教已不能起到加强社会连接的作用，它再也不能服务于政府，也不能与之合作了。

但是，教皇绝对权力主义管辖下的天主教还是囊括了众多教徒。所以，政权还是得指望或者依赖于它。在1871年3月的选举中，巴伐利亚贵族、普鲁士容克（Junker）、波兰大贵族和莱茵河谷的自由党人及同胞为维护天主教利益，组织成立了一个天主教政党。

在文化斗争（Kulturkampf）时期，这个政党经历兴衰。经过激烈斗争后，俾斯麦最终向他们妥协。

天主教中间派之所以能与政权和解，具体来说，是它集合了各阶层人民的愿望，崇拜权力，并服从于一个理想，而且在不自相矛盾的前提下，亲近帝国政府的结果。它逐渐适应了这个新角色，并成为帝国议会上影响力最大的党派。它在保守和民主之间折中，遵循一个进步的、略微偏民主主义的守则。

巴伐利亚国王，路易三世

政权习惯了与这个天主教政党合作。威廉二世作为一位既信天主教，也信新教的君主，代表德国基督教徒，大大拉近了与罗马教廷和教会的关系。他所设想的日耳曼上帝，助其解决了政治矛盾。

尽管如此，越来越按习俗行事的新教，和牵涉政治太多、狭隘的天主教，这两大宗教自相矛盾，不能满足大量民众的要求。德意志帝国的一些缺陷由此产生。如果要走上符合德国特色的宗教信仰道路，帝国任重而道远。

天主教中间派并不是一个宗教的政党。它的右翼势力和左翼势力，因为同一理想而团结在一起。其中，西里西亚属于保守派，而威斯特伐利亚（Westphalienne）和巴伐利亚则属于民主派。

在最后时期，天主教中间派偏向民主化。但是，它过多参与议会事务，逐渐走向其他政党的老路，即几乎只重视物质利益。一位谨慎的观察家，利希滕贝格尔（Lichtenberger）对其做出如下评价："如今，与其说它是一个完全理想主义的政党，有条不紊地跟随基督教的脚步解决当

什未林城堡

今重大国际政治和社会问题，不如说它是由一群精明的机会主义者组成的政党，用罕见的手段维护天主教的世俗利益。"

德国内部困境

在政府机构或政党中，不存在能与帝国权力和兵力抗衡的力量。在经济利益高于一切的情况下，各阶级和各势力为了权力互相对立。荷亨洛赫、比洛和贝特曼·霍尔维格代表的土地均分派占了优势，而且无比猛烈地敦促政府与俄国就一份商务条约进行谈判。

但是，土地均分派还是遭到帝国议会中其他对立党派的联合打压，损失不小。政府必须做出抉择，但无论如何选择，都是一个令人生畏的决定。因此，帝国面临一个严峻的问题，即军事问题。如果继续发展军备，代表它支持土地均分派的主张；如果停止发展军备，则说明它偏向发展工业和商业，那么德国就需要拉近与英国的关系，并且叫停造船计划，走向更加温和的政治道路。

帝国议会中，无论是有意还是无意，导致德国解体的各种因素都已纠结在一起。

帝国议会几乎毫不犹豫地投票通过，为即将到来的战争投入12亿法郎的军费，人们感到它的疲惫，并指责它想通以下手段削弱军队：使军队现代化，抑制军队滥用特权和阶级制度。在1913年的行动后，议会可能要稍做休整。当泛日耳曼主义者浸透了整个政府系统，并要求实施普遍义务兵役政策，达到全面军国主义化时，不满的声音出现了，潜藏的反对势力重新抬头。其中巴伐利亚反对帝国政府实行如此过度的政策。赫特林（Hertling）男爵大胆地说道："从人民中征兵，必须要量力而行。"

然而，逐渐被激怒的军队党派还是坚持走自己的路。如果导致帝国解体的因素继续在议会中发酵，那么军队党派将会重新掌权。而且，由于它为帝国牺牲很大，它将会赢得选票。

警钟敲响了，而且一系列反映领导层道德败坏的丑闻，让这个警钟声更加响亮，如哈默斯坦（Hammerstein）、陶施（Tausch）、毛奇、奥伊伦堡、克虏伯等人的案

普鲁士陆军元帅、符腾堡亲王弗里德里希·奥古斯特·埃伯哈德

件，西门子（Siemens）和舒克特（Schuckert）在日本的案件，一位前军队指挥官贪污公款，一位前风俗警察长的丑闻，还有几大高层家族的金钱和性丑闻以及萨韦尔讷事件。这使皇帝开始审视帝国和德意志民族好战的本质。他的皇储代表了那些认为自己是唯一维护德国统一及保护普鲁士王权和朝政的人的心声。皇储用一种使人感受不到责备的语气写道："还有比向敌人骠骑兵猛攻更开心的事吗？"

不难看出，帝国解体源自自身，其结果是鼓动战争。而且，权力机关的所作所为加速了这个进程。

纪律因素

各个种族的融合、两千年来的传统和非常有条理的学校教育，造就了如今德国人民的性格特征。他们是相爱、有见地、守纪律的人。

德国人民分部落、氏族、帮派、垄断集团或联盟，受各自首领指挥。他们并非个体的统一，而是各个集体的统一。德国人民喜爱服从命令。所有人像参加阅兵仪式一样，整齐划一，士兵小组听从下士指挥，军团听从上校指挥，军队听从皇帝指挥。他们尊重权威，遵守纪律，钦佩军队。简言之，他们守纪律的特点非常适应军队严格、局限的培训。但在集体精神下，也存在潜藏的本位主义，德国也不例外。

在法国人看来，本该最活跃、不守成规的社会党，居然也需要服从某个人和个别集团。巴伐利亚、巴登和符腾堡的社会党，都无意与普鲁士的社会党相混淆。他们接受排斥或警告，但依旧微笑着我行我素。同样，倍倍尔（Bebel）派有别于伯恩斯坦（Bernstein）或沃尔马

（Wollmar）派。在修正主义分子中，也有团体划分现象。比如，跟随海涅（Heine）的人，在某些特别时刻，会与弗兰克（Franck）或茵德坤姆（Indekum）划清界限。

对德国社会最好的定义，应该是有组织的本位主义。只要中间机关运行良好，那么一个主导力量所能给这个服从型社会带来的，是可以预估的未来。

德国人民另一个性格特点是有秩序。集体主义、守纪律、有秩序，环环相扣。德国人坚定而严谨，在身体和精神上，他们自愿把精力投入公共工作中。根据既定目标，他们能找准各自的位置。他们审时度势，灵活结合个人与集体的经济利益，但只会要求自己应得的部分。他们不太自负，非常坚韧不拔，而且还保持一定的低调。他们只把自己当成集体的一分子、机构中的一环、军队中的一员。

德国人长久以来都坚持同一个理念，即使这不是源于自身的理念。他们缓慢而稳当地前行。多年来，在他们灵魂深处都藏着一个计划，这个计划只有通过不断保持耐心与坚韧，才能实现。比如做缎袖的工人，为了能发现一个发明、制造或商业的机密，要等待好几个月才能伺机而动。又如农民默默耕耘、不闹不休，是因为想提前享受大丰收的喜悦。

德国人观察仔细，精于算计，不差分毫，他们将在各个需要认真、仔细、严谨、安心的领域中出类拔萃，是"愉快的专家"。在农业、畜牧和化工领域，我们都能看到他们起早贪黑、伏案而作的身影。他们总是保持本心，尽职尽责，尤其忠于命令，并且愉快地接受。

从孩童时期起，他们就受军人执政体制的影响，长大后，自然而然地去军队服役。他们变成长官所期待的那种人，只有在部队中，才能找到前所未有的满足感。他们沉闷、迟钝的作风，令他们远离歧途，消除一切怪念头,同时无心于私人生活,免于浪费精力。当履行公共使命时,才感受到自己活着的人生价值。这种意志促使他们有了为祖国尽力的雄心抱负。只要对自己有信心,加上出色将领的领导,他们就能所向披靡。

由于自身需求和时代要求,现代德国人操心物质生活。如德国经济学家所说,他们全身心投入,有"事业精神"。实际上是对金钱有无限追求,在资金和工作上冒险,这是"投机"。

如果要解释德国人的这股冲劲、冒险精神、孤注一掷的态度,就必须考虑这些影响因素:土地贫瘠、气候严峻、人民生存困难。只要能抵达那片土地富饶、阳光灿烂、有甜美假期的"伊甸园",就算冒险押上大赌注,等待时间长一点儿,又有何妨?如果有必要的话,生活就如赌注一样,也没那么重要了。

因此,民族生存被视为一项宏大的"事业"。如果它能带人们达到目的,它就可以被展示与献出;人们甚至能牺牲个人、家庭、集体、国家。如果和平这条路走不通,那就发动战争,只要我们能赢就行!

经历了剧烈的动荡不安、巨大的转变和惊人的时代变化,德国逐渐坚定地渴望战斗,崇尚武力,它有人们所说的"追求权力的意志"。如果对外能尽情释放这种欲望,那对内就更无界限可言。德国再也不容许有任何阻力,它想要实现自己的理想生活。

学校

在曙光乍现时,德国人就领悟了民族生存这一概念。从出生起,孩童就被教育要尊重权威，遵循命令，不要触犯禁忌。但是，德国的禁忌多得超乎人们的想象。

长大后，所有人都被训练成集体的一员，学会集体行动，愿意为集体牺牲个人利益。在家中，父亲为一家之主；母亲是看管者，防止孩子摆脱掌控；重男轻女的观念使姐姐服从于弟弟。离开家，孩子则受到学校的控制，被榨干精力。在孩子进入军队之前，学校是一个能培养其民族情感的最有效工具，为军队生活做铺垫。

德国的学校非常善于培养民族意识，无须强调它的盛名：不管是和平时代还是战争时代，都能看到德国人的民族意识。早在1870年人们就说，普鲁士能取胜，得益于学校老师对学生的教育。在一定程度上，这句话有道理。但是，把教育众人的任务，专门分派给一群充满学究气、追求学界霸权的形式主义者，还是有一定弊端的。学校的课本不能当作福音书，学究也不是完人。

帝国议会

接近1914年时，教育系统的弊端已显现出来：非常自负的老师和学生，已经无法自控；很多无名的小学教师，虽然声称支持公共权力，但实际上打破了真理的标准。

一本在布雷斯劳（Breslau）出版、售价为70芬尼的小书，总结了适用于职业学校的惯用知识。在莱茵河地区的省份，接收不同宗教信仰学生的小学，用这本书当教材，它包含历史、地理、自然、物理、矿物学、化学、几何学和德语等基本知识。

时事评论员马克西米利安·哈登

但是，这本所有德国人都需要的小百科全书是如何构成的呢？第一章讲"我们的皇室"，其中大量篇幅都讲"我们亲爱的皇帝"。威廉二世是英雄，他品德高尚，无所不能；他爱子民，尤其爱劳动者。所以，我们要爱他，为他祈祷。而其余的世界历史只占几页篇幅。

1870年的历史如下所述："普鲁士人赢得多次战争胜利，法国人无法原谅我们。他们想通过羞辱威廉国王，继而羞辱所有德国人；他们说莱茵河左岸应该属于法国。这就是拿破仑三世对威廉国王宣战的理由。"

被简化成如此的历史，激发了德国人的民族主义精神。最后一章有关霍亨索伦（Hohenzollern）家族说过的话。大选民说："上帝给予我力量。"腓特烈一世说："给人人以应有的一份。"威廉一世说："上帝与我们同在。"

所以，上帝变成了这样一个"德国的上帝"，属于霍亨索伦家族，而且宣布德国人民永远都是被上帝选中的子民，世界属于他们。从此，再也没有批评的声音，也没有了公平公正。就如所有过于专制、排外的教育一样，德国的教育也很荒谬，因为著名的德国历史全都浓缩在一些"自说自话"的教材里。

"在德国的小学，老师真是一个万能启蒙者，他既传授学科知识，也教伦理道德和宗教信仰。他所教的学科有数学、语文、历史、地理、诗歌、文学，还教唱歌和绘画。在某些学校，老师还教手艺活儿：制模、装订、细木活儿和制锁。他既进行宗教教育，也教导学生尊重公共权利。老师的教学涉及方方面面，使儿童长成顶天立地的大人，成为一名爱国者。"[G.布尔顿（Bourdon）]

德国人与生俱来的灵魂，其后天的塑造由小学老师完成。

如果不承认初等教育所带来的益处，那就太不公平了。它提升了德国——这个有组织的集体的整体水平。德国的文盲率在1‰以下。

在初等教育之后，孩童进入职业教育，从而选择一份适合自己的职业。每个德国人都受过一定的技术培训。

每年，大学都能为社会培养出超过3000名工程师。这些过多的工程师把国内事业和对外扩张事业做得热火朝天，而且在战时，他们也能成为军队的左膀右臂。毫无疑问，职业市场上僧多粥少，工资有限，必然有其弊端，但是国家体系并未受到其影响。这又是个人为集体做出牺牲的例子。

德国"事业"的强大得益于对人才的长期培养。德国能大胆创新，不断进步，离不开这些经历过严格选拔与训练，能力过人的人才。但它的野心太大，太过贪婪，导致发展道路不稳定，长期存在危机，经济最终不堪重负。

大学和知识分子

德国的大学教授

德国为它的职业学校自豪，而更令它骄傲的是大学，因为大学才是培养和激发民族特性的摇篮。德国人的智慧优缺点并存：他们非常有逻辑，实践能力强，有耐心，但是他们恃才傲物，不懂分寸。德国的知识分子有如上所有特征。他们虽是帝国栋梁，但将来也可能造成帝国的损失。

德国的学者缺少专家身上特有的细腻和敏锐，他们凭仅有的一点儿经验创立学说，单凭一股热情，表达一腔通常不太受控的信念。1914年战争开始时，他们在全世界面前所做的声明，暴露了这群贤者根本站不住脚的哲学观念、平庸的判断水平和贫乏的智慧。

曾经有人说过这样一句话，不无道理："在德国，大学就是一个世俗的神殿。"大学，具体来说是大学教师，促成了普鲁士和现代德国的丰功伟绩。在费希特（Fichte）、阿尼姆（Arnim）、黑格尔（Hegel）之后，这些大学教师为德国的血液注入了战斗和用武力征服别国的实力、野心勃勃的冲劲和领导世界的精力。他们深深感到自己种族的优越，所说所写都是为了颂扬和宣传这份优越感。

"德国优于一切"的信仰，经过众多权威人士传播，已成为一种信念、一种虔诚的追求。梅特林克（Maeterlinck）准确定义了这种感情，他写道："德国把自己当作世界的精神信仰。"

但另一位同样认真、有远见的观察家做出如下回应："这些有才智的大学教师，意识到自己是民族向导，认为自己必须要有一种特殊的爱国精神，这种爱国精神可能太狭隘。"他们透过金边眼镜，凝视着祖国，因教师神圣的荣誉、薪俸和专长，永远守护着祖国。他们为祖国服务，祖国也为他们提供帮助；他们为祖国争光，祖国也赐给他们荣誉。

在公共典礼上，他们戴着方形软帽或天鹅绒贝雷帽，穿着红色貂毛裙或黑色丝绸边拖地长裙，留着白色或金黄色胡子，眼神坚定，行事果断，声音洪亮，受人爱戴。即使德国的骄傲自大将来在世界上再无容身之地，我们还是能从这些老师骨子里找到德国自负的影子。

职业习惯让他们变得尖锐、专断，他们坚信教学的力量，而且必须要像带学生一样领导所有人类。对于人民来说，在一个时代没落前，德国经历了一次教育顶峰时期：人民自由的灵魂最终会挣脱学究气的束缚。

这些知识分子要为所有发生过的事件承担最大的责任，因为他们使德国人民身上某些天生的美德变了质。在那份著名的《九三宣言》（*Appel aux Nations Civilisées*）中，他们极端地表达了对人类的敌意，这毋庸置疑地成为引起冲突的道德和精神原因之一："我们永远不会忘了他们这些无情的长篇大论：'说德国挑起了这场战争，说我们侵害了比利时的中立权利，这都不是真的（贝特曼·霍尔维格首相，一位知识分子，却在帝国议会上毫不犹豫地如此声明）。说我们的士兵在没有合法防卫的情况下，危害到比利时居民的生命财产安全，说我们的军队残忍摧毁了鲁汶（Louvain），说我们在战争中藐视人权，这些也不是真的。'最

在格丁根进行的一场学生间的长剑决斗

后,为了使这套说法能站得住脚,他们给出如下结论,暴露了其令人震惊的轻率和鲁莽:'我们的军国主义与文化,并不背道而驰,那些虚伪的敌人所说的都不对。没有军国主义,我们的文明早就消亡了。为了保护我们的文明,军国主义才在我国诞生。'"

为军国主义辩护因此成为大学教育中最重要的内容。这种"世界的精神信仰"显示在对战斗的号召中。德国的教育只有一个座右铭,即霍布斯(Hobbes)的"人对人是狼"。

兰普雷希特(Lamprecht)教授,德国最著名的历史学家,最能代表历史学家简洁、生硬思想的人之一,写下了这些因自负、狠毒而令人难忘的话,最完整地表现了误导整个民族的诡辩思维:"如今,帝国再也不是仅局限于自身领土的政治体,而是一股在全球活动的活跃势力。在经济方面,它的势力扩张到能大展宏图的每寸土地上,它就像章鱼有多个触手。

"崇尚武力是自由事业时期的一个特征，在资本主义制度下，这个特征得以延续。军队和舰队的力量，来自资本主义所创造的战争机械化。

"国家发展有益于统一。分布在世界各地的德国人，将继续支持祖国。如同在遥远的时代一样（这里指日耳曼入侵时期），国家不是因领土关系，而是因人与人之间的关系形成统一。"

简言之，资本主义使军事机械化，让德国能占领其触手可及的所有土地。整个主张都是机械的，人再也没了灵魂，黄金、煤炭、铁就是其所追求的理想。

如果再做进一步深究，战争和其暴行都源于此。全面军国主义和其引发的经济扩张主义，是引起战争的主要原因。德国没能保持清醒，所以在鼎盛时期栽了大跟头。如果它多一份宽厚，本该所向无敌。

军国主义

德国的文化和主知主义，导致一个最惊人的社会哲学的诞生——军国主义。

这个不可思议的诡辩在于：无论是军事，还是所有其他人类活动，只有灵魂才能赋予其活力，因此他们得出"灵魂的最大职责是引导人类参与到暴力斗争中去"的结论。

而在社会层面，该主义认为面对对手，必须要抵抗并时刻保持军事实力。社会是一个武装部队，军事化结构是文明的最终形式，生活就是一场战争。

在战争爆发前，他们要时刻做好准备，因为战争无可避免。一个还未完全发达的国家，有权寻求发展，就算损害其他国家的利益也无妨。

如果这个国家缺钱或缺土地，为了生存，它有从别处夺取财富和领土的权利。

伯恩哈迪（Bernhardi），一位德国的现代战争理论家，基于以上观点创建了他的理论体系。1914年战争前夕，他的理论完整代表了德国的侵略主义。为了知己知彼，必须充分提及其理论。剩下的说辞不过是一些阴险的手段和幌子：

"面对如此高速增长的人口，德国的工业和农业，根本无法长期为人们提供一份好工作。所以，我们需要扩张殖民地……在当前的政治环境下，只有损害别国利益或者与它们合作（这里指荷兰），才有可能达到此目的。而能这样做的先决条件，是要更有力地稳固我们在欧洲中部的势力……我们的经济、政治和国家发展受到束缚，遭受损失。士兵付出宝贵生命为我们赢得的世界荣光，已经受到了威胁……我们在自己身上，意识到一个全人类发展所需的强大而必要的因素。这使我们确信，我们有责任尽可能深远地扩大我们在智慧及精神上的影响力，并且为德国事业和理想主义在各地开辟自由通道。

"但只有当我国强大到能支持和推动这项文化事业时，我们才能完成这份文明要求我们承担的最高责任。而国力增强体现在这些方面：首先我国在欧洲势力得到完全巩固，然后完成殖民地扩张、商贸扩展，最后加强德国思想在全球范围内的影响力。"

抛开那些卖弄学问的连篇空话，这个主义其实是说，德国为了追求更大的利益，把向世界发动战争当作权利和责任，直到它能占领全球每寸土地为止。因此，它的邻国都成为其对手、敌人。

德国必然反对、厌恶和平主义。伯恩哈迪毫不犹豫地表明这一主张，并强调："一个有雄心的国家，在没有取得它应有的地位前，当它还迫切需要扩张殖民地，而只有通过牺牲别人才能做到这一点时，和平主义也好，调解法庭也罢，这些都会妨碍势力扩张，对它不利。我们必须无视铺天盖地的和平宣传，坚定地相信这个事实：世界上没有任何一个调解法庭能用外交手段，改变当前这个对我们有利的世界格局。"

这就是一个巧取豪夺的德国，这就是为什么他们把军国主义奉为最高法则。

简言之："我们正处于上升期，必须战胜那些人数比我们多的敌人。生存本能命令我们用尽所有可能的方法增加军备，以便在决定性的比拼中，用上我们所有6000万人的力量。"

人们怎么说就会怎么做，所以这个粗暴的主义导致了更粗暴的行为。德国为战斗所制定的章程（不同于法国那条章程，通过武力摧毁敌人的意志），要求通过武力消灭敌人。

法国军事体系所制订的目标，停留在心理层面，而且是暂时的。而德国的处于物质层面，而且是决定性的。德国要求完全消灭敌人。如果蛮族入侵时有一套军事章程，他们就不会使用其他手段了。武力是德意志帝国所使用的理想手段，它要消灭所有在它附近生存的和抵抗它的国家。

德国在比利时、洛林和法国北部发动的战争，是这些高级指导方针引发的必然结果。

我们之后会分析这些方针，而且要结合天时、地利从源头分析，即那些让德国必然走向侵略道路的哲学观念。

他们不断厚颜无耻地卖弄这些作战方针，沉浸在法利赛式（Pharisaïque）

的傲慢中，并用一些富有同理心的话来掩盖最无耻的贪欲，还以为自己创立了一套哲学学说。这些做法引起的外交争端，导致德国与他国绝交。

军人们打起了精神，老师们也变得更加大胆，他们构建了一套完整的军事体系。大约十年前重印的、学者拉松（Lasson）的一本书《理想文化与战争》（La Culture idéale et la guerre），是德国年轻人的思想教材。在书中，拉松博士这样描述国际关系：

"国与国之间，不存在法律……一个国家不会犯罪……这无关法律，而关乎遵守条约是否对其有利……不管条约如何拟订，只要强国能够或想要蚕食弱国，那后者必然会变成前者的战利品……这是合理的状况，我们甚至能把它定性为合乎道德的状况……聪明国家之间的冲突，只有靠武力解决。"

首先，对于战争的真实含义，拉松如是说："征服战与自卫战一样，都是正当的。所以对征服战感到愤慨，是荒谬的。唯一值得关心的，是这个征服战所针对的是哪个目标。"

其次，关于中立，他如是说：

"独立，不是人民固有的权利，他们应该竭尽全力才能获得它……一个文化的道德价值，通过这个文化的实力得以体现。文化之所以存在，是为了体现其实力……

"要求多个文化和平发展（多个国家和平发展），是不现实的。它打破了自然规律，掩盖了真实的道义。这

威廉二世

种天堂般的状态，只不过是那些头脑简单的人的臆想，只不过是人们自知的、虚伪的谎言。"

再次，他如此解释条约的价值：

是否能干涉他国政治，主要看此国实力是否允许别国干涉。"如果能确保成功，那干涉他国不仅是合理的，还成为国家应该承担的一个责任。"

最后，他总结道："对有实力的国家来说，如果时机成熟，而且它已做好准备，就可以使用武力解决问题。这是唯一合理且长远的，能解决重大历史问题的办法。"

贝特曼·霍尔维格在帝国议会上所做的声明，因太过出乎意料而未被世人很好地理解。但很有必要在此表明，它并非人们一开始所想的那样，是鲁莽的、不合时宜的即兴之作，而是对军国主义的表达。军国主义满足了德国人民内心深处的情感和本能，他们完全自愿接受"战争的喜悦"，即享受贪欲被满足时的那份欢愉。

当贝特曼·霍尔维格首相说条约不过是"一纸空文"，而且在国际关系上，"需求就是法律"时，他不仅表明自己是一个完全赞同德国主知主义的知识分子、宣传捍卫真实的德国文化之人，即军国主义和崇尚武力的信徒，而且作为一个知道自己应该做什么的政治家，他仍然赞同德国使用唯一手段——武力，来处理国际问题。但在德国同胞眼中，他在阐述上述如此明显的事实时，表现得胆怯、左派而软弱。这是一位著名的德国时事评论员马克西米利安·哈登（Maximilien Harden）对其做出的指责：

"首相有决心，却不够厚颜无耻。但是，所有责任都由他承担。"

反德精神

如果只对引起1914年战争的一些德国学说进行概述，那远远不够。我们还应该知悉与之相对的观点，以及那些联合起来应战德国的国家所使用的方针。

幸好在这个世界上，不是人人都提倡用武力处理个人及国际关系的。

通过这一点，我们将分析德国必然败北的原因。对这个唯一自称优于所有人类的国家所创的错误、暴力的学说进行批判，指出其缺点及人文缺陷。

基督（Christ）的这句名言代表与德国学说相反的教义："世上的和平属于善意的人。"

这条教义传承着古代的道德，通过《福音书》阐释了先贤的智慧。法国大革命时期，它被应用在国际政治生活中。其方针为：在上帝面前，人人平等；基督是为拯救所有人而来；各国只受自己的约束。简言之，每个人之间的约束是自愿的，强迫他人是恶行。而在道德和政治上，需严格遵守的原则，符合基督的另一个教义宗旨："己所不欲，勿施于人。"

此教义对人性有深刻的解读，它相信如果人有善恶两面，那通过神力相助，善终将战胜恶。

人性中，对爱始终不渝的呼唤，在某一刻会变得极其强烈，从而遏制邪恶。

强者面临着几大障碍：他需要爱；他明白终有一天，他将不再是最强的那个；他知道如果不懂节制，实力终会消耗殆尽；而且，权势不能用于摧毁，应该用于创造。

有特定的欲望的个人或社会，自身并不完全了解自己的目的。

如果没有爱，那活着还有什么意义呢？不懂牺牲，就得不到公平正义，社会就不成立。

而公平正义的根据是什么？就是这条借用于自然和常识的公理：人人都有生活的权利，而且有权保障自己的自由。

如果人类不能在这点上达成共识，战争将永无止境。人与人之间的平衡，依靠公平正义来实现。如果某个种族妄图取代其他所有种族，它就违反了自然规律与神的法则，一定会灭亡。因为，战争这把双刃剑会让其亡国败家。

还是皇储时的威廉二世

威廉二世使德国思想系统化，他说过："对我而言，人道结束于孚日山脚。"结果，所有在孚日山那头的人都联合起来，构建了对抗德国的人道主义。

德国因其自负而形成的排他主义，是极其荒谬愚蠢的。就算他们有科学主义机制和实践专业性，也无法让我们折服。此时，他们的思想完全退化至未开化状态。而且在1900年，威廉二世对征战中国的士兵说："要像匈奴一样战斗，把他们赶尽杀绝。"这表明了德国的野蛮与残忍。不管德国的科学如何先进，都改变不了它野蛮的事实。

既然德国的文明如此粗野，那就不难理解它为何有意发动战争，这是命中注定的。而这场战争也必然令所有自由的民族联合起来，一起拿起武器反抗，直到把德国歼灭为止。

德国的组织方针与世界和平相互对立。因为它认为，只有全球各地的人都成为其奴隶时，它才能找到自己的那份"和平"。

自基督降生以来，德国是唯一一个脱离常规的国家，它一直都只相信武力和成功，并以此为荣。所以，我们必须通过武力、法律和公正，用人道主义向它灌输这一点——最后的胜利属于公平正义的一方。

德国的和平主义者和军国主义者

写于战争前的，1913年7月的一份机密文件，表明在德国内部有两股相对的势力，一方主张和平，另一方主张开战。同时，它也阐述了提倡开战那一方为何取得了优势。这是一份能充分反映德国真实情况的文件，但上文的概括太过简短，我们至少应该对其内容做一个总结：

关于战争的可能性，德国民众分为两派。

主张和平的一派没有形成组织，而且没有民间领导人。

他们认为，战争会给德国社会带来不幸，而贵族、普鲁士统治阶层、枪炮弹药和装甲舰甲板制造商从中获益最大。而且，战争尤其有利于英国。

这一派由以下人群组成：

本性爱好和平的工人、手工业者和农民群众。

以西里西亚的大领主们和几个在宫廷中颇有影响力的人物为例，不再与军事利益沾边，并投身于工业中的贵族和一些非常明白不管胜利与否，战争都会给政治和社会带来不幸后果的贵族。

依靠信誉和海外订单做生意的工业家、商人和大金融家，因为战争必将导致他们破产。

被征服的，但未被同化的、与普鲁士敌对的波兰人，阿尔萨斯—洛林人和石勒苏益格—荷尔斯泰因（Schleswig-Holstein）的居民，即大约700万被归并的德国人。

南方的几大邦国、萨克森、巴伐利亚、符腾堡和巴登大公国的政府和领导层认为，如果战败，与其经济利益相关的联邦将会受到危害；如果战胜，普鲁士将是唯一获利方，而他们辛苦得来的政治独立和行政自主将受到普鲁士化的威胁。

比起战争，这些人理性地或本能地更喜欢和平，但他们只是与政治势力抗衡的力量，其影响力有限；或是保持缄默、被动的社会力量，完全无法抵抗好战势力的极速蔓延。

举一个例子：110名社会党人代表是和平拥护者，但他们不能阻止战争，因为战争不由帝国议会投票决定。可能发生的情况是，他们中的大部分人将会附和其余势力，参与到后者的怒火和对战争的狂热中去。

最后，由于这些和平拥护者对当前形势束手无策，他们只能屈从于战争意志。在德国签署的某些国际协约中写明，如果开战，则契约无效。然而，他们还是希望通过皇帝的意愿和摩洛哥事件，能保证德国在一段时间内不宣战。无论如何，他们的悲观给了战争拥

威廉二世和他的家人身穿死亡骠骑队的制服

护者大展拳脚的机会。

战争拥护者因不同的等级、阶层、教育程度、道德水平、利益而分为不同类别，但他们有一个共同的精神状态，使好战势力快速壮大。

一些人支持战争，是因为当前形势使战争迫在眉睫，德国越早发动战争越好。

一些人出于经济原因认为有必要开战，因为人口和生产过剩，需要开辟更多的市场和道路，或出于社会原因，因为外部对德国的牵制攻击，是唯一阻碍其社会民主化的因素。

一些人对帝国的未来不太有信心，认为时间拖得越长对法国越有利，所以必须尽快发动战争。在他们的爱国精神下，藏着一个隐晦而深层的想法，即自由的德国和复兴的法国不能共存。

一些人则受到俾斯麦主义的影响。对他们来说，与法国谈判、讨论公平正义是一种耻辱。因为德国在这些会谈中不占优势，还不如使用更具决定性的武力手段解决问题。近几年发生的事打压了德国的气焰，但他们未曾忘记曾经的辉煌，通过口头和书籍，不断传承着民族自豪感。这股恼恨是早期德国"军事协会"（Wehrvereine）和其他团体的共同精神特点。

一些人出于对变革的法国的莫名仇恨而鼓吹战争。

一些人因积恨太深，支持出战。他们收集了用于发动战争的各种托辞。而现实情况如下：一方面，作为帝国议会中的保守派，贵族想尽一切办法规避遗产税，如果不发动战争，他们注定要交遗产税。而且，在刚刚结束的会议上，帝国议会投票通过了征收遗产税的方针。这对占有土地的贵族来说，极大地威胁了他们的利益和特权。另一方面，他们属于军事贵族阶级。通过比较军事和贵族的年鉴，不难看出这一点。战争能维持他们的威望，为其家族利益服务。在对军权的讨论中，贵族派的一位雄辩家，强调晋升军官的必要性，并投票赞成军官晋升。

而且，贵族是普鲁士国王最高统治下的金字塔形等级制度中的一员。对于德国民主化和社会党力量的崛起，他们感到非常害怕，认为自己时日无多。不仅物质利益受到一场反对保护土地制度运动的威胁，而且其政治利益也岌岌可危。在每个议会任期中，贵族成员不断减少。1870年，在帝国议会的总共397个席位中，他们占据162席。1898年，占83席。1912年，只有49席。在这49人中，只有27人属于右派，14人是中间派，7人是左派，剩下一人属于社会党成员。

由国民自由党代表的大资产阶级与贵族阶级的出发点不同。除特殊情况外，他们一直都热衷于战争。这次，他们是出于社会原因鼓动战争。

同贵族阶级一样，大资产阶级也受到德国民主化的威胁。1871年，在帝国议会中他们有125个席位，1874年有155席，1887年有99席，1912年跌至45席。他们忘不了曾经通过俾斯麦制订的计划对抗贵族阶级，使他们在某次战后，在议会上取得重要位置。

如今，他们在保守和自由两派中踌躇，无能、可悲的代表们无法为其找到出路，只能求助于战争。此外，空论派的工业家公开表示他们与工人间出现矛盾，都因受变革中的法国传播解放思想的影响。如果没有法国，德国的工业不会出问题。

此外，枪炮弹药和装甲舰甲板制造商、大商人都需要更大的市场，投机的银行家也想抓住黄金时代的契机，从战争中发一笔横财。这些人都认为战争是一笔好买卖。

在"俾斯麦追随者"中,应该算上各个职位的公务员,在帝国议会中他们有自由党、保守党党员或帝国党派成员代表,受过学校及大学教育,时刻准备好的年轻人,都以他们为榜样。

在面向精英阶层的大学中,一套好战的思想体系得以发展。经济学家用数据证明,德国必须成为一个殖民国家和商业帝国,才能跟上其工业发展的脚步。一些狂热的社会学家则想得更远。他们说,对民族而言,武装起来的和平是一大重负,会阻碍人民生活的改善,却有利于社会运动。与之相反,法国坚持反对解除武装,而应该一次性平息社会运动,使其一百年内不复兴,这才是最快、最有效的解决办法。

历史学家、哲学家、政论家、政治家和其他"德国文化"的卫道士,想成为世界文化霸主,强迫全世界接受德国的思想理念。而明眼人可以看出,法国在文化界位居第一。德国称霸文化界的想法催生出泛日耳曼主义者及诸如"战争俱乐部"(Kriegsvereine)、"军事协会"等团体的口号。而且在第二次摩洛哥危机爆发后,法德两国于1911年11月4日达成协议,这让德国民众不满,导致加入殖民团体的成员大量增加。

穿便衣的威廉二世

但是，那些出于忌恨而鼓吹战争的人，主要成员为外交官，这才是最危险的分子。德国外交官在新闻舆论中有非常负面的形象。而自1905年以来最负面的形象，体现在法德谈判中。他们使民众更加讨厌法国，终将使好战之风传遍德国。尽管在法德有交集的其他地方，两者都有可能发生摩擦，但我们认为，德国主要盯着摩洛哥危机不放。

社会党人威廉·李卜克内西

这些好战的外交官抱怨，在摩洛哥危机中被骗了，想要报复。在对军权的讨论中，其中一位表示："德国只有把所有强壮的男人都武装起来，才能与法国进行严肃的谈话。"（《黄皮书》）

大局已定。接下来，我们要看看，定局的人是谁。

德国皇帝

德意志帝国受到多方敌对势力的威胁，如果没有皇帝坐镇，就会解体。皇帝经纬天下，与帝国共存亡。

俾斯麦同样希望皇帝有至高无上的权力，也明白一国之主要履行的基本责任是挑选一位能尽心辅佐他的好部长。

但威廉二世却不这么认为，他觉得有他一人就足够了。他承担所有责任，由着自己的性子来实行统治。如此，德国不是被他领导，而是被他的优点和缺点牵着走，不受控制。

威廉二世和奥古斯塔皇后

这究竟是一位什么样的君主？他引发了世界上有史以来最大的灾祸，听从其将军和士兵的建议发动这样一场战争，成为最野蛮残暴的人。只有暴君阿提拉（Attila）才能与其相提并论，但在阿提拉所处的时代，仁慈、和平、高尚已不容置疑地成为文明开化的标志。

他注定是个可悲之人。我们尽力从公正的角度，重新描绘其相貌。

威廉二世站着的时候，身高中等，外表不雅，近乎粗俗。如果他只是一个普通的小资本家，那我们会如实描述他：尖脑袋、凸起的窄额头、不可名状的灰色小眼睛。他下达命令时眼神冷峻，喜欢用手摸着两端翘起的胡子和扁下巴。

但当他骑上马、带着军队游行时，就完全变了一个人：他头顶上戴着置有金鹰的银色头盔，变得伟岸，手中拿着元帅权杖，声音洪亮，步伐坚定，一副指挥官或英雄的形象，带着传奇或浪漫色彩。

这副光鲜亮丽的外表不仅骗过了德国和欧洲，也蒙蔽了这位内心爱慕虚荣、有表演欲的君主本人的双眼。身在王位，他喜欢自己易怒、肤浅的本性，并且不再改变性格。人在高位，容易逐渐失去原有优点。德国人本就不懂掌握分寸，而威廉二世沉醉在阿谀奉承中，彻底丢了分寸。有了这副光鲜的面具，人们更加无法看清他的真面目。

聪明又专心的威廉二世一心想出风头，一举成名。他有跻身世界前列的雄心，却没有稳固的根基；他空有想法和抱负，却没有足够的毅力。眼界不够宽，精力也不充足。他无法掌控自己的能力，更不用说统治一个正处于快速上升和扩张期的帝国了。德国需要的是一位智慧、懂治国的君主。

但这个对能载入史册的重大事件起决定作用的人，并不无知。他对所有事都有所洞察，尤其对王公们在历史上的作用了然于胸。有人欣赏他，也有人批评他能力平平，卖弄平庸。他记忆力惊人，活力无限，领会能力强。与他亲近的人说他阅读量少，只读几份报纸和报告，但他理解能力超群，对所有事情都感兴趣，一下子就能抓住要领并在恰当的时机加以应用。

他充分利用闲谈的机会，乐于表现自己的聪明才智和渊博知识。如果他不开粗俗的玩笑，不边说话边拍大腿，注意控制声音和举止，而且表现得更真诚一点儿的话，他应该能达到让人信服的目的，而不是让人惊讶。

威廉二世与法国

威廉二世如何看待他与法国的关系，人们对其真实想法有不同的判断。也许，他希望通过不断对法国献殷勤、套近乎来缓和两国关系，有时他顺利做到了，但大多数时候他所做的都不合时宜。面对严肃的问题，他本应该认真对待，但他不太了解与自己打交道的那方，对自己的使命也没有准确的认识。

威廉二世奇怪地向法国抛出橄榄枝，这也许能解释为什么出现如今的局面。所以有必要对他做过的某些非官方会谈做一个阐述。比如，一些法国人写的与威廉二世谈话的经历，后者努力向他们展示自以为不可抗拒的魅力，但是都失败了。

1907年7月，一位法国前部长正在德国，威廉二世表示想接见他，于是邀请他登上"霍亨索伦"号轮船。如威廉所愿，他们两人身穿便服，单独吃了晚餐。餐后，他们去了基尔的一家餐馆喝啤酒。在那儿，所有顾客都惊讶于他们的到来，而且出于对他们的尊重，全都保持安静。在这样的氛围中，他们两人进行了交谈。

在"霍亨索伦"号上时，威廉二世已经谈过两国关系。在餐馆里，他又提到了这一话题："见到法国人，我总是很高兴。"对于他关心法国人民的生活，对方表示了感谢。威廉二世说："对，我很想与法国人民交流，我觉得我们能够相互了解。但是，我们之间总是存在一些误会。"

那位法国前部长请求德皇允许他实话实说，后者准了。于是他说："我们法国人无法理解贵国对我国所实行的外交政策。贵国表现出亲切的一面，但贵国的政府却对我们充满敌意。这是为什么呢？"接着，他完整陈述了德国在摩洛哥所实行的外交政策。"当然在法国，没人想通过实现在摩洛哥的合理诉求来危害德国，也没人想通过取得其他国家对我国权利的承认，来损害、

沙皇和德皇

孤立、包围德国……"

威廉二世表示："这个，我心中有数，没有什么能改变我的看法。我们是仁慈的，表里如一。我知道，是'我亲爱的叔叔'让事情走到了这一步……相信我，我知道在伦敦发生了什么，你们只听英国人的。"

对方答道："但是陛下，您可能得承认，在处理对法国非常重要的摩洛哥事件时，英德两国对我们的态度完全不一样。"

此话具体说明了德国对法国的敌意，德皇有点儿激动，不耐烦地打断道："这都是小事儿，我会解决的。我们今天要谈的不是这些。我明确地告诉您，两国之间最需要的是联盟。如此，通过互相依靠，两国将称霸全球。

"注意一点：时机很关键。我预言过黄色危险，人人都说我冒失。现在好了，日本人的军舰已经开进了欧洲的海域！而且我发誓，绝不是我把他们引来的。现在我们面临两大危险，分别来自亚洲和美洲。如果我们继续在欧洲窝里斗，将会严重损害彼此的利益，联盟是我们的唯一出路。"

法国前部长听其所言，情绪非常激动，会谈只好改日继续。第二天，他与德皇在一艘参加基尔赛船大会的游艇上用早餐，终于下决心继续前一晚的话题："既然陛下您允许我实话实说，请问您让法国与一个联邦制帝国建立同盟，是否不太现实呢？"

这时，德皇的目光变得如钢铁般冷峻，直勾勾地盯着这位法国前部长说道："那先生，您不是也幻想过我能改变某些既定事实吗？您的想法就符合实际了？"接着，他看向别处，低声说："我明白，我们无法相互理解的。"

由于又涉及一些微不足道的小事，谈话再一次中断，但德皇脸上始终挂着笑容，心情愉快，表现殷勤。他似乎没有因此事生气，也不放弃说服他的对话者。

双方都关心的摩洛哥事件,被重新摆上台面。法国前部长指出,为了保障德国的经济利益,可承认法国在摩洛哥的政治权利,从而缓和两国关系。但是好话说尽,威廉二世都不肯做出实质性的让步——德国永远只会从自己的角度出发。而且在这种情况下,德皇表现出毫不让步的态度,显示自己配得上"人民的君主"的称号。

我们从他那儿得到的,仅仅是一个拖延的说法:"《阿尔赫西拉斯条约》有效期只有五年。现在只过去两年,还有三年到期,我们到时候再说吧。"在会谈中,双方存在异议,也说了很多漂亮话。但这次德皇组织的会面,徒劳无益。

那位参加会面的法国前部长为德皇带来的一个消息,意指在欧洲可能有股力量会威胁到德国:"您得好好考虑。欧洲各国正在对各方协议做很大的改动……"暗示德国虽不断尝试拉近与俄国的关系,但都落得一场空的原因。

另一场会晤

两年过后,即1909年,一位属于法国高层贵族阶级的政治家,参加了一些体育会议,德皇也出席了。在这期间,这位政治家总会遇见德皇,发现后者说着一口地道的法语。他只发现德皇一个法语表达错误,就是每次饭后,后者总对客人们说:"好好消化!"

威廉二世与他的将军和军官们说话时,都非常冷酷无情。他下达的命令简要、严厉甚至粗鲁。某个人说,有次他去阿尔萨斯参观霍夫·柯尼斯堡（Hof-Koenigsburg）城堡，看见德皇的随从人员靠近他，想听听建筑师的讲解，这时德皇发怒了，扬起他的手套，转身对他的随行将军们吼道："退后十米远！"

但威廉二世非常注重取得下级人员、普通士兵和基层群众的支持。一跟他们说话，他的语气就变得和蔼可亲，亲切地与他们开着玩笑。

在一次"流星"号（Météor）轮船航行时，两个人掉进了海里。威廉二世顾不上留心船，立马命人把溺水者救起。他亲自把这两人拉上甲板，帮他们从头到脚除去衣服里的水，说："小伙子们，赶紧去把自己弄干，不用管开船的事了。"

奥伊伦堡伯爵对在场的法国公爵说："如果是一个将军从马上摔下来，那皇帝连头都不会回！"

在"霍亨索伦"号的一个船舱里，德国首相比洛对公爵说："皇帝不喜欢公务员，只有同普通民众和军官相处时，他才感到自在。我常常要费很大力气，才能让他下定决心与外交官们说话。"但德皇本人对公爵说了一个令他开心的经历："诺瓦耶（Noailles）在柏林的时候，下榻大使馆酒店。我经常上午8点到酒店，不让人通报，直接去他房间。这个时间，他通常还没起床。我就坐在他床边，像同事一样与他闲聊。一聊就能聊几小时，让人挺高兴的。只有志同道合的人，才能互相建立这样的信任。"

德皇谈到令他烦恼的爱德华七世时，说："对你们国家某些政治家而言，我的这位叔叔有很大威望。他们如此依赖爱德华，根本意识不到这样做的后果。太让人难以置信了。我认为，与我接触过的大多数法国人都尽兴而归。而且，与你们相处是最为愉快的。这都是我的真心话。"

另一场谈话提到法国人如何评价德皇，德皇说："你们法国人说我夸张，这种指责非常大众。对一国之主和所有手握权力的人而言，不修边幅意味着他在精神上放弃权力。我非常清楚，法国有一个政治派别，希望所有权力机构都让位。我肯定不讨他们喜欢。但是你们也曾有一段雍容华贵、大肆铺张的历史，这种习惯不是一两天就能抹掉的。"德皇坚持为自己辩解，说道："如果没有各种'戏剧式'的布景，那么宗教、司法机构等各个权力机关都会被轻视。我们让法官、神父穿上专有制服，赋予他们特定权力，是为了让他们树立威信。"

威廉二世的四套制服

最后，德皇谈到了一直萦绕他心头的问题："阁下（德皇一直都称呼法国公爵为阁下），您还没有问我，我是如何看待阿尔萨斯和洛林问题的，这让我很吃惊。因为我能从所有接近我的法国人脸上看到，这是他们最关心的。战争（普法战争）爆发的时候，我才11岁。我也无能为力，只能看着我们的士兵流血牺牲。我希望某天，某个法国人也能站在我的立场想想。"德皇继续说道："我比你们想象的还要牵挂这个问题，但我还没有找到解决办法。您肯定认同这点，我得为祖辈馈赠给我的国家负责。在走每步棋之前，都得纵观全局、小心谨慎。"

在另一个时刻，德皇说："我想过把阿尔萨斯建成公国。在这件事上，我还咨询了一些有识之士及一些附属国的权力机构。您知道他们怎么回答我的吗？'让一个普鲁士公爵管理公国？历史上从来没有出现过这种情况，就算是德国亲王也不行。最好是维持现状。'那该怎么办呢？我应该任命一位显贵为公爵吗？得到的回复还是不行。他们说，一个身处此位的人，会很快招致整个家族的嫉恨。把阿尔萨斯建成公国是不得人心的做法。就个人而言，我不会兼并阿尔萨斯，而是提出两倍赔偿的要求。这样我们两国还能当朋友。我想要的是我们能紧握双手，而不是简单地挥帽致意。"

在"霍亨索伦"号轮船的一次盛大晚宴上，德皇说："现如今有谁能有正当理由与欧洲结盟反对德国？如果有人要找正当理由，也应该以德国已招致所有人的憎恨为前提。可是我问您，德国招所有人恨了吗？我已尽我所能想与法国政府搞好关系，但根本无法做到。我已没有什么能做的了。十年之后，法国再想后悔就太晚了。到时候德国将有8000万人口，世道就变了。而法国本应该有与我们一起称霸世界的机会……"

威廉二世出席军队阅兵仪式

在这些非官方谈话中，德皇心里打着小算盘，显得不够坦率，他的性格特征凸显无遗。

德皇的角色

如果我们从德国历史的角度看威廉二世，可以看出他既能干，工作效率又高，同时又轻率、危险，给人带来了不幸。他对自己的部长、身边的人和子民都没能做到高明、强有力的统治。他的政治道路走得踉踉跄跄，好事都被他变成坏事。他太注重运用手段而忽略目标，太注重影响而忽略后果。

他在罗恩（Roon）、毛奇、黑泽勒（Haeseler）铺好的阳光大道上继续前行，但不懂发掘或善用如他们一样的杰出人才。

科隆，莱茵河上的风景
拍摄于道依茨区

而君主最为宝贵的优点，是懂得识人、用人。如果威廉二世试图凭一己之力治国，那他就错了，这将是他犯的最严重的错误。

他大力进行军事准备，使武力变得极具进攻性。1898—1914年，他成功压住了德国民众的抵触情绪，镇压了反抗，建造了一支有各类军舰的舰队。他使德国政治跃向"世界政策"的层面，以此服众。他喊着"戴上铁手套、上好膛、拿上锋利的剑"的口号，试图通过霸权主义，完成一统天下的使命。

历史会证明，他的愿望是否切合实际，想法是否成熟。就像在兵家必争之地丹吉尔（Tanger）一样，斗争的行为已经取代了斗争本身的意义。在最忠诚、最能干的德国人民眼中，威廉二世发起的这场紧张的全球性活动，失去节制，流于表面。

一个有条理的国家最需要做的，就是遵循秩序。德国却追求先宣告成果，而不是脚踏实地做事。威廉二世的热情来得快去得也快，在选择德国的发展方向时，他不够谨慎、务实，看待问题不够深入，缺乏连续性。

爱德华七世某天心情不好，评价威廉二世是一个"英勇的懦夫"："他虽天赋异禀，却浪费了太多才能，没有很好地加以利用。他虽才思敏捷，却易见异思迁，不懂坚持。与其说他骄傲、有活力，不如说他自负、暴力。"这个评价或许失之偏颇，太过严厉了。还是贝格曼（Bergmann）教授对他所做的心理评估比较中肯："威廉二世除了没有一位君主应有的优点，其他优点他都有。"（C.博纳丰）

肯定的是，在腓特烈·威廉四世（Frédéric Guillaume IV）与腓特烈二世（Frédéric II）之间，威廉二世更像前者。他发动战争，就是自掘坟墓。

在维持了二十五年的和平后，被某些人提名为诺贝尔和平奖得主的威廉二世，为什么一心发动战争呢？

也许是出于冲动，或者不敢中途放弃，不然后果难以想象。

另外，他的本性使他不安于现状。比洛伯爵拿"王党"做挡箭牌，为威廉二世的冒失行为进行辩解。

威廉二世不懂如何挑选亲密的仆人。和所有王公贵族一样，密室对他而言有不祥之兆。他承认，"黑暗势力"不仅侵蚀了国家，还渗透进了宫廷中。他疾病缠身，逐渐衰老，像一只泄了气的皮球。他宁愿到没有烦恼的公园里当一位伐木志愿者，以此回避朝廷上的麻烦，逃避正视自己衰弱的事实。

王党通过大力拥护好战思想，企图在威廉二世统治时期保住自己的财富，并为将来做好准备。同时借助于好战思想，赢得了各大团体、老师、退伍军人和记者的好感。

比洛伯爵　　　　　特奥巴登·冯·贝特曼·霍尔维格

赤尔斯基（Tchirsky）、康拉德·冯·诺岑多夫（Conrad von Noetzendorf）、拉多林（Radolin）等派系，尤其是乐观的弗斯滕伯格（Furstenberg）公爵，这些人在狩猎活动、晚间闲谈及奥伊伦堡音乐活动后的玩笑中，都支配着威廉二世。利益、贪欲和等级思想，所有事情都考验着他绝望的虚荣心，迫使其做出最后决定。

如此喜爱人民的威廉二世，发现人民离他而去，选择支持那个不如他聪明、没他有文化，但比他更有魄力、更有军事头脑的儿子。威廉二世难道不会成为伟人吗？他以前难道不是一位伟人吗？可是，他在人民心中的地位已经下降。他的标志性胡子也不再是潮流。年轻人都刮干净了胡子，这样不就显得更年轻吗？

如果他不想淹没在历史长河中，失去荣光，那他只有几年时间改变现状了。人们指责他做戏，为了让"戏"成真，战争是唯一出路。如此，他这位老了的塔尔玛（Talma），才能成为如拿破仑（Napoléon）一样的伟人。

德国人民既然已经把"军国主义"当成最高指示，那威廉二世难道不应该亲自实现它吗？所以，他将在众多角色中，加入实现"军国主义"这一角色。如罗马皇帝尼禄（Néron）一样，他下定决心，如果终有一死，也要死得伟大。尼禄死前还不忘说："一个多么伟大的艺术家就要死了！"

一个想要发动战争的皇帝

在数年或一年前，德国就决定打破和平，发动战争了。儒勒·康邦（Jules Cambon）在1913年11月22日写的一封信，讲述了威廉二世与比利时国王的会谈，不容置疑地表明了这一点："我获悉了一条有关德皇与比利时国王会谈的可靠消息。会谈发生在两周前，总参谋长毛奇将军也在场。貌似会谈使阿尔贝一世受到了极大震惊。我能感同身受。一段时间以来，我都对此感到惊讶：德国对我国的憎恨加剧，威廉二世再也不是和平的拥护者。他非常相信德国军队有决定性优势，一定会取胜……"

"在这场会谈中，威廉二世表现出劳累过度、容易发怒的样子。随着岁月流逝，他更加受到家庭传统和宫廷守旧情绪的影响，更急于推行军国主义。也许他是出于对儿子的莫名忌妒才这么做。因后者奉承泛日耳曼主义者，得了民心，但根本没能力让帝国得到与之实力相匹配的世界地位……

"对德国最后一次的增兵行为，法国的回应多少有些辛酸，因为不管我们说什么，都无济于事……如果可以对此事下结论，那我会说，考虑到威廉二世现在喜欢把一套之前让他反感的理念挂在嘴边，并习惯使用它，我们就应该保持兵力，并做好战斗准备。"

性格决定命运，这点在威廉二世身上得到了印证。他在政治上摇摆不定，会使德国从和平走向战争！

皇帝的首相们

皇帝虽是一国之主，但他并不独自掌政。俾斯麦认为，首相承担治国及传输信息的重要责任，发挥着主要作用。

威廉二世与俾斯麦在皇帝与首相的权限问题上发生了分歧，所以，俾斯麦没能成为前者的心腹，未能呼风唤雨。

德国首相不是部长会议主席，也不是一个单纯听命于皇帝的工具。皇帝的工作并不能涵盖所有领域，尤其不能干涉议会和政府部门的工作。

简言之，君主领导政权，而具体执行职责由他人承担。

在国家事务管理中，首相承担很大部分的责任。他工作水平的高低，对帝国和皇帝的成败有直接影响。

俾斯麦是帝国的开国功臣，也是威廉二世的第一位首相。但他最终被这位年轻的君主辞退，退出了政治舞台。

俾斯麦的继任者卡普里维伯爵，军人出身，盲目服从命令。他忠诚、机灵、耐心地辅佐威廉二世，却没能避开朝廷上的尔虞我诈。威廉二世听信奥伊伦堡小帮派的逸言，于1894年解雇了他。

来自荷亨洛赫的朔多维格（Chodowig）亲王，是王室中年龄最小的。他是巴伐利亚人，信天主教。在巴黎当了十年大使后，又在阿尔萨斯—洛林当了五年总督。之后，1894—1900年，担任首相一职。他是个击剑好手，也是个经验丰富的外交官。虽头脑灵活，性格冷淡，

皇家游艇"霍亨索伦"号,受到梅德韦要塞的迎接

集北方的保守主义与南方的自由主义为一体,但为明哲保身,最终决定逆来顺受。为发泄内心的不满情绪,每晚都寄语于他的《回忆录》(*Souvenirs*)中,讽刺包括威廉二世在内的所有人。这充分表明他不甘于被操纵的心态。他曾对笔者说,首相的主要职责就是到德国各地为口出狂言的皇帝收拾残局。

比洛伯爵

在荷亨洛赫亲王之后,比洛伯爵接任首相。他的父亲是俾斯麦的主要协作者之一。鉴于比洛在1914年战争事务上发挥主导作用,我们有必要谈谈他的基本性格特征和主要政治工作。

1849年5月3日,他生于汉堡附近的城市,是有丹麦血统的梅克伦堡家族的后代。在斯堪的纳维亚人和普鲁士人之间,他属于前者的后裔。在德国南部完成学业后,多年来都在海外工作。他曾在巴黎担任德国大使,在那里结识了冈贝塔和茹费理。之后,他在保加利亚当过部长,也在罗马当过大使。在罗马，他娶了坎波雷亚莱（Camporeale）的公主——劳拉·明格蒂（Laura Minghetti）夫人之女为妻，即登霍夫（Donhoff）女伯爵。诚然，他是地道的德国人。但如我们所见，他也是欧洲化、人性化的德国人。

在担任部长多年后，比洛伯爵自认为是治国能手。他与威廉二世之间建立了亲密的主仆关系。皇帝每天都召见他，与他愉快地闲聊，以"你"称呼他，对他大加赏赐，甚至为他在舰队上悬挂彩旗。而伯爵认为自己是随和温顺的仆人，但他可能无法料到，皇帝表面大大咧咧，其实心里跟明镜似的打探他，甚至有时会因他过度殷勤而恼怒。

后来受到皇帝的恩典，比洛爵位提升，成为大公。不容置疑，他是人中龙凤。他有手腕也有见地，做事虽懒散但还算用心，能称得上是位好外交官，而不能算是位政治家。因为作为俾斯麦的门徒，他并没有前者那样的视野和威望。

从外交部部长升为首相后，他得以发挥其主要优点，即口才。他在之前的职业生涯中沉默寡言，却在议会上能言善辩，其铜唇铁舌在德国无人能及。除了这点，我们也能看到他的其他性格特征：他有议员的缺点，也太过善于耍手腕，还极度关注新闻界，而且把目标降低，如他所说，着手现实问题，实现物质主义。

他既在口才上取得成功，也在宫廷中赢得高位。在其政治生涯中，多年的海外工作和外交经验使他变得温和，缺乏强烈的民族主义精神。在比肯斯菲尔德和俾斯麦两者中，他与前者更亲近。在他政治生涯末期的其中一场讲话中，他说："在政治上，没有什么是永恒的。为了实现祖国富强的目标，我们使用的手段随天时、地利、人和而定。"

某天，德国议会上一位杰出的、对我怀有好意的议员班伯格对我说：

"我确信外交的秘诀,就是要大胆地言行不一。"

可惜比洛这套曾经令人信服的、"大胆地言行不一"的手段,在反复无常的威廉二世眼里行不通。最终比洛以一次引起轰动的失败,结束了首相的任职。

比洛在各种外交局势下的作为,都与1914年发生的事件脱不了干系。他是继威廉二世后,"世界政策"的缔造者。他与张伯伦之间的一场引起轰动的辩论,极大地激怒了德英两国民众。面对爱德华七世的政策,他没能找到应对方法。在处理德法两国关系时,一开始他通过利用德国的权威压制法方外交部部长,即使付出了代价,也为德国取得了成功。但之后他在阿尔赫西拉斯国际会议上的所作所为,使全世界都聚集起来反对德国,造成一次非常严重的外交争端。而在德俄关系的问题上,他要承担的责任就更大了,因为在1908年发生波斯尼亚危机时,他站在俄国的对立面,支持奥匈帝国吞并波黑。而且在是否允许奥地利镇压塞尔维亚(Serbie)的问题上,一开始他还友善对待俄国使其退让,但之后就变了脸。

处理内政时,他在各种保守党派中老练地游走,强烈打击了社会党却无法将其根除。他眼睁睁地看着政府、军队、宫廷和人群中发生各种

"霍亨索伦"号游艇

丑闻。在他这位精明、浅薄的外交家的纵容下,老旧的德国虽欣欣向荣,但风气却逐渐败坏。总是被这种金玉表象蒙蔽的威廉二世,直到奥伊伦堡丑闻和《每日电报》的采访爆出时,才从这幅腐败的繁荣景象中惊醒。雪上加霜的是,比洛不仅让威廉二世逐渐靠近被鲜花覆盖的深渊,而且在危机爆发时,似乎还把他推向更危险的境地。如此,在比洛过于盲目、纵容的政治生涯中,有两大败笔,而责任则由威廉二世承担,因为比洛这位仆人、奉承者、朋友已抛弃了他。

身穿枪骑兵制服的威廉二世

马克西米利安·哈登在《未来》(*Zukunft*)中,揭露了那些把德国污染成"新索多玛"(Sodome)的事件。比洛应该告知了威廉二世那些针对他个人的文章。他在帝国议会上和公众前,用如下措辞为威廉二世辩解,并为自己脱身:"先生们,这些对皇帝的评价不过是未被证实的断言。我坚决反对,而且我们也不该继续谈论这些。诚然,毛奇和哈登的诉讼案件暴露了一些人道德上的过错,我对此感到羞耻。但我坚信政府部门一定会竭尽所能、暴力消除如此风气毒瘤。再说,应该没有人质疑我们的皇帝和皇后是道德崇高的代表和美好家庭的典范。而且,任何人都不应把德国视作'新索多玛'……如果有人问我,作为首相为何我没主动处理这些事件,我会回答,其实在今年春天时我就已了解相关具体细节了。而我之所以没把《未来》中的文章呈交给皇帝，是因为如此事件应由最接近王位的人来处理。

"皇储为其父亲尽了孝道。出于为国家利益着想，他担起了重任，但其行为还不具官方效力。部长如果有责任心，那在没有任何证据的情况下，不应对皇储如此横加指责……当皇帝首次对我谈及《未来》中对他的攻击时（所以作为皇帝的知己，比洛从未主动往前者伤口上撒盐），我也只是告诉他，只需考虑'如何避免他本人、军队及国家的名声不被这些污点玷污'即可。"

作为君主，这一定不是威廉二世想听到的建议。

在骇人听闻的《每日电报》采访曝出时，比洛的表现还算刚毅，或者说还算严厉。他说："皇帝的言论被《每日电报》刊登后，在英国造成极坏的影响，让皇帝始料不及。在这些艰难的时日里，我确信了此事，即为了今后的政治发展和皇权的稳定，皇帝应该在其私人会面中谨言慎行。不然，无论是我还是我的继任者，都没人能承担得起为他收拾烂摊子的重任。"

这就是威廉二世不得不接受的另一个教训。所以，从这两件事中我们可以得出的结论是：身家丰厚的比洛不受束缚，已疲于为威廉二世的冒失行为买单；同时卸任，将危机留给别人处理，让他们为皇帝掩饰其过失，甚至与其共同担负沉重的历史责任。

冯·贝特曼·霍尔维格

狡猾的比洛在他感到精疲力竭时，指定了冯·贝特曼·霍尔维格为他的继任者。这位继任者家产有限,没有太大抱负,但忠于皇权,恪守皇帝的命令。简言之,是位合格的公务员。

这位害羞、呆板的新首相笨手笨脚,是个有责任心的书呆子,正合威廉二世的心意。他不想要一个天赋异禀、经验丰富、独立自主的人当首相。

冯·贝特曼·霍尔维格学业有成,精于笔译,是位杰出的法学家。他曾担任内务部秘书,因正直和忠诚而声名在外,得以升任首相。虽然他从未有过外交经验,但他相信凭认真和诚意一定能学会处理外交事务。这个为最残酷的战争承担官方责任,并无法为自己辩解的人,很可能真心实意地自认为是和平主义者。

首先,他与没教养的、粗鲁的现实主义者——外交部部长基德伦·韦希特尔合作。他们尝试同时拉近与英国和俄国的关系,但都以失败告终。基德伦·韦希特尔死后,舍恩(Schoen)接任外交部部长。舍恩平平无奇,有妄想症,讨厌城市,还做着把驻巴黎使馆迁去蔚蓝海岸的白日梦。而在他之后的赤尔斯基、雅戈(Jagow)及一些下属,只遵循一个章程,即揣度皇帝的心思。

面对不断的风云变幻,贝特曼·霍尔维格一直没能找到合适的外交政策,于是就借助于一个威廉二世无条件坚持的、由俾斯麦提出的理念,即坚定不移地走与奥地利联盟的道路。面对这些不太厉害的人物,奥地利的埃伦塔尔和弗朗茨·斐迪南(François-Ferdinand)大公应该能大展身手。

然而在这场不明朗的命运拉锯战中,贝特曼·霍尔维格还是找到了出路。1913年的军事法草案是引起当前战争的导火索之一,当时为了使其合法化,贝特曼·霍尔维格发表了德国政界人物中最激烈的反斯拉夫言论。可以说,那天他已向俄国宣战。用俾斯麦的话说,就是"他迎合了上帝的意图"。

即使贝特曼·霍尔维格首相不是有意给世界带来最可怕的灾难，甚至认为自己完全无罪，他也命中注定是个罪人。如下就是这个冒失的首相说的第一个大蠢话："我们不用质疑这样的战争所带来的结果。一旦战火在斯拉夫人和日耳曼人之间爆发，那从前处在平衡中的土耳其的地位如今将被斯拉夫国家占领，这对我们不利……我之所以不说这一点，是因为我认为斯拉夫人和日耳曼人之间必然发生冲突（此时社会党人中间传来笑声）……我们伟大的斯拉夫邻居，俄国政府与我们保持着友好关系。然而，之前让俾斯麦不满的泛斯拉夫主义力量，因斯拉夫人在巴尔干半岛取得成功而变得强大。由于这已经引起了奥匈帝国和俄国新闻界的论战，而且我国与奥匈帝国之间的联盟已超出外交层面，那么敌意将会在我国和俄国间产生。"

卑躬屈膝于奥匈帝国，直接威胁俄国，并且蔑视、忌惮在巴尔干半岛的斯拉夫人，在以上言论中都有体现。这位首相提前在全世界面前讲述了德国必须宣战的原因，以便为发动战争铺路。

面对一个没有威严的、自负的皇帝和一个不会耍手段的首相，这样的形势对军事党有利。帝国的大业还没能实现。

没人认真考虑过，为了不惜一切代价避免战争，德国是否有更高的利益去追求。比如，人口增长与经济的繁荣昌盛。其实德国只需耐心等待一个美好的未来即可……没人愿意明白这一点，也没人敢说出这个事实。人们只听取这些人的意见：焦急的人，破产的朝臣，疲惫的将领，过时的外交官，腐败的人，不负责任的王党和急于走上未来统治道路的、雄心勃勃的年轻人。

这些丧失理智的人聚集在皇储身边。急于掌权的皇储并非好的领导人,这才是最糟糕的事。

皇储

皇储是运动健将,喜欢花天酒地;自视甚高,脾气暴躁;他头窄,声调高。因受到父亲的粗暴压制,他有一个非常痛苦的童年,并非常羡慕弟弟艾特尔·腓特烈(Etiel-Frédéric)能有个幸福的童年。

待他年长时,其父亲连零用钱都不发给他。每天都有个副官跟着,每过半小时就以生硬但不失尊重的语调提醒他要履行的职责,他视这个副官为奸细。他曾一度想过放弃皇位,离开军队。但后来他还是坚持下来了。与那些荼毒了宫廷气氛的娘娘腔相比,作为一个大色鬼,他觉得自己非常有男子气概。

当《未来》上发表的文章揭开皇室伤口时,他为皇室挺身而出。同时,因他的冷漠对待,父子间发生了冲突。从那时起,他父亲就低下了头,不再作声,完全受制于他。人们也忽视了他犯过的小错。他成为精力充沛、有坚定主意的人。而且他行为粗暴,在议会上大放厥词,不惮于大肆威胁他人。简言之,他成为主战派

身穿英国轻骑兵上校制服的皇储

的领导人，能够为所欲为。

总有一天，历史将会证明这个年轻人和那些容忍他犯错的人，所要负的责任。也许在决定性的一刻，就是他的一句话最终导致了战争爆发。用德国人的话说，在时代交替时总存在着这样一个"时机"，即垂垂老矣却不愿认命的父辈和羽翼丰满但不愿再等待的子辈间爆发冲突的那一刻。

第五章

军备政策

德国的进攻原则；德国的作战准备；
五年计划和1913年法令；海军舰队和航空部队

如果我们还对德国想成为世界之王的愿望表示怀疑，如果它们的"世界政策"还不足以证明其狼子野心，抑或德国文人志士的理念还表达得不够清楚，那么在和平时期德国就已长期有序推行的，并将继续实践的军备政策，也能清楚表明它的真实面目。

在军备方面，德国不仅总是先人一步，而且不断鼓励其盟友也参与进来，还不可避免地令全世界都跟随其后。它强制自己做出牺牲，并且一刻都不放松，以便随时都能准备好，并拥有选择预定进攻时刻的实力。无论是陆上还是海上，它双管齐下，极速进行军备扩张，决心不被任何人赶超。

当英国、法国、俄国这些大国放松警惕，甚至用

演习中的德国步兵

和平主义的老调蒙蔽自己，其自身安全极有可能因此受损时，德国已果断摒弃了和平主义。军国主义并非只是学校里、新闻中或讲坛上的一句空话，它是真实存在的一个活跃体系，指引着一个不断强大而又总是有压迫感的民族。

"统一的人民，与充满自信、强大的军队"，这就是由德军总参谋长施里芬（Schlieffen）伯爵提出的计划。德皇也不断提到"要一直把刀磨锋利"。当我们询问德国官员拼命执行军备计划的原因时，首相神秘地答道："为了达到德国为自己设定的目标必须发展军备。德国在和平时期的繁荣与否，取决于其为战争准备得如何。"

出于不安，德国要使对手失去优势，仔细为决定性的一击做好准备，并在万事俱备时毫不犹豫地发起进攻。这就是德国竭尽全力想要实现的计划。每当机会来临时，它就在外交上亮出刀鞘，而且总能获得一些好处，因为人们惮于它在世界范围内不断扩张的军事实力。

之后，德国努力发展常备军，准备在必要时用其发起沉重一击。

战争部部长希林根（Heeringen）将军说："就算没有新兵入伍，德国军队也要时刻准备好与敌人对战。"

而由泛日耳曼主义者推举为行动指挥官的海军部长冯·提尔皮茨（Von Tirpitz）元帅，在帝国议会上更具体地补充道："人人都应考虑到，战争极有可能突然爆发。战争一开始，就应该制订出决定性的作战计划。"

接下来我们一起来看帝国政府在发展常备军这个侵略工具上所做出的努力。

常备军

1874年，德国常备军的编制为469个步兵营、300个炮兵连及465个骑兵连。1890年7月15日的法令增加了编制，变为538个步兵营、434个炮兵连及465个骑兵连。1905年，编制再次得到提升，变为633个步兵营、574个炮兵连及510个骑兵连。军官和士官除外，德军人数由40.1万人增至48.7万人后，又增至50.5839万人。

1911年，德军兵力又有了2.8%的提升，主要增加了炮兵兵力。634个步兵营、592个炮兵连和510个骑兵连在第一个警报响起的那刻，就已做好作战准备。

德国刚投票通过"五年计划"后，在1912年又以"国与国之间经济利益竞争"的理由通过了另一个法令，显示其持续增兵的做法极具进攻性。

1910年，欧洲皇室成员齐聚伦敦，参加爱德华七世的葬礼

正在交火中的德国军队

德国于1911年通过的法令，预备增兵1.1万人，创建114个机枪连、18个轻型炮兵连和8个步行炮兵营。他们从日俄战争中吸取教训，试图增强重型炮兵兵力。而且也重视这一事实，即"进攻和防守的军事实力，将使未来的战役具备围攻战的特点"。

同时他们大力修建铁路，培养飞艇和机动车驾驶员及报务员，发展工兵和辎重队。于是，在1915年，德国常备军有62.6万人，由51.5万名士兵、7.1万名士官、超2万名军官、每年1.4万名的志愿者和6000名军队雇员或工兵组成。

而1912年法令的附加条款尝试"在和平时期，着力培养用于初次攻击的部队，为最初的战役注入最大的兵力"。

这个1912年的法令为边防部队配备第3营，总共增加了123个营和11个炮兵连。在1911年62.6万人的基础上增加了2.9万名士兵、5000名士官和3000名军官。再加上4万名军队公务人员，常备军的总人数达70万。

让我们一起看看细节。

德国总共拥有25个军，其中21个普鲁士军、3个巴伐利亚军和1个保卫军。掩护部队增加了2个营、9个机枪连、4个轻型炮兵连、2个步行炮兵连、1个骑兵连和2个摄影排。

在梅斯和斯特拉斯堡，空军中心组织了26个分遣队。

同时，德国为了筹备和完善第二战线，一次性建立了22个后备军监察机关。与法军相比，德军多了22个营。

至1912年10月1日止，德军的编制为651个步兵营、516个骑兵连、213个机枪连、633个6队轻型炮兵连、48个步行步兵营、1个重型炮兵部队、33个工兵营和18个通信兵营。1905—1914年，德军兵力增加了24%。

1913年的法令

我们本可认为德国的军备扩张会到此为止，但在德奥同盟已经能与法俄同盟抗衡的情况下，它仍继续大力发展海军，以保护海岸线和支持商贸繁荣。随着时间推移，德国的出生率持续上涨，海军兵力将只增不减。如果德国意在防守，不想发动战争，本应该就此收手。但它却选择趁势而上，在军备扩张上实现大跃进，以身犯险。

德国军国主义提出一个新方针："所有德国人都应强制履行兵役义务。"在一份国家农业协会的声明中，党派顺从的爪牙贝特曼·霍尔维格表示："德国人民希望所有符合参军条件的人，都能成为士兵。"

为了最大限度实现这一规划，需要10亿马克的经费。于是，德国政府同时开征所得税和财产税，极大地影响了富人的利益。

《政治和军事来往公文》（*Correspondance politique et militaire*）写道："1813年是人人牺牲的一年。百年过后，时局同样严峻。所以在1913年，所有人也都必须有牺牲精神。"

为此，联邦统治者、贵族、主张自由主义和信奉天主教的资产阶级和社会党人都愿意做出牺牲。

1913年的法令预备在1912年法令的基础上，再增加4000名军官、1.5万名士官和11.7万名士兵，或者超出9%的预算，增加12.6万名士兵。

法案于1913年4月7日提出，于4月28日在预算委员会中讨论。4月30日，资产阶级党派一致同意提案，并于6月30日投票通过。1913年10月起，德国在很大程度上实行了此法令。

推出此紧急法令的政治原因是惊人甚至近乎可怕的，可用一句话概括：德国实力剧增，准备发动战争。此外，自乔利蒂（Giolitti）在意大利议会上发表一些启示性观点后，以下一个明显的事实足以解释一切：自1913年4月起，德国就试探意大利，想了解后者是否会把攻击塞尔维亚视为可发挥联盟条约作用的情况。因此，从那时起德国就有非常主动的、果断的发动战争的意志。

斯拉夫人的扩张和法国人的报复，这两大威胁同时让德国心神不宁。《科隆报》（*Gazette de Cologne*）3月10日的一篇文章写到"扰乱和平的法国"，用来引起德国民众不安，使其甘愿为国家做出牺牲。

在唤起民众的焦虑后，首相却否认做过这件事。但此事对民众的打击已无法挽回。

整个德国新闻界都接受政府指令，要么控诉西边的邻国，要么指责东边的邻国。

3月8日，《日耳曼尼亚》（*Germania*）写道："此时在外交政策上存在的主要问题，是德国人是否愿意看到奥匈帝国遭受威胁，或为了斯拉夫人的最大利益屈服，其他问题都是次要的。"

对此，《科隆报》推卸责任，回应道："可以确定的是在世界上那些爆发冲突的地区，我们必将与法国人交锋。"

已经为战争铺平道路的贝特曼·霍尔维格首相，在帝国议会上维护这条法令，并于4月7日用德国式的论战方法，斩钉截铁却又有所保留地发声。在前文，我们已提及这次震惊了整个欧洲，并向"泛斯拉夫主义力量"宣战的讲话。其中，首相说道："之前让俾斯麦不满的泛斯拉夫主义力量，因斯拉夫人在巴尔干半岛取得成功而变得强大。"

针对西边，首相也用同样的方法指控所谓的舆论走向，并承认政府以和平名义所做的预防措施："我们与法国的关系很好。俾斯麦在1887年

6月11日的讲话中说道：'如果法国下定决心不侵犯我们，我们也不会动它。如此，肯定能长久保证和平。'从那时起，局势一直如此……"（但又是谁在1914年引发了世界大战呢？难道是舍恩不成？）首相说："现代舆论力量已增强，而且制度越民主，少数派的地位就越重要。如今，法国拥有强大的军事实力，自认为其地位可在德国之上，或至少可与它平起平坐。法国幻想在战争中，它一定胜券在握。"他继续说道："而且法俄已结成联盟，如此一来，德国必须增兵。不是我们想要发动战争，而是因为我们想要和平（这是德国在向意大利提出发挥联盟条约作用的前一天说的）。如果开战，增兵也能让我们取得胜利。"

他补充道："如果增兵法案通过，我们必将能对上述情况做好准备。"

为了实现这一十分确定的目标，德国如是行事：

1911年德国决定实行"五年计划"，1912年通过的法令对其做出补充，规定常备军人数为71.1万人。之后，于1913年6月30日通过的法令又增加了常备军人数，但并未提到为弥补损耗预计增加的人数。1912年和1913年的法令所定常备军人数对比见表5-1。

表5-1　德国1912年和1913年常备军人数

人员类型	1912年法令/人	1913年法令/人
士兵	544,000	661,000
士官	95,000	110,000
军官	28,000	32,000
志愿者	14,000	15,000
公务人员	30,000	38,000
共计	711,000	856,000

为弥补损耗再次增加人数后，截至1914年4月1日，德军总人数为88万左右。历史上，从未有任何一位国家统治者强制人民做出这样的牺

牲。这种程度的牺牲显然不会持续很长时间。对统治者而言，通过这条巩固型法令，是为即将发生的战争做准备。

新的军队编制为：在18个团中增加18个营，在18个猎兵营中增加18个机枪连，在要塞增加16个机枪排，在普鲁士和巴伐利亚分别增加六支和四支骑兵连；此外，新增3个步行炮兵团及1个步行炮兵营、11个工兵营和9个摄影排。这个新编制反映了德国在即将爆发的战争中所用战术的特征。从那时起，德国是为一场阵地战做准备：重型炮和机枪都将在其中发挥决定性作用；夜间作战时，探照灯将帮助军队发现敌人，利于军队用弹雨将敌人制伏。

1913年的法令规定增强各个现有部队的兵力，由此可看出德军总参谋部的作战计划：他们想在俄国参战并威胁到东部边境前就消灭法国的抵抗力量。

为了实现这一目标，德国加快了从和平向战争状态转变的进程。它加强了常备军兵力，为炮兵部队添购了6队炮兵连所需的2.6万匹马。军队经费投入达4.5亿马克。

《北德报》曾如此惊人地总结过德国政策："德国应该找到自己的突破口。"而在1913年6月30日，它也暴露了战争即将爆发的事实："必须尽快完成堡垒的建设……鉴于步兵、骑兵和炮兵的紧迫性，一切预备措施必须于1913年10月实行……而且，所有1912年法令提出的措施原本可以分期实施至1914年，也将在今年秋天全部提前完成。此外，还应该提早购买战争所需各种装备。"

之后发生的事佐证了上文所述内容。

重型炮

若要深入了解德国强大军事编制的秘密，还须做进一步特殊观察。从中既可看到德国军事力量的强大，也可看到其盲目的野蛮。似乎在重要时刻，德国所拥有的这种双重特点能助它成功。

德国知晓，与法国的75毫米火炮相比，它的大炮略逊一筹。但它很早就未雨绸缪，从日俄战争中受到启发，设想了一种法国战争理论家未料到的战争方式。它所设想的作战手段可操作性更高，也更加稳定。

轻型炮虽好，但其平射射击的劣势在于无法击中潜藏在战壕或掩蔽处的敌人。若想在这种情况下击中敌人，就必须使用弯曲弹道射击。此外，轻型炮虽有发射快的优点，但其正常射程仅限于五六千米之内。而

威廉二世在一艘军舰的司令塔上

火力更强的大炮射程可达12或14千米。

所以，如果在陆战中使用轻型炮，完全不借助于重型炮，人员伤亡将非常惨重。而且与拥有曲线弹道的榴弹炮相比，轻型炮几乎无火力可言。前者可置于房屋或山脊后，其威力可代替直线弹道炮。

虽然德国人曾被发明了有液压驻退复进装置的施奈德-德波尔（Schneider-Deport）

在一艘齐柏林飞艇经过时激动的群众

M1897型75毫米火炮的法国人远远甩在了身后，但不得不承认，这次他们在重型火炮上更胜一筹。当时德国的重型火炮建设遇到不少反对的声音，尤其在重型火炮的运输难和炮弹供给复杂这两方面，反对的声音最大，但最终法案还是得以通过，建成了重型炮体系，即为每军144个单位各配备36个榴弹炮。

在后文中我们会说明导致法国重型炮建设推迟的原因。

德国重型炮体系的建成，并未对其步兵部队产生显著影响（这也不是他们的目的），但榴弹炮有助于德国在埃纳省的峭壁上和佛兰德斯（Flandres）的平原上进行有效防守。有了它，德军击中敌人的概率很大，从而士气大增。而法军的轻型炮因距离或射击角度不理想，完全无法对德军进行反击。

航空

德国在最新航空科技发明的应用上做出了很大努力。如齐柏林飞艇，一问世就在德国各大竞赛上傲视群雄。

为此，德军总参谋部继续深入研究以下三种飞艇：软式［帕塞瓦尔式（Parseval）］、半硬式［格罗斯式（Gross）］和硬式（齐柏林式）。齐柏林式为三者中最优。

齐柏林飞艇的铝合金骨架包裹着多个球状气囊，含2万~2.7万立方米的纯氢气，均速每小时可达50~65千米，续驶里程达500~600千米。西门子·舒克特飞艇由木头制成，通常有3个通信吊舱，头部有2个炮管。它能承载1200~1500千克的炸药。

在柯尼斯堡（Koenigsberg）、基尔、汉堡、法兰克福、哥达（Gotha）、比特费尔德（Bitterfeld）、柏林、索恩（Thorn）、布伦瑞克（Brunswick）及

一个齐柏林飞艇的飞机库正在搭建中

腓特烈港（Friedrichshafen）等地，总共有30个飞机库作为齐柏林飞艇的隐蔽所及起飞地。大概有一半的飞机库是可拆卸的，便于入侵别国领土。齐柏林飞艇配备了耶拿（Iéna）一个厂家制造的特殊设备，主要用于在敌人的码头、军械库、要塞甚至旗舰上空投掷炮弹。在高空2000米之下，可用轻型炮将其击落；2000米之上，则必须用重型炮和飞机来反击。

齐柏林飞艇的最大缺陷是极易爆炸，尤其在大气层中，艇内会生成易爆气体。而且在暴风雨天气，雨滴会使其外壳承载过重，造成失事。这样看来，它并非一件上乘的战争工具。

近几年在空军建设和训练上，德国效仿法国，投入了大量人力和物力，如鸽式单翼机、信天翁或航空双翼机，大多数配有装甲，都是很厉害的武器。一笔超过600万马克的国家筹款，也助航空业有了飞速发展。他们还组织了各式各样的竞赛、巡回赛、远程赛和持久赛，德国飞行员打破或逼近了法国飞行员所创的大多数纪录。

其他专门用于战争的工具

德国国防大臣不惜斥巨资为军队及军需供给链配备合适的交通工具。他为战时所用卡车的制造，设立了不计其数的津贴项目。到1912年年末，德军已有数以千计的机动车（含牵引车和拖车）。而且在1913—1914年，机动车数量还有显著增加。

伯恩哈迪极其细致地研究了他称之为"专门用于战争的工具"：在和平及战争时期建设的铁路、快速建设的道路、电线、机车、载重车、蒸汽型移动机车、摩托车、自行车、轻型电报机、无线电报系统、电话、信号旗、远程摄影技术和新式炸药。

　　为了制造以上这些工具，德国不惜付出任何代价。一份法国报纸在1912年时写道："德国军队实力依旧很强。他们坚持不懈地取得进步，而且充分利用所有可能为他们提高效率的新发现。他们的主要优点在于拥有越来越严明、越来越能适应新式战争要求的纪律。我们认为在决定性的一刻，其有条不紊的组织能力将如在和平时期一样，准确无误地发挥作用。"

军备财政资源

　　在军国主义影响下，德国相信他们的军队将在不久之后履行侵略他国的使命，这样才能满足他们心中逐渐成形的、想要主导世界的欲念。无论是从最高利益还是从自身本能出发，他们都实施了一系列严苛措施，以保证德国财政能承担1912年及1913年法令执行中所需的巨额开销。

　　德国需要在和平时期就进行一些必要的财政投入，才能应对其极快的兵力发展速度。

　　这次，他们通过征收一项特殊的财产税来筹得军费，预估能为政府带来10亿马克的财政收入。政府和负责审查草案的帝国议会经过协定后，对草案进行了多次修改，最终这项财产税分阶段征收方案得以出台，并对低于3万马克的财产及少于4000马克的收入予以免征。人们可在以下三个阶段内分次付清：1914年、1915年2月及1916年2月。在这三年内，这项财产税得以承担政府实行军事法令所需的8.98亿马克的开销。

此外，政府还要求议会通过以下征税法案的投票：长期性质的各种帝国税目及财富增长税，后者的性质类似于遗产税。为了实现对一次性赋税及财产税的征收，政府果断寻求与社会党的合作。后者对能得到这样的机会感到非常高兴，这样既能打击富人，又能笼络资产阶级并将其收入麾下，还能破坏政府与保守党的合作。

既然政府有权使军事及财政法案同时通过投票，那它也能做到双管齐下，使二者得以相辅相成。

我们曾如此描绘过由其首脑引导或牵制的德国议会制度是如何突然转变风向的："不断涌现出一些要求投票的声音，还有一些等待听取的言论。议会代表们必须时刻准备中断会谈去参与投票，议会厅也如同一个在做战斗准备时的军舰指挥舱。"

但是财政法案引起了多方不满，其中联邦州政府的反对声音最大，因为征收帝国税目将削弱他们的财政自主性。我们已知在1911年及1912年，国防大臣冯·希林根将军的辞职曾两次证明军队已经准备就绪。但1913年的法令是由总参谋部及德皇私人内阁率先提出的，实际上这是条专制的法令。

帝国政府与社会党的合作，可能会对帝国今后的政治走向及经济稳定带来最严重的影响。《前进报》曾写道："如今德国民众知道，只要帝国议会认真起来，那政府就必须对它做出让步……昔日的投票标志着保守党政权的结束及一个新制度的崛起。"既然他们决心要孤注一掷，哪个政党得势或失势就无足轻重了。

沉浸在胜利喜悦中的《科隆报》，恬不知耻地公开了原本应在军国主义章程及伯恩哈迪的序言中出现的征服世界的计划："新的军事法能为我们带来大陆上的和平，因为我们的兵力持续增强，敌人所面临的风险也在不断增加。这样,我们就能自由通往一条多产的'世界政策'的道路。现在,我们仅仅置身于路口,还有一段充满希望、通往亚洲和非洲的路要走(我们会征服新的殖民地。如果别人不给我们,那我们就把它们夺过来)。如今我们国家所作的牺牲有用与否,直接决定了我们今后是否能开辟及利用新的殖民地。"

德国后备军

德国政府并非只有常备军这一个兵力资源。接连出现的一些法令已多次表明,德国考虑筹备后备军。他们秘密进行的作战准备工作,已远超出我们的预想,而且将在宣战几星期后拥有总共53个军。

但这个数字还不能完全反映实际情况,因为他们在背后所做的筹备工作极为高效、完善,无法单用数字概括。

德国构建了一个极为庞大的士兵储备库,随时候命:"所有能扛枪的德国人都必须服兵役",意味着17~45岁的人都有可能被征召入伍。

兵役分两个阶段:

第一个阶段从年满20岁起至年满39岁那年的3月31日止,德国人被强制连续服有效兵役:首先在常备军中服役(在骑兵和炮骑兵部队三年,步兵、轻型或步行炮兵、工兵、通信部队二年,辎重队一年);然后在储备军中服役四年半至六年半;在一级战时后备军第一梯队中服役三至五年;最后在一级战时后备军第二梯队中服役到39岁为止。

第二个阶段在二级战时后备军中完成。二级战时后备军也分两个梯队:第一梯队包含所有未被分到上述部队中的17~34岁的人;第二梯队包含所有来自一级战时后备军第二梯队和二级战时后备军第一梯队的39~45岁的人。

由于各级别的新兵数量众多，军队权力机关有极大的自由构建有效的部队，或者将新兵培养成有益于民间工作的资源。属于以下情况之一者，可以推迟服兵役的时间：家庭支柱，农场主或工业家的、被其家庭需要的儿子，想要从事某些要求长期学徒的自由型、艺术类或技术类职业的年轻人和侨居海外的年轻人。

如果同年入伍的士兵超过所需数量，那么作为家庭支柱的人和声明暂时不适合服兵役的人，将被归入待征召这一额外类别，有效期为十二年六个月。

那些通过了某些文职和军事审查，而且被应征入伍的年轻人，将担任为期一年的志愿兵，并在部队中接受特殊训练，为成为预备役军官和士官做准备。

总之，所有年龄在17岁至45岁之间的、雄健的德国男性都由军队权力机关支配，让德国成为冯·德·戈尔茨口中的"武装国家"。每个男性公民都成了士兵，甚至可以说他们终身都在当兵。如果在1894年，德国有5000万人，按适合服兵役的男性人数占总人口10%的常规比例来算，那么德国在紧要关头调集所有资源的情况下，可坐拥五六百万的兵力。

考虑到一些会削弱兵力的因素及并非所有兵力都能上战场这一事实，德国至少也有400万的战斗人员可以调遣。

随着出生率的固定提高，德国的兵力将只增不减。德国更有理由相信自己的使命是成为"世界之主"。

威廉二世审查海军学校学员

1914年的圣诞休战

德国海军

德皇在1900年说道："我们的未来在海上。"从那时起，他就设想了一个有条不紊、迅速发展海军的计划。在他看来，这个发展计划符合"更伟大的德国"展望世界的未来。德皇想到汉萨同盟曾带来的繁荣昌盛，德国本土及为在全球建立"殖民地"而移居国外的人口不断增长，海外贸易繁荣发展，商业舰队的实力位于世界前列，在东方和远东地区都拥有影响力，于是就构想了这个征召计划。但在一开始，这个计划似乎有些出乎意料。

德国沿海人口少，港口也不多，沿海发展受到诸多限制，而且德国远离世界各大海域，其发展主要在大陆地区。那么，德国的海上计划是否能与陆上军备发展齐头并进呢？

实际上，德军遵循了德皇的指令，其海军舰队以极快的速度赶超了法国海军舰队，并且准备追上英国的舰队。

要与英国这样的海上霸主一争高下，需要承担一定的风险。德国决定冒这个险。

德国海军需要遵循一条由威廉二世提出的、由冯·提尔皮茨元帅执行的、有组织性的法令。它于1900年投票通过，之后分别于1906年、

德国高速战列巡洋舰"毛奇"号的甲板

1908年及1912年得到修正。它规定准备61艘无畏级战列舰、40艘侦察巡洋舰、72艘公开的潜艇（但要求对增加的潜艇数量进行严格保密）和大约144艘吨位在600~800吨的驱逐舰。

这条法令同时规定，所有战列舰和巡洋舰在使用二十年后必须淘汰，而且需要每年建3艘无畏级战舰，2艘小型巡洋舰，1支含雷击舰、驱逐舰和潜艇的舰队。

德国海军舰队分为由三支分舰队组成的"远洋舰队"和由两支分舰队组成的"预备舰队"。更准确地说，在战时，德国海军拥有一支北海舰队、一支波罗的海舰队及散布在世界各地的、追击共同敌人的分舰队。

1914年，德国海军舰队船员达6.8万人。每年新建一系列数量为12艘的雷击舰和一队6艘的潜艇。它们的使用年限预估为十二年。

同年，德国海军拥有由超过1.8万吨的战列舰"拿骚"号（Nassau）、"威斯特法仑"号（Westphalen）、"莱茵兰"号（Rheinland）、"波森"号（Posen）、"东弗里斯兰"号（Ost-Friedland）、"黑尔戈兰"号、"图林根"号及"奥尔登堡"号（Oldenburg）组成的一支分舰队，由"皇帝"号（Kaiser）、"腓特烈大帝"号（Friedrich der Grosse）、"皇后"号（Kaiserin）、"阿尔贝特国王"号（Koenig Albert）及"柳特波德摄政王"号（Prince Régent Luitpold）组成的另一支分舰队，还有超过1.8万吨的战列巡洋舰"冯·德·坦恩"号（Von der Tann）、"毛奇"号、"戈本"号（Goeben）等。此外，他们已开始建造10艘无畏级战舰，其中4艘应在1914年年底前完工。

表5-2 德国海军军舰（按排水量算）

军舰数量	吨数
36艘战列舰（含老式战列舰）	612,050吨
15艘战列巡洋舰	111,000吨
9艘战列巡洋舰	85,000吨

表5-3 德国军舰装甲舰炮

数量	口径（毫米）
136门	305毫米舰炮
126门	280毫米舰炮
46门	240毫米舰炮
44门	210毫米舰炮
140门	150毫米舰炮
516门	150毫米舰炮

根据1914年9月1日统计的数据，只算主要军舰，英德两军实力对比见表5-4、表5-5。

表5-4 英国海军军事实力

分布地区	军舰数量	吨位
北海	24艘	529,800吨
地中海	4艘	73,400吨
澳大利亚	1艘	19,500吨
总计	29艘	622,700吨

表5-5 德国海军军事实力

分布地区	军舰数量	吨位
北海	21艘	487,500吨
黑海	1艘	23,000吨
总计	22艘	510,500吨

1914年9月1日—1915年4月1日，包含英国征调的4艘国外无畏级战

舰和德国征调的1艘希腊无畏级战舰在内,两国预计增加的军舰数量见表5-6。

表5-6 英德两国新增军舰对比详情

国家	军舰数量	吨数
英国	13艘	364,000吨
德国	4艘	95,000吨

我们之后会分析这场两国间"争分夺秒的竞赛"是如何使英国多次尝试与德国友好和谈,后者却总是轻蔑地让英国吃闭门羹的。显然,德国想同时掌握在陆地及海上的主动权。

谁是侵略者

没人能否认德国尽其所能地进行了军事筹备工作。在海上和陆地,德国政府和人民都不惜代价,让一切准备就绪。他们为满足军事需要,利用、改善、应用一切科技发明,使一切科技进步适用于军事发展,并提前调用所有资源供军队权力机关支配。德国只是一台巨大的、陆地和海上的战争机器。

他们做出如此大的努力,是出于何种目的?为什么要进行如此高压的海陆军事筹备,直到把大量民众压垮也不停手?德国外交官只是口头上说,这是为了国防建设,但德国士兵却公开宣称这是为了准备发起进攻。

德国是唯一一个多年来,进行双重进攻性军队建设的国家。从其军队系统性构成中就能发现所有细节,证据确凿。在《今日战争》(*Guerre d'aujourd'hui*）一书的尾页中，伯恩哈迪写的同时符合外交和军事举措的声明应该被载入历史："接下来将在欧洲发生的战争，属于进攻战。只有懂得创造有利于军事行动的政治条件的国家，才能在这场战争中取得好结果。对政治方向（集中从属国，如比利时和瑞士）和开战时机的选择，将直接影响事态发展。

"我们并不能保证，永远拥有完美的军队……如果一个国家不懂在有利时机投身于战争，那么它将失势。国家应在确定政治走向时，考虑到以上因素，并懂得在巅峰时刻抓住时机。当世界环境对它有利时，它应该利用武力让其人民拥有更优渥的生活条件，并为其赢得一条良好的发展之路。"

如德国人承认的那样，他们为生计和幸福，筹备及发动战争。

那现在我们就来看看，到底谁是侵略者吧！

第六章

处于德国对立面的法国

法国的军事准备；三年法令；
75毫米火炮；武装国家

1912年，法国本土军队有3万名军官和53万名士兵；其殖民地军队有4130名军官和8.7万名士兵。估计总共可以调动的兵力（管理人员除外）为450万人。

当德国开始做最后一轮的军事准备时，应把以上这组数据作为法军建设的根基。

根据1912年12月23日颁布的法令所制定的军队制度，法军步兵部队有163个团（每个团有3个营，每个营有4个连）、30个猎兵营（每个营有6个连）、4个佐阿夫团（每个团有5个营，每个营有4个连）、4个阿尔及利亚土著步兵团（每个团有3~6个营）、2个外籍兵团（每团含不同数量的4连兵营）。每个团都有2~3个机枪排。

在动员时期，常备军调遣最年轻的预备役军人来补足空缺，而最年长的预备役军人则留在预备役军团中。此外，常备军部队还有145个地方步兵团（每个军分区配备1个团），各团所含营的数量由征兵数量决定，7个地方猎兵营和12个佐阿夫营。

步兵配有勒贝尔（Lebel）M1886型步枪，其口径为8毫米，载弹量为8发。

骑兵部队由91个团组成，其中有32个龙骑兵团、23个猎骑兵团、14个骠骑兵团、6个非洲猎骑兵团和4个北非骑兵团等。每个骑兵团有4个常备连和1个后备连。但在北非骑兵团中，有5个常备连。骑兵旅配备机枪车排。骑兵配有M1890型卡宾（Carabine）枪（与勒贝尔步枪结构一样），一部分龙骑兵配有马刀和M1890型卡宾枪。

炮兵部队有62个轻型炮兵团，每个团由3~4个大队组成，每队有3个连，每个连有6个单位。炮兵部队总共有634个连，其中有15个连在阿尔及利亚，有16个炮骑兵连和21个重型炮兵连；2个山区炮兵团共18个连，其中4个连在阿尔及利亚；11个步行炮兵团共89个连，分别为57个内陆连和32个海岸连。

轻型炮兵配有M1897型75毫米速射火炮。这种火炮加上了一个液压驻退复进装置，配有一个镀铬的防护钢板。重型炮兵配有120毫米和155毫米榴弹炮，同样配备液压驻退复进装置。之后，我们会对炮兵装备的重要性进行讨论。

工兵、架桥兵、飞艇驾驶员、铁路工作人员、报务员和无线电报务员组成了8个团。

辎重部队有20个大队，每队由8个连组成。

另外有各种杂项事务人员：参谋部秘书、办事员、工人、护士，还有27个宪兵队、1个共和国卫队和1个消防兵团。

正在使用机枪的士兵

殖民军有16个步兵团［12个在法国、2个在突尼斯、1个在交趾支那（Cochinchine）、1个在中国］、1个安南土著（Annamites）步兵团、4个东京土著步兵团、4个塞内加尔（Sénégal）土著步兵团（每团8个营）、3个马达加斯加土著步兵团和2个塞内加尔骑兵连、3个殖民军炮兵团（36个连在法国）及在殖民地有4个殖民军炮兵团。

在法国领土上（含阿尔及利亚和突尼斯），有2个军政府（巴黎和里昂），超过21个军区。此外，还有8个骑兵师，每个师由3个旅组成。

新的军事制度

自国防大臣米勒兰上位后，法国国防就进入了一个新纪元。

在战时，我们将遇到无法解决的最大难题，因为它涉及最敏感的民主政治问题——如何筹备战时最高指挥部及如何实现由和平向战争状态的过渡。

在经过长期摸索后，我们终于能在未开战前，就得以合理确定战时最高指挥部。最高作战委员会副主席被任命为大元帅，其他被任命为军队监察员的委员们直接协助大元帅的工作。

但未来大元帅在做战争筹备工作时，其职权受到军事管理机构的制约，更确切地说是受到军队参谋部的制约。

由梅西米（Messimy）提议的1911年7月28日出台的法令，在这一点上做了明确的规定。总参谋长在任命未来的指挥官或大元帅时，就将筹备战争这一任务托付给了后者，疑人不用，用人不疑。

从这点来看，最高指挥部的处境如下：

在和平时期就上任的未来战时指挥官，要履行三个职责：

其一，领导最高作战委员会。由很有可能成为未来军队指挥官的委员们协助指挥官的工作。

其二，领导参谋部委员会的工作。未来将成为军队指挥官助手的高级军官和将军们，在指挥官的推动下，与指挥官一起完成被赋予的使命。

其三，指挥官要监管一年前成立的最高军事教学中心和培养新军队的最高军事学校的教学工作。

米勒兰说："因为军事学校培养着一批又一批的年轻军官，他们每年都把学到的新知识和被点燃的神圣的激情传播到军队中去。"

但这样的组织架构还缺一个必不可少的要素，即大元帅、总参谋长对下属人员无直接领导权，人员受军队参谋长的直接指挥。

米勒兰明白，若要发挥大元帅的作用，需要落实其对人员的领导权。于是，他取消了军队参谋长这一职务，并在遵守军队章程的前提下，赋予大元帅指挥人员的权力，并充分信任后者。从此，在和平或战争时期，就有两股力量共同协助大元帅的工作：听命于总参谋长的机动参谋将随军队总司令出发；常驻参谋将驻守巴黎，留在国防大臣身旁。

如此，法国已确保由和平向战争状态过渡，所有安排都已就绪。这是经过了四十年的踌躇不决才取得的成果。其实只需要下定决心，就能解决问题。那时，就是做决定的最恰当的时机。

此外，米勒兰还做了另一个符合其判断力的决定：在众多能人中，他任命霞飞将军为大元帅及总参谋长。

这些创举令人们提出一系列相关问题：在战争爆发时，民事政府权力和军事权力将处于何种关系？议会制的共和国政府，如何调整自己，面对战争？没有君主，来自人民投票选举的政府权力，如何在民主制度下保证军队及民族遵循所需的规章守则？

参议员马克西姆·勒孔特（Maxime Lecomte）就以上问题向国防大臣米勒兰发问。后者表明，他不可能公开为备战实施的那些措施的细节，但总体来说，这些举措遵循内阁（其中成员之一）所定策略，基于国家生活的方方面面来考量。而且他指出是因以下这个想法，推动了这些举措的实施："在动员时期，所有人事都应一致遵循一个思想的指导。它概括及指导了备战的所有行动，所以我坚持声明：'我们要不惜一切代价，力保取得战争胜利。'而为了达到目的，要让军队拥有完全自由的行动力。"

军队和政府坦诚相待，解决了最棘手的问题，双方重新取得了信任。

军事警钟重新敲响，军队中尉级别的军官们重新履行共同商议的职责，军队重新受到了重视。民众调整了共同备战这一新心态，变得更加积极、勇敢、充满活力。

而且，米勒兰还考虑实施一些更重要、有效的措施。在德国通过

1912年法令，决心走极端武装道路时，我们应作何打算？国防大臣对此是否有一套应对方案？

议会议员约瑟夫·雷纳克（Joseph Reinach）在议会上，向米勒兰提出以上问题。当时，议会就战争经费及米勒兰所提的解决方案进行讨论。在应届退役者退役、一些前线的后备人员被解除的情况下（当时执行的还是两年法令），约瑟夫·雷纳克强调减免军费预算的危险性，提出为解决这个问题，要"重新恢复拿破仑所制定的极端边界军体制"。

在6月12日的议会上，米勒兰从国防大臣的角度出发，阐释了他对德国1912年军事法令的看法。通过分析德国军事措施的特征，他发现相较于增加机动兵力，德国把更多的重点放在了如何完善战争工具上。

而反观法国的"三年法令"，他指出有必要实施有力措施，完善国家战争工具，甚至对骑兵和炮骑兵部队也应如此。对于雷纳克将军队分为边界部队和后方部队的提议，他认为弊端颇多，因此持反对意见。所以，他制定了一套自己的体系，如下所示：

1. 通过常年改善征兵形势，实现士兵和士官数量的长期增长。
2. 征用非洲殖民军。
3. 调用海军部队中的2万名预备役军人或本土军人。
4. 用更好、更合适的方法使用后备部队。

关于非常重要的第四点，他如是说："现在，后备军中只有6/13的人被常备军征用。那我们是否能放弃余下的后备军呢？他们的价值在哪儿……我们去了锡索讷（Sissonne）营地，对这些后备军有了一个共同印象：他们可敬可佩，踏实可靠。只要对其进行指导，他们就能在需要的时候，成为一股决定性的援助力量。这些后备军人正值壮年，在部经历八天的磨炼，就能找回军人的精气神。领导他们的有各级指挥官，

霞飞将军在视察一架军用飞机

如团长、营长、连长，最重要的是各连的骨干士官。如此一来，我敢说这些部队是一流的部队。"

以上米勒兰所提倡的改革，部分内容已通过以下已出台的法令实现：步兵部队编制法令（1912年12月3日）、骑兵部队编制法令（1912年12月20日）、航空部队编制法令（1912年3月30日）、征用土著部队和殖民军的整体相关法令（1912年1月至11月）。米勒兰的部长生涯因一次附带事件中断［帕蒂·德·克拉姆（Paty de Clam）上校恢复了在后备军中的职权］，未能完成使命，但军队和国家都应铭记他所做的贡献。

三年法令

退位前，米勒兰使议会通过了用于军队装备的5亿法郎预算。但德国于1913年2月出台的新军事法令，将使德军兵力提升至85万人，而法军只有50万~60万的兵力，与前者相差甚远。白里安（Briand）领导的内阁必须进行一次根本的军事改革。

迈特罗（Maitrot）将军的书《东部边界》（*Frontières de l'Est*）在出版后引起热烈反响，并且对总理产生了有益影响。这本卓越的书在德国新军事法令出台前，就已对法德两军实力进行了对比：

从不同层面来说，法德两军都是两国可以寄予厚望的优良战争工具。

如果要仔细评估双方各部分实力，那么从质量上看：

双方步兵实力相当；

骑马炮兵，法军胜；

炮骑兵和骑兵，德军胜；

整体战斗机械化程度，双方水平相当。

但从数量上看，德国常备军兵力比法国整整多了13万人。

所以从大体上看，德国似乎略胜一筹。

为了平衡双方实力，我们需要增加兵力。只有重新使用（三年法令），才能做到这点。没有其他解决方案，其余办法不过是废话和幻想。

法国是否能及时领悟到这一点？

公众还未充分准备好重新接受"三年法令"，且尚未认清其中的必要性。

那他们何时才能认清形势呢？

德军又会在何时到达默兹河畔（Meuse）……

此外，追求军事或民事生涯中最卓越运动的穆恩（Mun）伯爵，写道：

120毫米长炮和轻型榴弹炮

第六章 处于德国对立面的法国

如何才能强有力地建设我们的军队？所有身处这个领域的人，甚至在1905年同意通过两年法令的人，都同意如此行事：掩护部队每个连中，必须至少要有175名常驻兵。考虑到各种不可避免的人员短缺因素，需要在新兵队伍中，每个连安排大约190名常驻兵。后方部队每个连至少要有125名常驻兵，新兵每个连至少要有140名常驻兵。

但最近投票通过的军事编制法令规定，每个连只需要160名常驻兵，这是本末倒置。不应根据兵额计算征兵数量，应该使前者服从后者。

所以，以下才是被承认的、每个连应需常驻兵数量：掩护部队每个连190人，后方部队每个连140人。骑兵部队每个连初始编制应为170人。我不知道现今骑兵确切兵力，但人人皆知，我军骑兵当前兵力很弱……

我们还不了解，德国新军事计划将如何发展。但若像其帝国政府要求的那样，严格执行了义务兵役制度，那么德军将拥有至少85万的兵力。面对如此严重的威胁，如果法国还犹豫着是否要进入防御状态，还不增加军队编制，那就是自掘坟墓……

不管愿不愿意，如果我们想要认真进入战斗状态，按普恩加莱（Poincaré）的话说是"准备好作战"，那么必须接受（三年法令）这一完整的解决方针。"三年法令"将使我军增加20万的兵力，包含现役和再次服役的军人在内，常备军常驻兵力将有70万。有了这样牢固、训练有素的兵力，法国才能心安地展望未来。①

---

① 《决定性的一刻》（*L'Heure decisive*）。

之前对备战漠不关心的民众，受到如此激昂情绪的影响，此时已深刻感到备战的必要性，并已做好准备。

最高作战委员会经过商议后，一致同意实行"三年法令"。政府采纳了这个意见。人民则小心翼翼地见证这一切。

《泰晤士报》（*The Times*）写道："这是自由民主政体中最出色的一个范例。"确实如此。要是从那时起，英国能仿照这个范例就好了！

1913年2月20日，共和国总统发表有关军事问题的讲话：

"和平不是由一方决定的。"老祖宗留给我们的这句谚语，用在今时今日最为恰当。人民只有时刻做好面对战争的准备，才能切实保持和平。

一个衰退的、因其过失而任人蔑视和羞辱的法国，将不再是我们心中原本的法国。

面对众多不断发展自身军事实力的国家，如果我国还停滞不前，是与文明发展进程背道而驰，将酿成大错。

白里安内阁的国防大臣是艾蒂安（Étienne），与冈贝塔的交情甚好，对国家忠心耿耿。他在议会上提交了一份"为修正1905年3月21日法令，主要涉及常备军服役时长内容"的法案。对此，他陈述提交法案的动机，表示"最坚定的爱国心，要求我们为国做出牺牲"。

但正当军事委员会还在研究这项提议，而且其中大多数投赞成票，并一步步和社会党人及激进派社会党人的拖延战术做斗争时，白里安内阁倒台了，随后巴尔都（Barthou）内阁上台。

新内阁决心利用一切力量，使"三年法令"投票通过。巴尔都明白其作为领导人应承担的最高责任，他不负殊荣。1913年5月，他认为国土安全已受到德国激增的兵力威胁。1913年10月1日，他决定在军队中保留自由阶级人员。这是一个非常有预见性、向民众致敬的决定。议会最终以322张赞成票力压155张反对票，通过了"三年法令"。

军事委员会对内阁的提案，做了些许修改。由于"三年法令"和"兵役面前人人平等"这一原则，所预计的征兵人数超过了预算所需数量，德·蒙特贝洛（A.de Montebello）和约瑟夫·雷纳克提出了一个固定编制人数的方案，即利用"三年法令"，向军队提供恰当数量的

米勒兰在大规模演习现场

人员，保证一直有充足的干部配备来管理军队。每年4月15日和11月15日，超出定额的人员会被提前安排休假。有2个婚生子或8个以上孩子的士兵，可优先享受休假。如果还有多余名额，则按抽签方式决定休假名单。政府不得不采用这一提案。

在议会上，肖当（Chautemps）、奥加尼厄（Augagneur）、托马斯（Thomas）、达拉马斯（Thalamas）和贝多雅（Pédoya）将军反对"三年法令"，而委员会主席埃里塞（Le Hérissé）、报告人帕特（Paté）、约瑟夫·雷纳克、德·蒙特贝洛、雷贝尔迪（Raiberti）和安德烈·勒费弗尔（André Lefèvre）则捍卫"三年法令"。议会议长灵活却有力地说道："我们受到来自粗暴攻击的威胁（法令捍卫者们常把这句话挂在嘴边），而且我们没有足够多的掩护部队，必须把精力和眼光放至边界100千米之外。"

奥加尼厄、保罗·邦库尔（Paul Boncour）和梅西米推荐饶勒斯（Jaurès）的反提案，即一套在前线后方集中区域建立部队的著名体系。梅西米提出，兵役期为两年至两年半。

议会权力机关作为以前和未来的国防部门，推举了这份计划，但未通过（312票反对票对266票赞成票）。甚至如莱昂·布尔茹瓦（Léon Bourgeois）、克列孟梭（Clemenceau）这样的激进派人士，都宣称支持"三年法令"。

"三年法令"似乎取得了成功。但两年法令的支持者依旧活跃。议员樊尚（Vincent）在议会上提出一套"民主"的方案：所有适合服兵役的人，都应实际履行同等时长的兵役。

若以平等的名义执行"三年法令"，其军事特点有可能发生变化。此议员明确表明，他有意取消提前退伍机制。但军队固定编制人数和国家财政预算，并不允许我们招募所有适龄青年。

另一个对"三年法令"的严重损害是：1913年10月，政府为了征募自由阶级人民（自由阶级也曾在两年法令时期服役过）且不惜一切代价挽救三年兵役方针，做出了极大的让步，即接受埃斯库迭尔（Escudier）修正案，决定将入伍年龄定为20岁，而非21岁。

人们还未看清，如此这般已将国家置于险境，而且有可能无法抵抗德国的进攻。

由于缺少足够的干部，军队只能将两届入伍人员放在一起训练，这是个难以解决的问题。1910届的老兵退伍后，只有1911届的士兵能上战场。到1914年6月时，1912届及1913届的士兵才能被派往战场。

但如果想要称霸欧洲乃至全球的德国，决定挑一个恰当的时机，在1914年春天或夏天就发动战争，我们将如何应对？难道还要等到1916年

"三年法令"完全产生效果的那天吗？同样处于军事制度转化中，并且也要等到1916年才能完成军事重组的俄国，也面临同样的问题。

即使形势如此严峻，有人还要一意孤行。卡约（Caillaux）以激进社会党的名义，郑重抗议"三年法令"。他尝试利用"武装国家"这一方案，保留两年法令。其实，他本人所在的政党的成员已承认，此方案要求用十五年的时间来筹备。之后，1913年7月19日，修正过的"三年法令"投票通过（358票赞成票对204票反对票）。

同年8月7日，参议院也以244票赞成票对36票反对票的优势，通过了"三年法令"。

"三年法令"使法军增加了22万的兵力。在和平时期，我国总兵力为80万。这样和谐、训练有素的军队，能保护我们不受德国的威胁。

三年法令和德国

上文，我们列举了迈特罗将军于1912年前对法德两军实力的分析。现在我们来看经历战争后的比洛将军和兰斯（Reims）市长会谈时所述观点："贵国相当于没有骑兵，因为他们根本不懂怎么当骑兵（况且，怎么可能在一年内训练出一支好的骑兵部队呢）。你们的步兵不错，但他们不懂打仗的技巧。在现代战场上，光有勇气远远不够，还需要在不被发现的情况下，善于侦察。可是他们不但没有发现敌人，还暴露了自己。至于你们的炮兵，我都不想提，我讨厌他们！"

在战前，德国人应该还未料想到法国利用"三年法令"所能缔造的军队，因此才会对法军做出如此评价。

法国通过"三年法令",让德国非常恼怒。1913年3月15日,陆军塞雷(Serret)上校在柏林说道:"在法国进行的爱国运动,已引起某些人的怒火。一段时间以来,有些人就表示,法国推行的这些军事计划非常离奇,毫无道理可言。在一次沙龙上,某位德国帝国议会成员,他并非言行激烈的人,但当谈及法国的"三年法令"时,却说道:

发明75毫米火炮的德波尔上校

'这是挑衅,我们绝不允许他们这么做!'而一些温和的军人或平民都普遍认为,法国只有4000万人,没有能力与德国抗衡。总之,这些人太疯狂了,他们只不过是在发泄怒火……正当德国想用武力傲视、羞辱、碾压法国时,后者却立即奋起直追。如勒南(Renan)所说,它表现出一股永恒的、复兴的能力……"

海军军官德·法拉蒙(De Faramond)补充分析了德国人的心态:"上次在波茨坦看近卫军新兵宣誓时,德皇对新兵的讲话主题让我非常惊讶——无论境遇如何,好或坏,都有责任成为最勇敢、最守纪律的士兵。因为德国首个败笔(其对帝国的影响无法计算)——应是总参谋部制订的所有军事计划——因此,全都以疯狂进攻法国为目标。"①

在法德两军人数均等的情况下,德国只有在军队组织上做文章。这

---

① 出自《黄皮书》。

龙骑兵和猎兵在操练

是老公爵亨克尔·德·杜能斯马克（Henckel de Donnesmarck）在1914年，谈及他于1870年关于两军实力对比的一场谈话时所持的意见："我坚信你们会因为这一点被打败——我承认也欣赏法国人的众多优点，但你们还缺少'严谨'这一点。说到'严谨'一词，我说的并非守时，而是更广泛的定义。法国人虽做事灵活，却不如德国人认真、一丝不苟。在即将到来的战争中，只有从上到下、所有人员，不管任务大小、轻重，都能严谨认真完成任务的一方，才能获胜。"他还补充道："'严谨认真'这一优秀品质既然能在四十年前驱使一支50万人的军队战斗，那么在下一场战争中，更能驱使一支更强大的军队，其作用将更加重要。"老公爵解释了有这种精神的德国人为何有信心在军队组织上更胜一筹。

德国人应向法国人学习，如何调动积极性及配给军需，而后者需要学习严谨认真的精神。

第一次世界大战时的潜水艇

德国军队有确切的目标和决心，在组织能力上已远超法军。

还有更重要的一点：长期以来，法军透明度令人失望。我们在1912年就这一重要问题进行了多次讨论，但最终未能解决问题。

75毫米火炮

75毫米火炮是一件令人赞叹的武器，法国完全有理由信赖其优良性能。1892年，人们有了初步设想。之后，德波尔上校和圣克莱尔·德维尔（Sainte-Claire Deville）将军逐渐完善构想。得到朗格卢瓦（Langlois）将军和炮兵总长德卢瓦耶（Deloye）将军的支持，火炮很快由国防大臣比约（Billot）将军和议会议长梅利讷（Méline）组织建造。当时的法国处于上升期，和平、繁荣，有能力坚定推动这项事业的发展。

这项事业需要花费3亿法郎，而且需要在不惊动德国的情况下，凑齐这笔涉及国家最高利益的经费。1896届的议会议长梅利讷得到其经济部部长科舍里（Cochery）出于勇敢和爱国精神的切实支持，而且与预算委员会主席及报告员德隆布尔（Delombre）和克兰茨（Krantz）达成一致。菲利·福尔总统和所有内阁成员也都同意通过预算。

在外界未知晓我国启动这项事业的情况下，我们凑齐了这3亿法

朗格卢瓦将军

郎。当外界知道这件事时,火炮已造好,并交到了炮兵手里。

下文是德波尔上校本人对火炮由来的阐释:

75毫米火炮的构想,要追溯至1892年。

近4月时,炮兵总长马蒂厄(Mathieu)将军向炮兵各部门传达了一份文件。这份文件涉及一位名叫豪斯纳(Haussner)的德国工程师所研发的一种有后坐力的炮,并说明德国对这种炮进行过试验,而后放弃。

这种后坐装置由长导轨和液压驻退器组成,前端有两个伸缩汽缸,能确保自动回收炮弹。这是一种非同寻常的设计。

后坐力炮已存在很长时间了,发明人无法要求改变后坐的长度,只能往上添加一些他设计的装置。

除了德国进行过徒劳无益的尝试,再无他人有机会使用过这些装置。

所以,你们的情报人员非常肯定地放出有影响力的消息说,更谨慎的德国已成功发明、使用了一种速射炮,是大错特错。

在1892年5月10日写给总将军的信中,我提议造一种75毫米无后坐力、无误差的速射炮,并附上了一份草案。

1892年7月3日,马蒂厄将军的回信开头如下:

我亲爱的指挥官:

在您5月10日写给部长的信中,您谈及豪斯纳设计的炮架,并提议造一种无后坐力、无误差的轻型炮,把炮架与一个行程1.4米的制退机连在一起。那请您告知,皮托(Puteaux)的军工厂需要多久能造出一件样品,以便检验……

总将军时隔三个月才给我回信的原因:

1890年以来，布尔日（Bourges）铸造厂一直致力于新轻型武器的生产，其中有两款贝凯（Becquet）上尉设计的75毫米加速炮和一款圣克莱尔·德维尔上尉设计的52毫米速射炮。

总将军希望以上两位能结合豪斯纳的设计，大展身手，创造出一款火力强大的75毫米速射炮。

在我之前没人提出造这款火炮，于是呈交提议的责任就落到了我身上。

这就是75毫米火炮的来源。

在几年前拉沃泽乐（Lavauzelle）出版的一本册子里，我阐述道："1894年，我所提出的、在炮兵委员会计划外的75毫米火炮的试用样本已制造完成。与今日的火炮相比，它使用了相同的炮管、炮架，有同等的火力、发射速度，在发射时炮架

步兵特遣队正在穿过一个村庄

一台准备发射的75毫米加农炮

也能保持不动,副炮手要承担的职能也相同。"我还指出在皮托工厂,人们对它进行了多次发射试验,尤其在24次快速连发的强度试验中它做了240次射击。其后在1894年,布尔日委员会也检验了它的性能,但在第三届领导部门的要求下,他们撤除了大炮防护板。至此,它作为速射炮的性能已基本确立。随后只剩最终校准环节,这对如此新的武器来说尤为重要。但同年,我没有在委员会中晋升,还有受家庭因素的影响,我提出辞职。火炮铸造成为我的未竟事业。圣克莱尔·德维尔上尉挑起了大梁,因此于1895年,他被调往皮托。随后,里马伊奥（Rimailho）上尉成为他的副手。如我在上文册子中提到的那样,这位杰出的将领对炮架的液压气动制动器内部结构及瞄准装置做了改良。他研制了换向弹药车和自动拔塞器,有助于发射火炮。此外，在炮兵总长德卢瓦耶将军的不懈坚持下，75毫米火炮于1897年得以采纳并通过；其副手戈丹（Gaudin）少校在火炮创造过程中，扮演了心腹谋士的角色。之后，圣克莱尔·德维尔上尉承担起在军队中预备大型火炮试验的责任。最终，他确保了火炮的密集制造及使用。

德波尔

沙蒂永（Châtillon）和科芒特里（Commentry）

冶金工业工会火炮处处长

创造75毫米火炮的人是真正的先驱者。

这样的火炮，一下子就成了轻型炮的典范：足够轻（无论在这点上做多少可能的改良，它都很轻），发射速度快（每分钟20~25击），特别是校射完美，完全不会射偏。有了液压气动制动器，即压缩空气，如人们所说"是火炮内在的魅力"，后坐力被撤销。

"弹药一经射出，后坐力停止作用，但炮管按既得速度，继续后退，直到导轨末端为止。这时，压缩空气发生作用，把炮管带回前部。而且这种空气有足够的初始余压，能防止摩擦，炮管归位得到保障。发射弹药2秒后，炮弹随即归位，为新的射击做好准备。"

[乌勒维格（L.Houllevigue）]

法国75毫米火炮

不仅如此，还有一系列的细节也保证了75毫米火炮的绝对优势地位：简化的炮闩，将弹药筒和弹药结合在一起的完整起爆装置，保证快速、准确校射的独立瞄准器，保护副炮手的防护板及适应快速发射的弹药车。

75毫米火炮应在1914年的战场上称王。德国在损失了数亿经费后，把它的M1896型火炮放在一旁，先我们一年开始了火炮改造工作。而效仿我们的75毫米火炮，由克虏伯和埃尔哈特（Ehrhardt）工厂于1906年合作制造的77毫米轻型炮，尽管有射击快、后坐距离长的优点，但还是没有戈德科（Goedke）上校吹得那么好。他自吹道："我们终于修正了1896年的错误！"

重型炮

另外，德国还是在战前领先一步——重型炮。前文我们提到过德军参谋部发展重型炮制造的原因：重型炮可俯射、射程远，能更好地掩蔽。所以，法国议会收到了一份制造重型炮的预算草案。

1912年战事预算的报告人，克莱芒泰尔（Clémentel）宣布支持此预算草案。

技术新闻界就此事进行了激烈讨论。

曾反对三年兵役制的佩尔桑（Percin）将军，反对制造重型炮；保护75毫米火炮的朗格卢瓦将军，与前者持相同意见；公众意见还不明了。

一位支持制造、发展重型炮的人，理性地说道："无论如何，都应考虑到最坏情况。尽管德国重型炮带来的影响应该不大，但若不阻止此事发展，并任由他们把我们的步兵当靶子打（实际上，这完全有可能发生），是无法令人接受的。所有需要考虑的问题就在于此。我们盲目讨论在野战中大口径和中口径武器的使用，说德国人在'狂妄自大'中作茧自缚，提前看到他们陷入尴尬局面，然后沾沾自喜，也许这都是错的。因为，他们的重型炮真实存在，而且会在战场上发挥作用。我们不应忽视这一点，还应该让众多炮手和其他兵种的军官领会这一点。"[格鲁克（Glück）上尉]

当法国议会被要求对重型炮制造所需经费表态时，其风向受到了用马朗德兰（Malandrin）方法所发现的事实的影响：这是在炮管上配备一个薄片的方法，这种装置通过阻碍弹药移动过程中产生的空气，让弹药更快坠落。其效果与投射类似，但离触及重型炮的所有优势还差得远。满足于这个微小改善所带来的结果，法国议会暂时放弃投入经费制造重型炮。

人们并不认为，应该投入大量经费重建步兵枪支。勒贝尔步枪已有

一艘法国战列舰的220毫米回转炮塔

二十八年历史，当它刚制成时，不容置疑是全欧洲最好的武器，但它已过时了。其最主要的缺陷在于由单次射击向重复射击的过渡，这个过程需要士兵自己进行判断，往往导致了弹药的浪费。勒贝尔是一种弹仓型步枪，而德国步枪是上弹型。后者系统简单方便，易操作，并且只允许使用一种射击和上弹方式。幸好，为勒贝尔步枪装配的有超强火力的D型子弹，极大地改善了法国步枪的弹道效力，在某种程度上恢复了与德国步枪间的平衡。

航空及其他

1914年1月30日，在雷蒙的提议下，参议院对接下来的议程进行投票表决。在这期间，军事航空这一主题引起了他们的讨论："参议院对军事航空组织中存在的缺陷，深表遗憾。它将实现公务自主及必要改革这一任务托付给国防大臣。"

1914年1月2日的议会上，议员吉罗德（Girod）陈述了当时的形势："我们虽有54架可动员的飞机，但调查显示，由于缺少备用飞机、牵引机等，没有一个空军中队是完全可动员的……"

之后，法国在空军和航空领域，进行了改善。

我们不过多强调法国军事准备中的某些缺陷。为了弥补不足，我们的将领需要有极高的战术水平，我们的士兵需要骁勇善战，最终众志成城。

法德两国所做努力的对比

德国在1912—1913年所采取的措施,让我们感受到它想立即开战和不惜一切代价只为取胜的意图。我们看穿了它的手法,也知晓其计划。那么,我们又做了哪些努力以避免它得逞呢?接下来,我们将对比两国的手段,这有一定的教育意义。

1912年4月—1914年4月,德国为其军队及舰队,以常规和破例名目花费了预算中的28亿法郎和军事赋税中的10亿法郎。而且1913年法令明确规定,1911年、1912年投票通过的军事预算将在1913年10月前全部投入使用。尽管军事税只能分阶段征收,帝国政府还是能够以信贷方式提前完成筹集军事税款。

受到新闻媒体的鼓舞和过分刺激,德国的资产阶级和贵族自发为国出力,组建了志愿驾车员和飞行员团体。这些志愿者通过签订合约,受到政府部门的约束,并获得一定津贴。在战争爆发时,他们还有组织地协助军队作战。

到10月时,1913年法令已得到完全实施。他们不是募集了6.3万名新兵,而是10.7万名。1914年,这条法令在征募新兵、进行军备建设方面,得到全面实施。

为防御法国,德国的掩护部队被强化:在萨尔布吕肯(Sarrebruck)有一支新军队,即第21军,穿插在了斯特拉斯堡第15军和梅斯第16军之间。

此外,他们还有第一线部队、第14军[①]、第8军(特里尔)和巴伐利亚第2军[②]。1912年法令出台后,德国掩护部队总兵力估计为五个半军。

---

① 米卢斯(Mulhouse)。
② 兰道(Landau)。

1913年法令规定边界步兵部队每个连190~200人，骑兵每个连150人，还为炮兵部队增加了2.6万匹马，以便动用所有炮兵连。

这些1912年、1913年投票通过的决策，提前画好了德军参谋部的整体蓝图。

它们表明，德国想通过比利时发起一场粗暴的进攻。其参谋部计划首先以大量兵力和武器压倒法国，其次对付俄国。德军在萨克森易北河边的最后几次演习，以这个论调作为主旋律："德军战胜法国后，就要与这些年来占据普鲁士东部的俄军对弈。"

接着，我们来看看法国的举措。

首先，它拥有75毫米火炮。

其次，它执行了"三年法令"，至少因此增加了兵力。而且自1912年以来，政府大力推动军事机构改革。特别是，法军有一批令人钦佩的军官，可惜人数占比较小。

再次，举国上下、各个阶层都有人在军队中奉献自己。其他没参军的人也"设法为国家做出贡献"。

最后，法国确实找到了出路。

即使德国的准备工作非常充分，但为何还是没能战胜法国呢？

在沙勒罗瓦（Charleroi）一役后，法军是如何重整旗鼓，继而在埃纳和佛兰德斯追击敌人的呢？

这简直是奇迹……缔造这场奇迹，少不了指挥官的决心和毅力，以及军队的耐力和活力。最重要的是，法兰西民族不愿就此灭亡，命运和天意也注定了法国将生生不息。

法国海军

近半个世纪以来，各大强国的海军政策发生了极大变化。汽船的引进、火炮技术的进步及为军舰配备的装甲令其逐步成为真正可移动的堡垒，这些因素让海战性质发生了转变。高端军舰占据很大比重，而且作为非常重要的武器，价格巨幅上涨，令敌人更加不惜一切代价，摧毁它们。

在水上和水下，可利用各种手段来摧毁大型军舰，如鱼雷、鱼雷艇、水雷和潜艇，都成了攻击性武器。

当敌人的进攻手段花样百出时，我们的装甲舰也在变大变强。军备竞赛令财政消耗增加，财政预算已无法满足新海军政策的要求。政府面临诸多困难，必须找到一条出路。

一方面，法国三面临海，殖民地众多，有大量沿海人口和资源。另一方面，它不得不投入最大的人力、物力来保卫陆上疆界，这个问题尤其严峻。因此，各种解决办法层出不穷，众说纷纭。海军军官们思想开放、精神专注、思维敏捷而且时间充裕……在议会上，涉及海岸线和战争口岸的讨论无穷无尽。同时，有关人员和组织的问题也令事态无限复杂化，更令政府迟迟无法作出决定。

议会和民众虽未完全明了其中的意味，也不敢打定主意，却也卷入了争论中。1870年的战争结束以来，法国的海军政策一直都充满不确定性。

但它还是几乎摆脱了困境，跟上了形势。

多年以来，法国都曾考虑过与英国发生海战的可能性，但其目的仅限于保卫口岸和海岸线，用鱼雷艇和潜艇中队保卫英吉利海峡（Manche），构建充足的实力以保护与非洲殖民地的往来不受外界影响。

然而，自从德国想要在海上称霸后，事态就变了。英法两国关系自

在一艘法国军舰上，海军士兵正在做瞄准练习

人们正在往法国一艘战船上装牛

第六章 处于德国对立面的法国

然而然地亲近起来。通过挚诚地协商，两国海陆行动结合在一起。法国为陆地战争做准备时，英国继续保持海上实力。

法国并未放弃从前的目标，特别是有关地中海的目标。在土伦（Toulon）驻扎了大部分兵力，其首要责任是保障阿尔及利亚军顺利转入本国领土。

海军政策还存在另一个关乎1914年战争的问题。届时，敌对冲突不仅涉及双方军队，还关系到整个国家。因此，人民的生活水平将决定战争特征。这场战争的特征之一将是为粮食和原材料供给而战。从这点来看，能否掌握海上主动权，将起到决定性作用：切断敌人的粮食供给渠道，使其在商贸领域处于孤立状态，以此征服它。

韦尔努瓦（Vernois）的韦尔迪（Verdy）将军说："在这场战争中，我们将面临的难题是如何保障军队的粮食供给。本土粮食产出无法满足军队及全部人口的供给，必须大量进口粮食。但陆运存在诸多不确定性，一旦与法国和俄国发生冲突，德国就只剩海运这一条路可走。因此，我们需要一支强大的舰队来赢得海上主动权。"

不难理解德国急于建成一支作战舰队的想法。在这种情况下，英法联盟必须保持前进，确保德国舰队永远不能超过英法两国舰队的联合力量。

无论哪国的海上之路遭到阻截，其命运将很快如海军中尉阿什（Hache）描绘的那样不济："不计其数的没了工作、没有食物的可怜人将向政府求助，可惜后者无力让他们走出困境。只需用一秒钟想象一下，如此困境将会给国家带来怎样的危机，就能明白在现代战争中，掌握海上自由权是多么有必要。"想到法国，这位指挥官补充道："这样的不幸将会阻止我们在陆地上取得初次胜利，或者在初次败北时，扼杀我们发起反击的积极性。"

对处于大陆中部的德国来说，这段推论更加有力。

我们将谈到面对德国，英国如何保住其海上霸主地位。我们首先来看法国的应对措施：

1914年，法国在海军建设计划上犹豫良久，令人惋惜地落后他人一步，在各国排名中被挤出前二。

然而，借助其盟友英国的力量，其实力也不容小觑。

官方年鉴数据见表6-1、表6-2。

表6-1　法国军舰数量及其吨位

军舰数量	吨位
25艘装甲舰	346,180吨
19艘装甲巡洋舰	200,640吨
9艘防护巡洋舰	34,650吨
83艘驱逐舰	
118艘鱼雷艇	
72艘潜艇	

表6-2　海军军舰舰炮数据

舰炮数量	口径
110门	305毫米炮
4门	274毫米炮
72门	240毫米炮
96门	190毫米炮
198门	164毫米炮
157门	134毫米炮
88门	100毫米炮

以上表格中的各个一级武器的价值并不相等，所以应把法军舰队当成一个在现代战场上有实用功能的整体来分析其组成结构。

法国海军分布在大西洋（包括英吉利海峡）和地中海。在北海，法国有4艘装甲舰（其中1艘已服役超过20年），7艘0.77万~10,014万吨位的装甲巡洋舰及22艘驱逐舰；在地中海，有19艘装甲舰（其中1艘已服役超过20年）、11艘装甲巡洋舰（其中3艘服役超过20年）及35艘驱逐舰。

其次，海军还拥有2艘无畏级战舰——"让·巴尔"号（Jean Bart）和"库尔贝"号（Courbet），以及6艘几乎可与前者媲美的装甲舰——"伏尔泰"号（Voltaire）、"孔多塞"号（Condorcet）、"丹东"号（Danton）、"米拉波"号（Mirabeau）、"狄德罗"号（Diderot）和"韦尼奥"号（Vergniaud）。

"巴黎"号和"法国"号装甲舰应在1914年建成。"布列塔尼"号（Bretagne）、"普罗旺斯"号（Provence）和"洛林"号将紧随其后。

法军舰队拥有的大口径火炮数量，与德军舰队火炮数量相比，比例为18∶22。

除此以外，法国海军在世界各角落分布的兵力为：10艘价值不等的巡洋舰、一支由35艘驱逐舰和5艘潜水艇组成的舰队及一支在比塞大（Bizerte）由潜水艇和鱼雷艇组成的舰队。

第七章

欧洲大国：奥匈帝国

奥地利；多民族；二元政权；
帝国中的斯拉夫人；皇帝

前文，我们谈到如果欧洲爆发战争，那么法德两国将不可避免地形成对立。接下来，我们要认真研究一下注定终有一天会卷入冲突中的大国：德国这边，有奥匈帝国和土耳其；另一边，有俄国、英国，继而塞尔维亚、比利时、日本，其次是一些中立国家，如意大利、罗马尼亚（Roumanie）、保加利亚和希腊（Grèce）。

在阐述了它们各自的处境、倾向和实力后，我们将探讨欧洲悲剧发生时，欧洲内外部的国际形势。

这样的战争绝非偶然，而是各种因素的总和。人类很可能到达了一个临界点，出于本能和意识，它必须冒险进行这场残酷的战争。或许只有这样，才能获得重生，开始新的旅程。

我认为被要求与德国同命运共进退，并将其拖入深渊的盟友国角色在战前就已定好，即土耳其和奥匈帝国。

人们经常引用阿尔贝·索雷尔（Albert Sorel）的这句话："一个世纪以来，人们都在尝试解决东方的问题。当人们以为事情已经解决时，却无法避免地要面对另一个难题——奥地利的问题。"

但阿尔贝·索雷尔还未预料到，这两个问题同时出现了。

奥地利

如果我说，奥匈帝国所处形势，牵动着欧洲历史，无人会感到惊讶。

诚然，不是所有欧洲历史都局限于哈布斯堡（Habsbourg）帝国的影响。但奥匈帝国问题处理得好坏与否，将决定欧洲是否能够稳定。

克朗斯（Krones）在完成他的重要作品《奥地利历史》（*Histoire de l'Autriche*）后，说："奥地利没什么特别之处，是朝代更迭和受利益影响的各种因素中和后的结果。"

它长久保持实力。因此，人们评价奥匈帝国各代君主是"天生的艺术家"，不无道理。这些君主擅长运用联盟和妥协，让帝国屹立不倒。

奥匈帝国的民族多样性，大致如下表所示。

帝国总人口约为5100万，其中一部人口数见表7-1。

表7-1　奥匈帝国人口构成及数量

人种	数量
德意志人	1050万
马扎尔人（Magyars）	750万
斯拉夫人 （捷克人、波兰人、塞尔维亚—克罗地亚人等）	1950万
意大利人	70万
罗马尼亚人	250万

剩下还有不同种族，如穆斯林等。

对外界来说，皇帝是共享帝国的三大种族——德意志—奥地利人、马扎尔人（或匈牙利人）和斯拉夫人的共同君主。他们却忽视了其他数量众多，但不处于中心地位的种族：罗马尼亚人、意大利人、穆斯林和混合的种族。

但共同君主的头衔，并不与具体政体情况相符。其实，哈布斯堡君主政体只有一位君主。作为奥地利的皇帝，他统治在帝国议会中占有席位的王国和领土；作为匈牙利的国王，他统治圣埃蒂安（Saint Étienne）王朝的领土。

近年来，在这种二元政权背后，经常出现一种分裂趋势。

与哈布斯堡君权下各种利益大集合相对而言，二元政权非常有限，如一件不能覆盖全身，只能遮住部分身体的衣服。H.W.斯蒂德（H.W.Steed）打了一个比方："从其本质和根源来说，二元政权就像一栋摇晃的、不稳定的建筑，有各种隐患。它不符合，也永远不会符合王朝和哈布斯堡帝国人民的长期利益。这里所说的人民既不是马扎尔人，也不是德意志人。"

帝国中的斯拉夫问题

这是一个非常特殊、不同于正常人民生活条件的局面。皇帝也注意到了这点。他往往放下君主的身段，顺从人民的要求，尤其是几乎占了帝国总人口一半的斯拉夫人的要求。如果能实际扩大公约范畴，那么奥地利很有可能免遭厄运，欧洲面貌也将改变。

在萨多瓦会战向法兰克福和平过渡这段时期，得到皇帝支持的霍恩瓦特（Hohenwart）内阁打算在波希米亚（Bohême）地区确立联邦。波希米亚国王在布拉格（Prague）登基时，此联邦由皇帝宣誓批准成立。

戈武霍夫斯基伯爵

也许，这是三元联邦制的起点。但因受到马扎尔人和德意志人的联合抵制，霍恩瓦特内阁倒台。

1896年，波兰人、大领主巴德尼（Badeni）伯爵，参与过塔弗（Taaffe）内阁倒台事件，重新设法加强斯拉夫人在帝国中的地位，并且提出了为推动捷克语（Tchèque）和德语平等化的相应举措。

巴德尼本以为可以依靠弗朗茨·约瑟夫一世，因为后者貌似再次表现出准备从马扎尔人的需求中抽身，为所有人的整体利益考虑。但这两位谁都没能抵挡住"脱离罗马"（Los von Rom）运动的影响。这场运动既反对斯拉夫人，也反对教皇绝对权力主义。而且，由于一位奥匈帝国最杰出人士失势，这次尝试加强斯拉夫人地位的举措失败了。

此外，从1870年战争至当前战争爆发前，由安德雷西和科洛曼·蒂萨（Koloman Tisza）领导的匈牙利人，在很长时间内都与德意志人相处融洽。俾斯麦鼓励并利用匈牙利地方沙文主义。可以这么说，"匈牙利间接通过王朝统治奥地利"。斯拉夫人几乎已成功跻身皇权左右，并且因与聪明人戈武霍夫斯基一样，为皇帝鞍前马后且忠心耿耿，保住了自己的高位。

斯拉夫人的问题沉寂下来。他们人口增长，生活富饶，逐渐意识到自己人口的庞大和实力。昔日被轻视，如今，他们由内至外地彻底成为一个不容忽视、不可被蔑视的强大种族。

19世纪末，一位亲德代表惮于斯拉夫人的发展，提出这样一个问题："这不再与权宜之计相关，也与实现德意志人和捷克人和谐相处或推动两者语言平等无关。两者思想不同，根本不可能使其一致。我们需要了解的是，将成为一个政治、社会大国的奥地利，会受到德意志人的领导，还是受捷克—波兰—德意志联邦政府的领导。后者将实行斯拉夫教权主义政治，并将在不久之后反对与德意志新教帝国联盟。"

答案是，第一个选项占了上风，奥地利受到德意志的领导。匈牙利利用这一点，在公共事务中坚决不让步。1903—1906年，似乎因匈牙利态度强硬，内部政府处境艰难。

在奥地利，议会制度已经行不通了；在匈牙利，议会质疑一切会促进皇权增强的事务，并拒绝军队发展所需要的信贷。无止境的纠葛使君主政体逐步分裂，它根本无法成为欧洲最稳固的政体。人们逐渐相信，只有一个外来的、果敢的政策才能恢复皇权的威望，击退各民族源源不断的要求。

外来的泛日耳曼主义，以难以想象的果敢迅猛地发展着，过程如下：

一开始，德意志人仅要求恢复巴德尼的命令，接着，彻底拒绝与斯拉夫人融洽相处，最后直接要求内莱塔尼亚（Cis-Leithanie）地区加入德意志关税同盟（Zollverein）。此项强硬政策的领导人舍纳勒尔（Schoenerer）直言不讳地写道："与斯拉夫人和解，根本就是徒劳之举。只需知道，到底谁能在奥地利称霸即可……人们总说德意志人和斯拉夫人平等。就像拿狮子和虱子做对比，都是动物，但两者能一样吗？在国事上，我无法接受与他们平起平坐。"德意志人不断号召奥地利商人，以能为其提供广阔的德意志市场，努力吸引他们。"德意志关税同盟建成后，你们作为工业家和商人，将拥有整个德意志市场，还可大大利用德意志帝国商贸扩张优势。你们需要做的，就是要求将内莱塔尼亚地区加入德意志关税联盟……"

事态进入了一个新阶段。德意志帝国议会目睹了一个泛日耳曼主义代表团的成立。用利伯曼（Liebermann）的诗来描绘，就是他们请求"德意志的上帝，一直站在从贝尔特（Belt）一直延伸至亚得里亚海

布达佩斯多瑙河风景

（Adriatique）的日耳曼民族（Pangermanie）身边"。

戈武霍夫斯基伯爵所做的主要努力应是温和地抵制泛日耳曼主义的过度发展。作为斯拉夫人，他始终紧盯俄国。1902年12月、1903年2月和9月，在米尔茨施泰格（Muersteg），他与俄国确立了一项协议的基本原则。也许，奥地利乃至欧洲，都从未与俄国达成过如此公正的协议。戈武霍夫斯基伯爵通知代表团，他们已确立一份俄奥协议的基础，而且"这两个在巴尔干地区的主要当事国放弃征服巴尔干的想法，决心维持现状"。

在俄奥双方协商过程中，戈武霍夫斯基伯爵向俄方指出，奥匈帝国对波黑合并感兴趣。这是一个敏感话题，更准确地说是试金石——戈武霍夫斯基并未坚持试探尼古拉大帝。

在欧洲重大事务进程中，《米尔茨施泰格协定》犹如沙漠中的绿洲

奥匈帝国的斯拉夫农民

或海市蜃楼，即将消失。德意志帝国警醒了。

受到泛日耳曼党派的督促，德意志帝国害怕看到它费心建立的联盟发生动摇。有人责备戈武霍夫斯基伯爵没有利用俄国在日俄战争中和战后（1905—1906）的困境。而德国在同一时期，趁后者在丹吉尔遭受打击时为自己牟利。相较于德国，奥匈帝国的外交手段软弱无力。

在阿尔赫西拉斯会谈上，奥匈帝国依旧软弱。最终，威廉皇帝在发给戈武霍夫斯基部长的电报中称赞奥匈帝国是"世界第二强国"，给了后者当头一棒。这一侮辱性的称赞，导致戈武霍夫斯基默默辞去了部长一职。由他谨慎建立起的体系也由此瓦解。

人们逐渐不再进行与斯拉夫人和解的相关工作，从此屈服于"第一强民族"的专横意志。

我们会在后文讲到，戈武霍夫斯基请辞后，奥匈帝国和俄国如何走到了断交这一步，埃伦塔尔伯爵又是如何快速推动了波黑合并的。

近四十年来，斯拉夫问题在奥匈帝国内部的发展过程是非常重要的。因为它牵涉到奥匈帝国乃至国际的纠纷，引发1914年第一次世界大战。这个过程可概括为：斯拉夫人与奥匈帝国的关系如何，是被其接纳还是被排斥？

二元政权

奥匈帝国曾多次尝试构建三大人口的立宪联合，但都以失败告终。直到1914年大战前，它都实行"二元"政体，最早可追溯至1722—1723年颁布的奥地利—匈牙利国事诏书。在一系列著名事件发生后，于1848

年、1849年、1851年8月、1861年和1867年，人们陆续采取措施，做出妥协，接连对原来的国事诏书进行了修改。但正是奥匈双方的妥协互让，在诏书的理解和应用中滋生了纠纷。

二元政体可类比为，一个大括号中间包含两个小括号，组成一个叠合的整体。一边匈牙利，一边奥地利，二者有各自的议会和责任政府制。在这分离的两个体制之上，有三个共同的部门：国防部、外交部和经济部。而在这三个部门之上，又有奥地利皇帝和匈牙利国王。

这三个共同部门与匈牙利或奥地利的议会都没有关系，而与"代表团"有关。从两个议会中各选出60位代表组成代表团，轮流在布达佩斯和维也纳召集会议。

这是此政体复杂之处，我不会在此过多强调。它使奥地利屈从于匈牙利，因为后者是匹最易怒、最倔强的"套绳的马"，因其任性，前者往往被迫调整自己，所以，就算奥地利皇帝不情愿，但最有智慧的部长们：戴阿克（Deak）、霍恩瓦特、巴德尼、戈武霍夫斯基等，都提出了高见，天平还是倾向了反斯拉夫这一边。直到平衡被彻底打破，巴尔干危机爆发，塞尔维亚被压垮，从而引发了一系列后续事件。

促成统一的因素

我说过，民族间的分歧和立宪公约的局限性是造成奥匈帝国分裂的主要因素。现在，需要一一列举那些令帝国长期屹立不倒的稳定和统一因素。即使在德皇口中它排"第二"，这些因素也保障了它在欧洲的重要地位。

这些因素包括：奥匈帝国的地理位置，人民的刚强性格，行政权力机构和暴力机关组成的帝国组织，弗朗茨·约瑟夫一世代表的王朝权力及统治和作战工具——陆军和海军。

奥匈帝国的存在给欧洲带来的无数问题，无法用这几页纸说清楚。

人们经常说："如果没有奥地利，就需要造一个。"也就是说，地理因素使欧洲中心出现了奥地利。这个位置不会变，那里的居民也不会消失。问题在于，这个地区的命运是由其他国家掌控，还是掌握在居民自己的手中？

第一个难题：不能把那里的居民统称为奥匈人，因为他们来自不同的种族。皇帝称他们为"我的子民"。

第二个难题：严格来说，奥地利并不完全属于欧洲，其组成和文化在某些方面已半东方化了。从欧洲去亚洲的途中，还未出境时就能看到戴着头巾的人。这生动地反映了政治和精神在人民身上作用的结果。

只有奥地利人才能清楚地解释以上现象。1871年，费迪南德·古恩伯格（Ferdinand Kurnberger）写道："任何一个非奥地利人，都难以理解奥地利包含部分亚洲文化。若把奥地利归于亚洲一类将更容易理解。'欧洲'和'亚洲'是非常具体的词。欧洲代表法制，尊重事实，而亚洲代表专制、任性。欧洲是成年人，而亚洲是集老人和小孩于一身。"

弗朗茨·约瑟夫一世

他还写道："奥匈帝国的人民，

既是老人，也是小孩。他们和蔼可亲，却反复无常。其行事方式，让人联想到一群快乐的小孩在跳舞。他们有南德人的轻快活泼，也有斯拉夫人的反复无常。需要注意的是，奥匈帝国的本质偏亚洲，它难以对付、没有生气、墨守成规，就像一座狮身人面像，自有《圣经》之日起就未曾移动过。"

以上列举的详情，既展现了奥匈帝国的人文情况，也反映了其复杂性。

在匈牙利原野上祷告的农民

奥匈人追求自由的能力微乎其微。究其原因是他们之间的纽带阻碍了各方独立的道路。其实，君主制的艺术是令人民互相对立，利用一方控制另一方，分而治之。

我们谈论的不是奥匈人，而是其多元又分离的组成，与他们经历的战争及决定其命运走向的和平的关系。

奥匈帝国全体人口由农耕者和工人组成。前者多于后者，在匈牙利尤其如此。农耕者面朝黄土背朝天，几乎没有共同的政治生活。除了出于本能的政见，他们几乎没有其他的意见。他们踏实、吃苦耐劳、安静顺从，会向祖上的神祈祷，和其他人一样纳税，却像士兵一样为国效力。除此之外就保持缄默。

近期，某些组织通过社会主义手段，深入了城市人民内部。人们称其为劳动阶级。一个新的政治气氛散播开来。奥地利社会党及其报刊

《工人报》(*Arbeiter Zeitung*)，有意引导人民重新振作起来，扭转趋势，摆脱变化无常的生活困境及政府和暴力机关的压制。如果在人民中，还存在某些高于种族敌对之上的统一意识，那么它就是其中一股力量。但一个政党的推力远远不够，如果社会党能取得皇帝支持，像约瑟夫二世（Joseph II）时期一样，成为首要政党并掌握实权，那么还有机会成功履行上述使命。

犹太人（Juifs）属于使奥地利兴旺，并能影响其前途的力量之一，不可能撇开它不谈。在奥匈帝国，其200万犹太人并未形成一个民族。但他们有自己的教育、生活和憧憬，在民众中，在新闻界和政界的影响不可小觑。在这个帝国里，抵抗力量已受到镇压，但犹太人能凭着一股激情或燃烧他人的热情成为一股具有决定性的爆发力量。

犹太人问题并非奥匈帝国独有，它已成为国际性问题，因为犹太人在哪里都无法完全融入。对他们来说任何地方都不是他们的家。

他们生于苦难中，所以常常选择逃离困苦，但从未在任何一隅停下来歇一歇。他们是游牧者，分部落活动，他们在城外搭起帐篷，在第一个信号启动时就收起来。其信仰基于与上帝之间的相互保证协约；其思想总是超前的，是投机者；他们经常策划自身或种族的救赎，所以也是务实者。为减轻行李负担，他们出于本能地创造了易于隐藏、便于携带的"动产"。不安于现状和略神经质的性格，使其很少留恋某地，并极易重新恢复游牧状态。他们每到一处会兴奋激动，但仅是过客而已。有句谚语："犹太人像土地中的盐。"但人无法只靠盐来维持生活。

对于来自东边的犹太人而言，德意志国家是第一个落脚点。他们自愿在那里定居，轻易融入当地。但德意志人并不愿与他们太过亲近。

尽管如此，在奥匈帝国中，思想运动的领袖们通常都是犹太人。在波希米亚、匈牙利甚至克罗地亚（Croatie）也是如此。犹太人有益又有害，开明又保守，既是首创者也是行贿者，极有可能对奥匈帝国的命运产生重大影响。因为，他们的智慧集投机与务实于一体，能打破地方主义限制。而且，其自身的国际主义特征能吸引有反抗精神的民众，并让后者有意组织反抗时，明白在狭隘的民族精神中应考虑的公众利益因素。

在城市中心，社会党人和善于煽动人心的犹太人激励着广大劳动阶级人民，同时他们也受到权力和暴力机关的管束。在他们之上，还存在失去了封建权力，却依旧在宫廷和政府中有一定旧时地位的贵族阶层。这些贵族期望夺回从前享有的尊重。

难以想象他们能如此自信，近乎天真，相信自己的要求能得到满足。

人们说在奥地利"家族式"社交界排在第一位。换言之，这些家族有共同的利益、特权甚至共享产业，所以他们认为国家机制是专为自己服务的。这些贵族并非可憎，而是因为占用了国家资源又毫无贡献，成为累赘。有个故事说，切尔宁（Czernin）伯爵在将死之际，他的仆人听到他喃喃说道："如果上帝问我'你这辈子都做了什么？'我会说：'噢，上帝！我杀了野兔，杀了野兔，杀了野兔啊！'"

确实，打猎和游戏是这些贵族的主要日常活动。但奥地利大领主和波兰或加利西亚（Galicie）大领主还是有区别的。后者对现实有更准确的判断力，对帝国命运已产生过显著影响。如戈武霍夫斯基、波托奇基（Potocki），这些显赫家族符合贵族在人民中所扮演的特殊角色的设想，即"区分欧洲和亚洲的分水岭"。近期召唤了加利西亚贵族的弗朗茨·约瑟夫一世说："我加利西亚王国的贵族们，从你们的话语中，我感受到一颗诚挚的爱国之心，以及对我与我的家族（他并未提及帝国）的忠心……你们作为加利西亚贵族的代表，请传达给所有人听，在这个不幸的时期，我非常关心加利西亚王国。"弗朗茨·约瑟夫一世也许在他难熬的晚年中，遭遇多次失败后还是不断做着一个古老的梦，希望与斯拉夫人有更紧密的合作，使他们向君主政体致敬。

皇帝

奥匈帝国的皇帝，完全不同于德意志帝国或其他任一帝国的皇帝。他是神圣罗马帝国的直接继承人，天生拥有皇权，不受人民意志或历史变迁左右。

如果世界上有哪位君主能宣称"我，就是国"，那他一定是奥匈帝国的皇帝。并非因为他专制，而是如果没有他奥地利就不存在了。如果废除他的王朝，那么帝国也将随之消失。在这种情况下，奥地利皇帝命中

弗朗茨·约瑟夫一世的钻石禧年游行

注定是联结所有子民的最高纽带，依然手握"神权"。

"皇帝"的这个特性，保证他能积极参与政治生活。如此，他能不断地进行自我救赎，也能挽救帝国。由于他需要与一切个人特殊利益撇清关系，他可能经常做出利己、忘恩负义、变幻莫测的决定。若他长期与某个人、某个党派交好，或忠于某项利益，那就违背了其作为皇帝的职责。

斯蒂德说："哈布斯堡家族所行政治，是追求不变王朝理念的狂热机会主义。"各方利益因觊觎权势而针锋相对，皇帝就像一位父亲，面对一群争宠的孩子摇摆不定。手心手背都是肉，谁都不能割舍。他一会儿慈眉善目，一会儿又俨乎其然，为的是把保全下来的财产留给他的追随者。

弗朗茨·约瑟夫一世对帝国中德意志人的态度，最能反映上述情况中皇帝的迫不得已。四十年来，外界以为奥匈帝国政治完全以德意志人为主。其实，奥地利的德意志人一直受到冷待，从未能接近皇帝。

皇帝是怕德意志人依靠联盟变得过于强大，还是怕因为他不得不迁就匈牙利，而更加令别人以为他积恨很深？其实，皇帝应该在利弊中选择避开最坏的情况。他虽考虑周密，却也瞻前顾后，如此摇摆不定，最终引发了人民的骚动，甚至革命。

弗朗茨·约瑟夫一世

弗朗茨·约瑟夫一世的性格如此契合君主的角色，无法把他当作普通人来分析。这位掌政六十五年的悲惨老人，经历了动荡不安的时局，在1849年、1859年和1866年遭受了折磨，目睹了身边人一个个消失，一直高深莫测、沉着冷静。为其子民保障了四十六年的和平生活后却在晚年将一切建树毁于一旦。他到底是人中龙凤，抑或仅是势位至尊而已呢？难道他是面对政务和王党势力只会固执己见的庸才吗？我们不知道答案。

他生活规律，有点怪癖。与伊丽莎白（Elisabeth）皇后不同，他内心深处与世隔绝。人们评价他为好好先生，但知道他内心是自私的。若要给他戴个大公无私的高帽，也不是不行。

他内心深处藏着一个传统想法，就是要夺回失去的领土，并夺取新的领土。他永远不会原谅拿破仑三世（Napoléon III）在1859年和1866年的所作所为。人们说，如果可以打开他的心会看到上面刻着"威尼斯"三个字。他不愿再失去任何一个省，因为他知道如果王权不稳，帝国就完了。

他也不会原谅安德雷西，即使后者一手缔造了三国同盟，但没能在

身穿蒂罗尔猎人装的弗朗茨·约瑟夫一世

弗朗茨·约瑟夫一世和威廉二世

1878年实现对波黑的吞并。他对其中的危险视而不见，对所有阻挠吞并波黑行动的人都心怀怨恨。但也是支持吞并波黑的人，最终促使他酿成大错。他到底怎么想又怎么做的成为谜团，长期尘封在奥地利的档案馆中。也许，他从未向任何人吐露心声，所以找不到任何踪迹。毕竟他注定是保持缄默的人。

在这位垂垂老矣的人身上，人们还看得到在1848年，曾借自由主义浪潮登上权力顶峰、身穿白衣、精力充沛、眼神坚定的年轻小伙的影子吗？他可是抛弃了所有同辈而且是同辈中活得最久的人。

那些尝试定义他性格的人，只能这么写："他懂得等待时机，谨慎决定；他虽厚颜无耻，却和善敦厚；他的思想可塑性强，适应能力也不弱。"但这不足以定义一位半只脚踏进棺材，不断犯下可怕错误而引发一系列灾难的君主。

军队

皇帝位居欧洲最高权力宝座之一，统治横跨欧亚的奥匈领土，掌握5000万人的命运，并与厉害又贪婪的德国做盟友。只有手握一定兵力才能担起这些重任。

只有把奥匈军队看成德军预料内的补给力量，才能准确估计德国在欧洲中部的军事状况。

若没有德奥同盟与法俄同盟对抗，那后者将使霍亨索伦王朝跌入险境。幸好，俾斯麦棋高一着早已建立德奥同盟，还促成意大利的加盟。但如果其他两国遭到他国攻击，意大利有权保持中立。

奥匈帝国人口组成：奥地利，2850万人；匈牙利，2084万人；波黑，200万人。总共5100多万人。

如果召集所有预备役兵力，奥匈帝国可用兵力超过500万人。但受种族多样性和军事预算限制，难以实施"武装国家"方针。其实，过于混杂的人员组成虽能成就奥匈军队，但也能削弱其战斗力量。

因为帝国由"在德意志帝国议会上占有席位的地区"（奥地利）和"由匈牙利王朝管辖的地区"组成，所以存在3个不同的军队：共同军队或帝国军队，隶属于共同国防部；奥地利皇家（或内莱塔尼亚）一级战时后备军；属于"维也纳地区国防部"的二级战时后备军和属于布达佩斯地区国防部的匈牙利皇家一级与二级战时后备军。每个军队有各自投票通过的预算，对共同军队而言，由奥匈两大议会"代表团"投票表决；其他两大军队预算由各自议会投票表决。

我们可以看出这一切都不简单。奥匈军队还是有实力的，特别是因为军官的职位几乎世代相传。这个特征太特殊，必须提及。人们常说："军队，就是奥地利的一面镜子。"

在帝国中，对王朝忠诚是促成统一的首要力量。军队依靠这种力量而建立。并且，军官和士官都是天生的帝国捍卫者。但他们对帝国这种难以言状又根深蒂固的情感，令地方主义者忧心忡忡。

"尽管不少军官出身于贵族，甚至上流贵族阶层，但还有很大一部分军官来自中产、小资产和收入微薄的家庭……他们几乎不会因为出身而被区别对待……奥地利有军事贵族传承武士头衔，好比官僚贵族世袭官职一样。很多世世代代都曾'参军'，但收入微薄的家庭几乎把所有儿子都送去加入陆军和海军。这些家庭是王朝的重要军事储备力量之一。对他们来说，穿上帝国军服成为第二要义。他们并不满足于简单套上

'黄黑'制服（奥地利军服），而是如皇帝所说，为他'献上一颗爱国心'。他们的这种精神激励着整个军队，带动了那些来自没有参军传统家庭的同伴，渗透进每个士兵的心里。"（斯蒂德）

尽管军官体制如此牢固，但他们要面对来自不同种族士兵的军队，因语言不通、想法各异，常常与帝国统一意图背道而驰。可想而知其任务之重。斯蒂德说在这个"迷宫"里，军官们还能保持军事精神并且进行有效领导，简直是奇迹。他说的不无道理。

奥地利步兵

奥匈军队的改组遵循近期颁布的法令，尤其是1912年7月5日的基本法。

在和平时期，常备军有3.4万名军官、39万名士兵和9万匹马。兵力分布在共同军队（2年服役期）和一级战时常备军中（2年服役期）；被征新兵按抽签的方式进行分配。在战争时期，常备军及后备军有180万受过训练的士兵；保卫本土的士兵有150万人，其中含两批动员令召集的士兵（19~37岁、37~42岁）及由50万人组成的后备代用兵。后者及二级战时后备军中很大一部分人只受过一点儿军事训练，几乎没有指挥官带领。

自1912年8月11日的法令颁布后，波黑根据其人口数量提供与君主国辖内其他国家同等份额的士兵。

1912年法令实施后，奥匈帝国的兵力应增加为（三军总数）：

步兵：683个营，含483个机枪分遣队；

骑兵：353个连；

轻型炮兵：348个火炮连（1905型锻铜76.6毫米快炮）、132个轻型榴弹炮连（1899型104毫米炮）和30个骑马炮兵连；

山地炮兵：62个火炮连和30个榴弹炮连；

重型炮兵：56个重型榴弹炮连。

其余兵力分散在不同现役及临时部门。

1913年，他们试验了一种可分三部分运输的300毫米迫击炮和一种105毫米反后坐快炮。这两种火炮将服务于联盟军队。

步兵配备M1895型、带匕首刺刀的曼利夏（Mannlicher）步枪。每营都附有一支配备施瓦茨洛泽（Schwarzlose）机枪的支队。

陆军分为16个军，另外还有14个山地旅。骑兵有10个师，分布在帝国无限广袤的边疆上，同时应对东面、南面和西南面的国家。

关于军队中所用语言，斯蒂德提供了具体信息：在共同军队和奥地利一级战时后备军中，德语是官方语言及指挥官使用语言。但在不同军团中，所用语言随种族而变。如在纯波兰、捷克、罗塞尼亚和塞尔维亚—克罗地亚军团中，尽管指挥官用德语发号施令，但他们在训练中依旧使用各自的母语。在匈牙利新兵组成的国防军中，官方语言为马扎尔语。但在塞尔维亚—克罗地亚新兵国防军中，塞尔维亚—克罗地亚语为官方语言。

1903年9月16日，在被视为过度使用中央集权的著名克罗皮议程上，皇帝为了契合人员如此混杂的军队，说道："我的军队不可分割，他们会一直强有力地保护王朝。他们会尊重各民族特色，取各家之长，来推动整体的发展，并保持和谐统一。"

奥匈海军

在很长时期内，奥匈海军都不被重视，只在亚得里亚海活动。但得益于奥匈盟友——威廉二世的推动，得以迅猛发展。

海军建设计划逐渐成熟。在1912年，海军拥有12艘舰队装甲舰，其中5艘二级、6艘三级、19艘驱逐舰和83艘鱼雷艇。

实际数据见表7-2、7-3、7-4：

表7-2 奥匈海军1911—1914年各类海军军备数量表

	1911年	1912年	1913年	1914年
无畏级战舰	——	1	2	4
前无畏级战舰	12	12	12	12
装甲巡洋舰	3	3	3	3
巡洋舰	6	6	9	9
炮艇	7	7	7	7
驱逐舰	12	12	18	——
鱼雷艇	57	69	81	——
潜水艇	6	7	13	

表7-3 大型军舰吨位表

数量及类型	是否可以调动	吨位
15艘装甲舰	可调动的	179,000吨
2艘装甲巡洋舰	可调动的	13,700吨

表7-4 装甲军舰舰炮详情

数量	口径
36门	140毫米炮
41门	190毫米炮
48门	305毫米炮
60门	100毫米炮
61门	240毫米炮
66门	150毫米炮

1910年，海军有817名军官、671名机械师及剩余指挥官，以及大约13.4万名海员。

大型军舰主要为"特格特霍夫"号（Tegethoff）、"弗朗茨·约瑟夫"号和"7"号。大型军事港口设在普拉（Pola）。在亚得里亚海还设有其他军事部署。

第八章

欧洲大国：土耳其

土耳其的繁荣与衰落；东部问题；巴尔干半岛上的国家；土耳其革命

近年来，土耳其处于衰落时期。我们已知奥斯曼帝国已消亡很久了，但还不了解个中缘由。现在，我们正在见证它逐渐没落。

土耳其的衰落

8世纪末，来自亚洲和中国新疆的土耳其人，属于匈奴人（Huns）、匈牙利人和蒙古人（Mongols）的祖先，在塞尔柱帝国（Seldjoucide）的废墟上建起一个亚洲帝国，并把疆域扩展至希腊帝国。1360年，穆拉德（Amurat）踏上阿德里安堡①（Andrinople）。在科索沃

---

① 即今土耳其埃迪尔内。——编者注

设在维也纳的国防部

君士坦丁堡和博斯普鲁斯海峡

（Kossovo）传奇战争中，他战胜了联合起来对抗他的保加利亚人、塞尔维亚人、波斯尼亚人（Bosniaques）和阿尔巴尼亚人（Albanais）。1453年，穆罕默德二世（Mahomet II）夺取君士坦丁堡，从此亚洲穆斯林占据了欧洲中心。他们的先锋队行进到了贝尔格莱德（Belgrade），甚至包围了维也纳。其海军控制了地中海，并在亚得里亚海、群岛和利翁湾（Gole du Lion）动摇了威尼斯、热那亚（Gênes）和西班牙的海上势力。虽然勒班陀（Lépante）战役削弱了土耳其海上的势力，但直到17世纪末，他们都在不断扩张陆上势力范围。

从那时起，欧洲开始重整旗鼓，对抗这股外来势力。不仅本地居民心神不宁，连远方民众都躁动不安。

十字军东征，逐渐被欧洲政治家们提上议程。解决土耳其帝国慢慢成为他们的头等大事。他们明白，奥斯曼所持领土会引发多方争斗，并令获胜方互相处于极度敌对状态。

这些领土不仅广袤、富饶，而且在过去和将来，都承载着人类文明进程：文明的发源地埃及、底格里斯河（Tigre）和幼发拉底河（Euphrate）；文字和数字的起源地——叙利亚（Syrie）；犹太教（Judaïsme）和基督教（Christianisme）的发源地——巴勒斯坦（Palestine）；伊斯兰教（Mahométisme）的中心——阿拉伯（Arabie）；传承所有伟大古代文明的君士坦丁堡；向西地中海传递文明的阶梯，各大群岛和亚得里亚海岛屿。还有永远被人觊觎和争抢的各大通道：多瑙河及流经巴尔干地区、连接欧洲中部和地中海的河流；博斯普鲁斯海峡（Bosphore）、达达尼尔海峡（Dardanelles）、苏伊士海峡、红海和波斯湾，即连接三大洲的陆上及海上通道。

东部问题

自18世纪以来，以上所有问题都属于所谓的"东部问题"。此外，还有一个使世界动荡不安的重大宗教问题：亚洲一神教与基督教之间的斗争或和解。一方面，亚洲一神教不借助任何中介和圣象，崇拜独一上帝。另一方面，基督教广义的人性教义继承了古老的智慧，相信道成肉身、教会永恒、信徒共融，相信神会关注人类事务。总而言之，是东方的悲观主义和西方积极的乐观主义间的矛盾。自特洛伊（Troie）之战及波斯人入侵以来，历史上还未发生过比这更严重、更激烈的争斗。

面对这些问题，欧洲并未惶恐不安。它知道，当危机来临时，它将在好几年甚至好几个世纪内沉寂。它只能尽量使危机延迟到来。但人算不如天算，命运加快了它的步伐。

庄严肃穆的建筑

奥斯曼帝国逐渐没落。它的领土陷入无人照管之境，变得贫瘠。曾经世界最美的地方，变得荒无人烟。而且，基督徒群体再也无法忍受桎梏。受到新时代在世界上鼓吹的自由之风鼓舞，他们发动起义，牺牲自我，通过怜悯之心夺得世界。

土耳其人在欧洲建立政权，夹杂暴力、成功并引发混乱。本地民众起义成功，在不考虑各大国利益的情况下，使欧洲恢复平衡。而外交手段利弊相当。无论是起义、战争、短暂和平，还是长期动荡，都错综复杂地交织在一起，使问题无限复杂化。

总之，长期处于主导地位的欧洲各大国，在两个决定间犹豫不决：保留奥斯曼帝国，推后解决问题；从巴尔干群体及其人民的利益出发进行干预。

外交手段总是排在第一位，人民排第二位。

人民政策是最常取胜的手段，欧洲曾借助人民起义的力量，逐步解放希腊、罗马尼亚、塞尔维亚、黑山（Monténégro）和保加利亚。我们了解，法国（其在东方的天主教保护国，在一定程度上，保证西方文明继续存在）、英国，以及作为正统拜占庭（Byzance）的继承人、巴尔干地区斯拉夫人的老大哥俄国，在以上事件中所起的作用。

在现今危机发生前，最近一次的东部帝国危机，就是因俄国于1877—1878年进行干预而引发的。在柏林会议上，俾斯麦打算以欧洲的名义解决一部分东部问题。

在此，我们无须补充，其实他主要关心的是德国的利益。

与英国和奥匈帝国达成一致后，他妨碍俄国取得成功，并尽可能拒绝聆听巴尔干群体的要求，把土耳其的命运交到了土耳其人手上。但在会上，他提出了一个新要求，即瓜分巴尔干半岛，支持奥匈帝国的野心,并为日耳曼势力铺路。

在东部纠纷中,这是一个新的、强有力的影响因素。德国于1866年和1870年取得胜利,并与奥匈帝国结成联盟,其势力得以加强。由此,土耳其得到两大帝国庇护,它不再偏向亚洲,只是普鲁士裁剪完美的皇家呢绒披风的底摆,德意志帝国和罗马帝国的继承者。

这样一个以极度巧妙的方式被强制执行的体系,首先令英国占尽好处,后者得到补偿,夺取了塞浦路斯(Chypre)和埃及。法国默不作声,通过征服突尼斯,扩大了它在非洲的版图。而战败后的俄国则躲到一旁,致力于往亚洲发展。

乔治五世

表面上平安无事,但这些善于盘算的人忽略了两大要点:一是土耳其帝国已然处于没落状态;二是柏林会议前,巴尔干势力不断提出新诉求。

人们以为能够让它保持沉默,它却不按常理出牌,为自己发声。人们本来决心使其从属于奥地利,即间接受德国控制,但巴尔干人民将会证明他们勇敢、不屈,与土耳其人和德国人不相为谋。

作为腓特烈大帝(Frédéric le Grand)和共分波兰的各大统治者的追随者,俾斯麦犯的错误是,以为不用过问当地居民的意见就能占领那方领土。这位德国天才,在亲手以民族方针的名义实现德国统一后,却保

加拉达大桥

持封建落后的思想，使自己落于人后。

巴尔干半岛上的国家

无论如何，俄国在1877—1878年战前所做的牺牲与干预，并非毫无成效。《柏林条约》使人民解放这一要义，向前迈出了新的一步。

黑山受到俄国的高度保护，而且它能通过安蒂瓦里（Antivari）港口进入亚得里亚海。把它置于奥地利的高度监视下，确实粗暴地抑制了它的雄心壮志，但这就是它所需要的。

作为引起战争爆发的起因之一，塞尔维亚被俄国抛弃后，把特尔（Tern）和皮罗特（Pirot）地区献给奥地利，以寻求它的保护。

被承认政治独立的罗马尼亚，失去了比萨拉比亚（Bessarabie）。作为回报，它仅获得了法国在多布罗加（Dobroudtcha）地区的微弱让步，而且是后者在最后一刻发了一点儿善心的结果。

同样得到法国支援的希腊，在经过长时间辛苦谈判后终于得以校正经过色萨利（Thessalie）和伊庇鲁斯（Epire）地区的疆界线。

创建保加利亚是柏林会议的伟大杰作，同时也被视作俄国唯一的战利品。保加利亚代表们构想了在巴尔干半岛上的未来行动方向，只要他们有权挣脱束缚、拥有自主权即可："保加利亚人民要求实现自治，在各个保护东部基督徒的大国庇护下拥有国民政府。这是实现和平存活、稳步发展的唯一渠道。在这种条件下实现的自主，才有可能使保加利亚通过自己的法律和实力成为欧洲东部文明与进步最活跃、最坚韧的力量之一。同时，它也将成为能在最大范围内长久稳固巴尔干半岛和平的最可

老伊斯坦布尔的一家咖啡馆

靠保障。将来，只有它能阻止让文明世界愤怒的暴行再次发生。在目睹一系列残暴行为后，欧洲不愿再次让其掌权者们做出令人绝望的决定，将欧洲推入险境。"

因此，保加利亚人民提前充当了一个救世主的角色。保加利亚的重生，是泛斯拉夫主义在巴尔干地区的首个确切表现。

《圣斯特凡诺条约》（*San Stefano*）创造了一个拥有450万人口，疆土由多瑙河延伸至爱琴海（Mer Egée）的保加利亚王国。柏林会议拒绝了保加利亚人的要求。它将保加利亚变成了一个受苏丹（Sultan）统治的自主公国，其疆土起于多瑙河，止于巴尔干。

至于曾经的保加利亚王国残骸，结局为：东鲁米利亚（Roumélie Orientale）和菲利普波利斯（Philippopoli）依旧受苏丹的直接统治，但拥有一定的行政自治权和一位基督教的地方长官；另一个涵盖色雷斯和马其顿的省继续隶属于土耳其帝国，但必须在欧洲的控制下进行某些行政改革。这是卑鄙的外交诡计啊！

不到六年，保加利亚就失去了东鲁米利亚。而马其顿和色雷斯已变得一片狼藉，与波黑问题一起点燃了欧洲的危机之火。

既然保加利亚是为取悦俄国而建，那么波黑对奥匈帝国来说是个更真实、更大的礼物。由英国和德国全权代表提出的《柏林条约》，赋予了奥匈帝国无限期占据并掌管波黑的权利。这一让步，使奥匈帝国成为巴尔干半岛和斯拉夫国家中心的主人，打开了通向萨洛尼卡（Salonique）的大门。但是，它并不满意，还要求吞并波黑。只是这一激进方案遭到了匈牙利的反对，这也是弗朗茨·约瑟夫一世永远不会原谅安德雷西伯爵的一个原因。

柏林会议的结果可总结为：对土耳其采取了权宜之计；部分满足了基督教公国的要求。而在不久的将来，巴尔干半岛依旧是严重问题的孕育之地。

《柏林条约》没能解决任何问题，反而使一切复杂化。

1880—1908年，巴尔干人民都在努力解决柏林会议中悬而未决的问题。

不过，他们在欧洲的处境并未改变。虽然先驱者们一直想实现独立自治，但欧洲却尽一切可能推迟这场变革的到来，以防打破东部平衡。索尔兹伯里表示："对于亚美尼亚问题，欧洲大国一致认为应该支持土耳其帝国。若与它作对将会引发欧洲争端。"关于克里特（Crète）问题笔者认为："欧洲大国并不想与巴尔干人民的对手作对，也不想卷入与远方强大势力的纷争。"（1897年2月22日）

然而，奥斯曼帝国害怕衰亡，拒绝新生。虽然阿卜杜勒·哈米德

（Abd ul Hamid）竭力挽救土耳其的命运，但它还是逐渐走向了消亡。

革命前夕的土耳其

在一场准备迎接新政体的革命前夕，土耳其濒临瓦解。

自1878年以来，土耳其深陷无政府状态，越来越难以支撑下去。人民精疲力竭，再也无法忍受。靠征服建立起来的政府（使用冷暴力及武力镇压手段），使用一种更温和，却也更令人厌恶的手段来隐藏自己。在这个极其分裂的国家里，人们不知合法为何物，也不知司法和暴力机关到底做了什么好事，让人们之间再无信任可言。互相监视告密，惶惶不可终日。恐怖笼罩在不会发声的人民上空。

穆罕默德·舍夫科

政府只做两件事：一是收税；二是通过贪污这唯一手段供养官员。官员们工资低，只有靠榨取纳税人的钱来维持收入。以隐藏方式取得违法收入已成为一种惯例。

所有事都与贪污有关，官员工作也只为挣得这些违法收入。一项戴着虚伪面具的迫害、威吓行动正不断进行着，公共生活已变得令人难以容忍。

大城市的民事法庭庭长每月工资为276法郎（在工资没被拖欠的情

博斯普鲁斯海峡入口

况下）。鉴于欧洲东部生活花销大，这笔钱太少了。对这种级别的法官来说，还不够他生活所需的四分之一。那他能怎么办呢？他只有靠自己赚取额外收入，而且整个政府机构从上到下都是如此。纳税人不高兴，官员也不开心，但所有人都需要活下去。

最终结果是，整个社会都在不满，并且这种情绪夹杂在高压监视与暴力中。国家机器损坏了自己的弹簧，不断磨空，直到燃烧、爆炸。

在这个时期，住过君士坦丁堡的人经历了人类历史上最罕见的事件之一。在加拉达大桥两岸有两个不同的世界：一边是佩拉（Péra），地中海东岸或欧洲城市；另一边是伊斯坦布尔（Stamboul），东部或土耳其城市。

伊斯坦布尔周围立着雕花石头砌起的老城墙，是拜占庭建筑的残骸。城中布满金色穹顶的清真寺和白色宣礼塔，穆安津在那儿宣告祈祷时间。佩拉的道路曲折、肮脏，小路在木头房子和悬垂的阳台间盘旋。城中有几所教堂，教堂的钟声召唤信徒们参加各种各样的基督教仪式，为城市添了几分活力。

脚步匆忙的扈从、穿着各异的行人不断往来于双城之间。戴着土耳其帽和高帽的人与戴头巾的人擦肩而过，穿长裤的人与穿男士短裙、巨大褶皱短裤的人相互交织，色彩斑斓。

在这群匆忙的人中很少有汽车经过，但常有华丽的四轮马车和轿子，透过垂下的帘幕，可隐约看到贵妇们藏在半截白色面纱后的细长黑色眼眸。而普通人家的妇人却艰难地在坑坑洼洼的路上碎步疾走，一手紧紧捂着面纱，一手在头顶或肩头举着一个罐子或牵着一个孩子。

所有人相处和谐，互相包容与尊重。有宗教的仪式队伍在行进；丧葬队在小跑；有消防小组冲破人群；庄严的官员们去上班；小贩蹲在商铺前，摊铺上有金黄的柠檬和橙子，还有珊瑚红的番茄，如伦勃朗（Rembrandt）画布上的色彩一般鲜艳；长得像狐狸的狗慢慢走着，身上散发着一股油炸过的脂肪味儿；地上的污泥会脏了您的脚，气味会令您作呕。

难以界定从前生活的遗味，沙漠的芳香与贫民窟的恶臭交织。我不知道游牧人民是否适应交织着的城市臭气与玫瑰和果酱的芬芳，一种从古代延续至今的味道。数世纪后，这群人依旧感受到压迫同时还有失望。

在帝国最终末日初级阶段，即革命完成前夕，只有在凯撒和哈里发（Calife）的城市才能看到上述场景。

年轻的土耳其

一个新的土耳其诞生了，取代了摇摇欲坠的衰老的土耳其。这是"年轻的土耳其"。

土耳其的焕然一新是"改革"后的结果。在奥斯曼帝国的议程中，一直存在"改革"一词。试问，还有哪个国家比它更需要"改革"呢？

不说远了，在俄国战争前夕的1876年，米德哈特帕夏（Midhat Pacha）就宣告过帝国将要面目一新。英国大使亨利·埃利奥特（Henry Elliott）如此评价前者："毋庸置疑，米德哈特帕夏是土耳其最开明、最精力充沛的政治家。他一直都支持穆斯林与基督徒平等，并希望在宰相和苏丹权力之上，实现宪法权威……他曾对我说，他强烈反对在斯拉夫省份设立特殊制度……他并不受老穆斯林党派的喜爱，但他被视作伊

土耳其轻型炮

斯兰教和基督教改革者们的希望……"

总之,土耳其的"改革"特征为:有欧洲化趋势;建立立宪政府;实现穆斯林与基督徒平等;敌视独立基督群体,特别是斯拉夫群体。

1908年的改革在此基础上实现。它是军人们的杰作,以穆罕默德·舍夫科(Mahmoud Chefvket)带领的军队为代表。他们认为已在欧洲范围内做好充分准备,代表政府权威。虽然他们在第一线磨砺以须,高喊自由主义,但他们骨子里是中央集权和专制独裁者。他们想要保护阿卜杜勒·哈米德并说道:"他将是我们的皇帝。"却在不久之后推翻他,还提名一个没主见的人来坐他的位子。作为新手,他们动了国家机器中最棘手的机关后,还尝试重新运行这台老旧的机器。

一开始,人们相信这些新上任的执政者能做出合理决策,在看到他们专心讨好欧洲大国,尤其自由主义势力后,有人写道:"新的土耳其政府做的都是好事。它既不拒绝听好话,也接受诤言,表示愿意听取意见。它让一个法国人——劳伦(Laurent)掌管财政;把军队托付给一个德国人——冯·德·戈尔茨将军；将一些密使派往亚洲宣讲和谐，另一些在欧洲恳求得到好政府的忠告……"但这些不是一下就能学会的。没人指挥，也没人愿意服从命令。这些统一进步委员会成员，自诩为自由主义和人道主义者。不过，他们与世界上其他所有政治家一样，只是想要继续掌权而已。

恩维尔帕夏

不久之后，军事专制同哈米德专制一样令人难以忍受。穆罕默德·舍夫科虽然是位杰出军官，但除一直仰慕德国外几乎没有其他政治理念，是个被其拥护者暴力操控的木头人。他想过下台，却连自由退休的权利都被剥夺了。

我们无须调查土耳其帝国在没落时期的种种表现：党派斗争，一派是统一进步（Union et Progrès）委员会，另一派是自由主义与温和党派。政府部门一个接一个垮台，同时耗尽哈米德政府和新政府人员的精力；在阿尔巴尼亚、马其顿和阿拉伯国家多地爆发暴乱；大国插手马其顿纷争，预算短缺，铁路和公共工程被拍卖，财政官攫取了帝国最后一份资源；表面上政局波动，实际上一切都被出卖给了德国。

在革命爆发当天，发生了一件致命的事——吞并波黑。

同时，保加利亚宣布独立，斐迪南一世自称沙皇，其政府得到了连接君士坦丁堡和世界各地的那条铁路。如此耻辱本应令土耳其执政者们擦亮双眼，但他们却选择无视。奥匈帝国刚以换取苏丹统治权的名义，

土耳其军队的步兵和军官们

开口向保加利亚要了1.5亿后，就全都被委员会挥霍一空了。

从这时起，欧洲危机的大门就被打开了。这是可预见的、即将到来的骤变。

土耳其的形势及欧洲的整体形势可描述为：

在君士坦丁堡，革命运动逐渐扩展。希尔米帕夏（Hilmi Pacha）内阁被推翻。议会议长艾哈迈德·里扎（Ahmed-Riza）辞职。

兵营中发生暴乱，街上也有人搏斗。政党、委员会和各大民族都受到了冲击。阿尔巴尼亚全副武装，阿拉伯国家也引发暴动。马其顿前路如何？雅典（Athènes）、索非亚（Sofia）和贝尔格莱德又会受到什么影响？

奥地利和意大利达成一致，想从奥斯曼帝国中夺回属于自己的东西……如果被自身重量拖累的日耳曼国家任由自己滑下坡，其他国家难道不会出手尝试制止雪崩吗？

俄国势力虽被削弱，但它没被孤立。斯拉夫国家的未来与君士坦丁堡息息相关。依旧强健的俄罗斯帝国在高加索、黑海（Mer Noire）和巴尔干地区的势力达到顶峰。在1878年的胜者还未发声前，岂能容许东欧决定自己的命运？

在俄国背后，有斯拉夫主义，有友好同盟国，最令人吃惊的是还有英国。受到能与日耳曼帝国抗衡的法俄联盟保障的英国，将不会被赶出地中海。如果意大利必须要表态，那它自己会陷入两难之境……

所以，这一局应该是平局。如果任事件自由发展，那么没人能预料几乎注定要发生的冲突会带来的后果。而且没人能否认它将破坏欧洲的繁荣，甚至现代文明都将难逃一劫。如此大的动乱将使欧洲动荡不安，从内部开始腐蚀。如罗马帝国在衰落期时一样，内外交困。一场大范围

土耳其步兵

的战争很有可能预示一场大型革命……①

以上这些写于1909年，土耳其革命爆发、奥匈帝国打破平衡公约宣布吞并波黑后。

这引起了欧洲的警觉。肃清奥斯曼帝国必将在欧洲引起极大震荡。

土耳其已油尽灯枯。在法国财政家那儿碰了一鼻子灰后，它转而求助于德国，并首次将自己的财政决定权交付给一个被公认为是其靠山的帝国。

土耳其的武装力量也被委托给德国军官负责。另外，根据之前的协议，尤其有关巴格达铁路协议的规定，土耳其未来的经济发展也将由德国支配。在马其顿、亚美尼亚、阿尔巴尼亚和阿拉伯，政府越来越无能。所有一切都崩塌了，人们依旧相信，它至少还应拥有一支军队。这是它的最后一根救命稻草。

如果这支军队确实存在，那它即将证明自己的实力。1911年9月20

---

① 《平衡的政治》（*La Politique de l'Equilibre*），第195页。

日，意大利紧随奥地利的脚步，要求从奥斯曼帝国手中收回属于它的东西，派兵远征的黎波里塔尼亚（Tripolitaine）。这次出征直到土耳其在欧洲爆发战争前夕，也就是1912年10月15日才结束。

事件按如下逻辑顺序发展：奥匈帝国吞并波斯尼亚后，确定了它要占据的黎波里塔尼亚的计划，而它占领的黎波里塔尼亚会燃起巴尔干人民的敌意。土耳其为它所犯的错误付出代价，成为附近列强争相抢夺的猎物。

奥斯曼驻军无能，没有保护好的黎波里塔尼亚。当地居民受到斯努西（Snoussis）家族的鼓舞，顽强反抗意大利军队的入侵。恩维尔·贝伊（Enver Bey），一位前程远大的年轻军官，勇敢抵抗了荷伊索里（Reisoli）将军。

意大利只好借助海军，重击奥斯曼帝国令它妥协。前者占领了群岛，威胁到了君士坦丁堡，挑起后者国内矛盾，引发骚乱和起义。那时，人们终于意识到土耳其军队不过是个绣花枕头。当接手萨伊德（Saïd）内阁的莫克塔帕夏（Mouktar Pacha）内阁想处理军队问题时，已经来不及了。

1912年7月12日，双方在洛桑（Lausanne）开始了初步谈判。1912年10月15日签订了预备条件的相关决议。但风暴已然掀起，最后的骤变已经来临。

巴尔干战争

1912年10月8日，黑山向土耳其宣战。

鉴于黑山和意大利双方皇室家族间的关系，我们有理由相信前者听从于后者，但事实却不尽然。

巴尔干国家——塞尔维亚、保加利亚、希腊和黑山——都感受到只有靠自己才能保持独立。

奥匈帝国通过吞并波黑向萨洛尼卡逼近。在马其顿发生的骚乱、在阿尔巴尼亚发生的暴动，以及在的黎波里塔尼亚丧失控制权，种种迹象足以表明奥斯曼帝国即将走向灭亡。

而巴尔干国家已准备多时。他们的军事筹备比人们想的要超前得多。韦尼泽洛斯（Venizelos）所提出的协约将他们紧紧连接在一起，首先对抗土耳其，其次抵御奥匈帝国。对于巴尔干地区，更新后的说法是："属于巴尔干人民的巴尔干。"其实，黑山对土耳其宣战，符合巴尔干国家间所定协约。

欧洲再次尝试进行干预，但它把宝押在了土耳其身上。它虽尽力使冲突"局部化"，外交官们的努力却并未能抵挡住命运的风暴。

无法用一两句话来描述这场悲剧。保加利亚在克尔克基利萨（Kirk-Kilissé）、卢勒柏加兹（Lule-Bourgas）取胜后，很快筋疲力尽；围攻阿德里安堡使战事拖长，并且给了在首次突击中溃败的奥斯曼军队喘息的机会；塞尔维亚在库马诺沃（Koumanovo）、于斯屈布[①]（Uskub）获胜，希腊攻克萨洛尼卡，他们的海军夺取了群岛，军队包围了亚尼纳（Janina），而黑山的军队则包围了斯库塔里（Scutari）。以上是众所周知的事件。

欧洲列强震惊之余，试图在交战国疲惫时重新插手。但是，只有受到德国协助的奥匈帝国很好地制订出计划。它与意大利达成一致，防止

[①] 即斯科普里。——编者注

斯拉夫势力向亚得里亚海扩张。为此，贝希托尔德（Berchtold）伯爵提出让阿尔巴尼亚独立的想法。

1912年12月在伦敦举办了一场和平会谈。外交官们主张一个"独立的阿尔巴尼亚"。其实，这是奥匈帝国出于贪婪布下的一个陷阱。但欧洲没看到，或不愿看清这一点。

这个计划挑起了巴尔干盟友国之间的纷争，这正是奥匈帝国精心策划的结果。巴尔干国家并未听取欧洲的建议。

和平会谈似乎没有取得任何成效。敌对形势卷土重来，亚尼纳、阿德里安堡、斯库塔里先后倒下。土耳其除了在胜者产生分歧时乘虚而入，没有其他得救的机会。奥地利保持警戒，跟欧洲做交易，从黑山手中夺走斯库塔里。保加利亚没有得到君士坦丁堡，转而将内部省份作为目标，并提出在马其顿那里获得补偿。塞尔维亚无权进入亚得里亚海，继而拒绝交出它攻克的领地。从前的盟友今日针锋相对，剑拔弩张。

在此之前还保持谨慎的罗马尼亚如今也要大干一场。它与保加利亚为敌，后者遭到希腊、塞尔维亚和罗马尼亚的三面夹击，毫无疑问地战败了，缴械投降。这时，土耳其利用当下形势想要重振雄风，并趁机进入亚得里亚海。

巴尔干各大国在布加勒斯特举行了会谈。这次，欧洲并未插手，而伦敦会谈继续坚持让阿尔巴尼亚独立令事态恶化。巴尔干危机迟迟未能解决，最终引发了欧洲危机。

就如最开始的波黑吞并事件一样，奥匈帝国要对此负全责。

在以上冲突中，得到两大日耳曼帝国支持的土耳其成为受益者，即使羽翼被折断，也能从灾难中幸存。它留住了君士坦丁堡甚至亚得里亚海。这都多亏大国和小国间发生冲突，让它得以自救。

但是，它几乎失去了所有地处巴尔干的省份。如此一来，它仅剩一只脚踏在欧洲大陆上。联盟国若对它发起初步攻击，必将把它逼退至亚洲。

总之，无论是从前臣服于它的，还是

设在君士坦丁堡的法国使馆

与之作对的，都因它的没落而变大变强。罗马尼亚从保加利亚手中夺得一块富饶、人丁兴旺的宝地（35.3万居民），并通过在恰当时机进行干预，在一定程度上取得了调停巴尔干冲突的话语权。通过占领诺维巴扎尔（Novi-Bazar）、于斯屈布和莫纳斯提尔（Monastir），塞尔维亚吸收了180万人口，真正成为"庞大的塞尔维亚"。而希腊在夺得萨洛尼卡、卡瓦拉（Cavalla）、克里特岛和群岛（Archipel）大部分岛屿后，新增了162.4万人口。只有保加利亚没能获得什么好处，在解除联盟后，仅获得色雷斯和面朝爱琴海的德代阿奇（Dédéagatch）港口，即一个拥有40万居民的省份。它憋着一肚子火，为后来的纠纷埋下了伏笔。保加利亚国王对军队声明："每个爱国的保加利亚人，在莫纳斯提尔、奥赫里德（Ochrida）、迪勃拉（Dibra）、普里莱普（Prilep）、萨洛尼卡、塞雷斯（Serès）和其他保加利亚领土上都绝不能轻言放弃，要抗争到底。"

巴尔干半岛问题并未解决。土耳其还未灭亡，并且从此受到其两大保护帝国约束，必须与这两者同命运，共甘苦。

那如果需要出兵协助两者，它能出多少兵呢？这难以估计。

土耳其军队

经历巴尔干战争后,土耳其失去了的黎波里塔尼亚、马其顿、色雷斯的一部分、群岛等众多领土,兵力大减。但冲突爆发时,在利曼·冯·桑德斯(Liman von Sanders)将军的指挥下,土耳其军队正在进行重组改革。

1880年、1886年、1888年和1904年的法令,确定了义务兵役制。入伍士兵分为两种:第一类士兵,进入常备军中服役三年,接着在后备军中服役六年,之后在一级战时后备军中服役九年;第二类士兵为本土或民兵部队随机挑选的超过服役年龄的男性。而由库尔德人(Kurdes)组成的哈米德骑兵部队,属于另外的特殊体系。

尽管人口有所减少,但当时的土耳其人口还是有1800万,其中仅有180万人住在欧洲。从军事角度来看,需要减去非穆斯林人和也门(Yémen)的阿拉伯人。他们代表一份数量巨大的津贴,每人需一次性

金角湾和土耳其舰队

付50土耳其里拉。

算上后备军,土耳其受过培训的兵力可能在60~80万人之间。但他们的领导力、武装、军需、置备能力如何?又以何种条件上战场?

步兵部队配备了毛瑟枪(Mauser)或马蒂尼-亨利(Martini-Henry)步枪,由克虏伯工厂制造的火炮,其弹药水平不可忽视。

表8-1 1914年土耳其海军舰队构成表

数量及类型	是否可移动	吨位
3艘装甲舰	可移动的	27,250吨
1艘战列巡洋舰	可移动的	23,000吨
3艘防护巡洋舰	可移动的	11,550吨
12艘驱逐舰		

表8-2 舰炮组成表

数量	口径
22门	280毫米舰炮
2门	240毫米舰炮
28门	152毫米舰炮
16门	120毫米舰炮
28门	105毫米舰炮

第九章

欧洲大国：俄罗斯

俄罗斯人民；现代俄罗斯；俄国与德国；东部问题
波兰问题；尼古拉大帝；塞尔维亚与黑山

幅员辽阔的俄罗斯，庞大却不失灵活。当它面对几个世纪以来都试图在大众面前歪曲事实、挡道的德意志时，采取行之有效的外交策略，使其束手无策后，将促进欧洲最紧密协作关系的形成。

俄罗斯军队

很难对俄罗斯下定义。不过，我们可借助俄罗斯作家、心理学家及尖锐的社会分析学家所总结的一些特征，来更好地分析俄罗斯人民。

科勒彻夫斯基（Klutchewsky）把居住在西起圣

彼得堡、东至莫斯科（Moscou）及以外地区的主要居民，定义为大俄罗斯人。

拥有沼泽地的大俄罗斯，在13世纪和15世纪移民时期，经历了众多难以预测的艰难险阻。当地居民具有的永不放弃的强大精神，造就了他们时刻保持警惕，灵活应对困难，面对失败和贫困也能拥有极大耐心的特征。在欧洲，没有哪个民族比大俄罗斯人更吃苦耐劳，更习惯正视命运与挑战。

这一地区的特征，决定了大俄罗斯人将流动到全国各地。在大俄罗斯地区的村庄是互相独立的，当地居民没法如南部居民那样拥有紧密的联系。但是，没有任何一个欧洲民族，能在工作强度上比得上大俄罗斯人。同样，我们也找不到任何一方民众，比他们对自己要求更高。

一般来说，大俄罗斯人性格内向、谨慎，甚至有点儿害羞，总是保持警惕。他们不喜社交，只有自己独处时才感到舒适。大自然和命运教会了他们不走寻常路，其思维方式和做事方法也同样不一般，没有谁比他们走的路更曲折。他们从没走过康庄大道，总是回到老旧的羊肠小道上。一方水土养一方人，大俄罗斯人的性格与当地特征息息相关。

托尔斯泰（Tolstoï）在《安娜·卡列尼娜》（Anna Karénine）一书中对俄罗斯文化的地方主义进行了正面描述："莱文（Lévine）看到，俄罗斯有很多优秀劳动者，而且在某些情况下，劳动者和土地产出很多。但大多数时候，资本和土地以欧洲方式运作，劳动者和土地几乎没有产出。唯一影响因素是农民不愿在这种情况下工作。而且只有以他们自己的方式劳作，才能有所收益。这并非偶然，而是长期如此，这是由人们的性格特征决定的。"

以下是契诃夫（Tchekhov）对俄罗斯人外貌的描绘："鼻子、脸颊、眉毛等五官分开来看，普通而粗犷。但凑在一起后，整体容貌和谐、好看。俄罗斯人的形象就是如此，相貌越纯朴粗糙，越让人觉得和善敦厚。"

高尔基（Gorki）在他的作品中，对俄罗斯"知识分子"有过描述。近半个世纪以来，后者的个性经常侧面反映俄罗斯民族隐藏的特点："索尼娅（Sonia）讲话清晰，却咬紧牙关，一副不情愿的样子。她走路飞快，高昂着头，好像这样就能让她那张普通的脸变得更美一样。她的眼睛大而阴郁，眼神却严肃认真。她的身材苗条高挑，散发出独特、正直和坚定的气质。伊利亚（Ilia）觉得她很高傲，在她面前局促不安。"人们想，也许高尔基本想用这一段话影射俄罗斯形象。

与契诃夫不同，柯罗连科（Korolenko）对农民有另外的见解。诚然，他觉得农民愚昧、粗俗，但从他们身上，他也看到了强大的爆发力，认为他们在最险恶的情况下，也能奋斗、拼命。对俄罗斯乡村存在的恶习和缺陷，他毫不隐瞒。同时，他也不吝啬强调农民的一个优点："尊严，就是这种自尊、骄傲让他们免于变得卑劣、下流。"①

而俄国的这种深层特质，被欧洲忽视，也无法被德国理解。

与其承认俄国人"渴望神圣"，热衷于理想主义，追求纯净，不如直接诋毁他们，会容易得多。他们

正在播种的俄罗斯东正教神父

---

① 见伊凡·斯特拉尼克（Yvan Strannik）的《俄罗斯思想》（*La Pensée russe*）。

理想崇高，能摒弃恶习，不像那些西部邻国颠倒黑白，把恶鼓吹成善。

聪明智慧、道德高尚的俄国，将毫无疑问地大力推动欧洲共同亲善事业。与俄国结成更紧密的联系，将在人类心中培养一种自发性、近乎孩童般的率真，对灵魂的崇拜，以及对算计的厌恶，从而抵御日耳曼"文化"的侵蚀。

德国人被物质压制，被工作奴役，为了转瞬即逝的欢愉成为金钱的奴隶。而俄国人作为草原的儿女，是个人主义者，献身于理想、大自然，坚忍、顺从，如以沉闷、哀怨的啜泣结尾，感动人心的流行歌谣一般哀怨。

但是，我们从未想过去指责俄国人的一个缺点（他们承认自己的不足，并且让我们学会了解它们），即平凡。因为他们平凡，所以值得拥

莫斯科居民

有未来。未来属于那些摆脱了现代经济主义物质的人，他们知道社会进步并不能与利益混为一谈，伟大的科学发现不应被轻看，也不应被药房用来做广告宣传；他们也懂得哲学研究除了可以用来掩饰雄心或贪欲，还有另外的意义。以上，就是德国人永远不会明白，而俄国人早已了解的道理。谁能比高尔基更好地定义进步的真实含义，即人类道德、习俗？他写道："人们活着是为了进步。如在普通的细木工匠中，出现了一位举世无双的工匠，变革了工艺，使技术一下子进步二十年。同理，在锁匠、鞋匠和所有手工匠人、农民甚至富翁中，也有这样能带来变革的人。人人都以为他们是为自己而活，其实他们是为了人类变得更好而活。"

一个如此思考的民族（俄罗斯民族当仁不让），能拥有最美好的成就，他们也是为了人类更好的未来而努力。

一场颠覆人类面貌的战争发生后，影响俄罗斯孤立于欧洲的因素将不复存在。

俄罗斯的庞大

这些影响因素，不仅取决于德国执意使用的四十多种阴险手段，还与一些连续发生的事件有关。由于这些事件反映了俄国参与1914年战争的背景，所以必须对其作进一步说明。

对俄罗斯而言，广袤的疆土是个难题，民族多样、文化多元又是另一个难题。此外，它在经历长期的贫苦不幸后，近些年来有繁荣昌盛的迹象。一方面其地理位置使这个拥有唯一君主的庞大帝国，横跨亚洲和欧洲，但没能为它提供通往海洋或世界大道的可靠出口。另一方面，斯拉夫族非常分散，以至于在庞大闭锁的斯拉夫群体外，形成了众多小斯拉夫群体。后者的诉求成为最伟大俄罗斯友爱的、积极政策的开端，也促使了泛斯拉夫主义的诞生。

在下文中，我们将说明以上因素如何各自发挥作用，以及如何影响俄罗斯帝国最高统治者——尼古拉大帝所做的决定。

俄罗斯农民

俄罗斯拥有2256万平方千米的国土，1.7亿的人口，其中在欧洲的面积为489万平方千米，人口为1.2亿。西伯利亚地区占地1240万平方千米，却只有822万居民，地广人稀，当地居民需要穿越很远的距离才能互相建立联系，他们之间只有名义上或管理上的关系。俄罗斯是一个行使统治权的"帝国"。

处在如此人文地理情况下的沙皇政府，几个世纪以来都只注重外交，忽视内政，从而受到强烈指责。当面对一个"日不落"国家时，边境问题则成为头等大事。"有土地就有争执"，这句古老谚语适用于所有帝国。而俄罗斯是一个勉强民族化的庞大帝国，所以它首要考虑帝国建设与国防并不奇怪。接下来，我们将研究其他影响俄罗斯政治倾向的因素。

民族多样、文化多元是另一个引起俄罗斯文明发展缓慢，甚至倒退的因素。领导人就像舰队的指挥官，不得不按最慢船只的速度调整舰队的航速。

如帝国的地理位置一样，帝国人民分属亚、欧两大洲。他们由欧洲的雅利安人（Aryens）和亚洲的乌拉尔-阿尔泰人（Ouralo-altaïques），这两大种族组成。处在首位的是斯拉夫的雅利安人大分支及各类俄罗斯人、波兰人、立陶宛（Lithuanie）人等分支。

这些原始血统相互交杂，分布在各个地区，文化也进行了大融合。俄罗斯民族的起源血统中，有一个诺曼底或斯堪的纳维亚血统，是我们的罗洛（Rollon）、留里克（Ruric）的同胞，古老传统通过老首府基辅拜占庭传入，当时的波兰已被罗马用福音教化。

所以，俄罗斯帝国不仅疆域广袤，而且底蕴深厚，在吸收众多种族的同时，也吸收了各家文化。

每个省份都是一个王国。大俄罗斯（Grande-Russie）是帝国主体，地貌为具有微小起伏的平原，单调的地势反映了从前沿海的社会制度；白俄罗斯（Russie blanche）更靠近德国，因土地贫瘠、孤立的小村庄过于贫困而没有对德国产生吸引力；地处莫斯科南部的小俄罗斯（Petite Russie），严格来说是壮年时期的俄罗斯；惊人的伏尔加河（Volga）盆地的面积是法国的三倍，有4000万居民，盛产黑土，在这片用之不竭的腐殖土上，种植了极多小麦和红菜头，出口到世界各地，并养育着"一群爱幻想、热爱音乐和诗歌的人"，与邻近的大俄罗斯人相比，他们皮肤更黑，性格更散漫，社会也更进步，双方在斯拉夫种族纯正上争夺不休；哥萨克（Cosaque）地区的居民多为士兵出身；高加索地区的矿和石油成为另一个意想不到的财富来源；格鲁吉亚（Georgie）土地肥沃，收成丰富……至此，我们才勉强列举完欧洲地区。

单看以上列举的这些，我们就已意识到俄罗斯生活的多样化，不仅在于血统、语言的多样性，还与各省份和帝国间历史羁绊的无尽复杂性息息相关。

一些省份从古至今一直为帝国君主所有，另一些省份则保持自主，不忘独立。但是，有必要使所有人接受一个符合共同生活、促进和谐平衡的一致守则。这问题就太难了！

只须列举几个具体迹象，就能看清那些乍一看几乎无法克服的难题。

芬兰地处圣彼得堡附近，拥有302万族裔为条顿人或拉脱维亚人（Lette）的居民。这是芬兰的问题。

波兰，单在俄罗斯的居民就有1300万，但他们自认为与德国和奥匈帝国的波兰人交好。这是波兰的问题。

高加索的1200万名居民也难以同化。

此外，同化程度不够的族裔不在少数：亚美尼亚人、穆斯林、巴什基尔人（Baskirs）、蒙古人、萨莫耶德人（Samoyèdes）、中国人、哥萨克人还有犹太人。在每个王国、省份、地区和社群中，总有人意识到自己是俄罗斯人，但他们并不确切明白个中缘由。这对那些企图在帝国中制造纠纷的人来说，是可乘之机！引起俄罗斯内部混乱的深层因素，往往源于此！

我们可以看看，俄罗斯近五十年来推行的重大措施，如何使其改头换面。自亚历山大二世废除农奴制开始，直到尼古拉二世尝试通过地方分权，实行分省管理，逐步制定土地章程为止，这些改革都体现了政府及人民为共建未来所做出的令人钦佩的努力。

只有孟德斯鸠（Montesquieu）能对此问题的复杂性及相关解决办法中的技巧做出解释。

不过，我们还是应该注意，这些解决办法不仅涉及内政，而且影响外交政策。例如，近几个月，"西部省份"的地方分权措施扩大化，在斯

俄罗斯宗教仪式队伍
（模仿列宾的一幅画作）

托雷平（Stolypine）内阁中引发了整个波兰问题。这些举措及其替代办法，有时前后不一致，这是无法避免的。在沙皇及帝国政府心中，它们符合帝国内外斯拉夫主义扩张的重要诉求。而这种由内至外的相互关系使事情变得更复杂。在沙皇准备宣布波兰自由和独立的前一天，却把它出让给了德国，难道没有使问题扩大化吗？

俄罗斯的进步

俄罗斯所面临的难题，长期以来都与经济贫困相关。但在战争爆发的前几年，此难题也可能与极速致富有关。

俄罗斯的经济形势转变与政治形势转变一样值得注意，前者也对1914年发生的事件有一定影响。因为自德、俄两国更新商贸条约后，德国的傲慢就使双方关系迅速变得异常紧张。

俄罗斯是个典型的农业大国，每1000个居民中有771个农民，每200个人中只有131人住在较大的城市里。

它力求成为世界粮仓，做到谷物和糖两手抓，仅波兰就能带来超过10亿法郎的农业价值。而中部肥沃平原所能带来的收益，则近乎无穷无尽。

但这并非俄罗斯致富的唯一原因。大体来说，得益于法国资本的流入，它成为一流工业大国：各种工厂拔地而起，冶金工业水平迅速跻身世界一流，棉纺织工业得到大力发展，而且工业燃料石脑油的矿层又提供了另一个财富来源。

那么，还需如何做，才能进一步推动俄罗斯的发展呢？这就需要扩展交通运输方式，即除了纵横帝国的各大河流，还需建设能通到物资生

驾着一辆雪车的俄罗斯农民

定居在俄罗斯的德国移民

第九章 欧洲大国：俄罗斯

产地的铁路，俄罗斯所有铁路的效用成百倍提高。

在这点上，也有法国资本的参与。因为政治通常难违天意，分隔在德国两头的法国和俄国，恰好将打破德国令人无法忍受的桎梏作为共同目标，它们同时为此竭尽全力。

在建设铁路的这条路上，俄罗斯起步有点儿晚。但当它意识到这些付出所能带来的巨大利益时，则再无犹疑。它完美策划并执行了一个方案，即以莫斯科为中心、发散至整个俄罗斯的星形，并辅以一些同心线的铁路网。战争前夕，俄罗斯已建铁路65,000俄里[①]，在建铁路5000俄里。

随之而来的是贸易额的增加。1910年，俄罗斯贸易额为62.13亿卢布，其中出口额37亿卢布、进口额25.13亿卢布。德国是第一进口国，购入10亿卢布的商品（谷物等）；英国排第二，购入8.38亿卢布；法国远远落后于二者，购入2.5亿卢布。但是，德国也卖给了俄罗斯价值12亿卢布的机器及制成品。

俄罗斯在满洲事件后的衰退期，学会了如何灵活调控价格，从而拥有利益最大化的俄罗斯市场。究其原因，是它不再愿意忍受德国贵族派疯狂构建的桎梏的束缚。

地理、历史和经济因素，都一同作用，促进了现代俄罗斯的国力增强，促使它让德国有所节制。

外交政策

在促进俄罗斯国力增强的因素中，我们还未提及最有利的几大因

---

① 俄制长度单位，1俄里≈1.0668千米。——编者注

素。要知道，对于一个大国来说，一方面，有必要打开通向海洋的通道。另一方面，不能忽略促使像俄罗斯人民一样的理想主义人民去珍视骨肉情义、帮助兄弟手足的民族意识。

只需思考一会儿，我们就会承认以上两点是欧洲近一个世纪以来外交政策的主要动因，它们决定了外交家们在东部问题和波兰问题上大展身手。

尽管俄罗斯疆域辽阔，但它似乎被自身束缚在国境内：地虽大，却也画地为牢。经过几个世纪的努力，它还是与国际大道无缘。

彼得大帝（Pierre le Grand）的遗嘱，是在君士坦丁堡方面找寻国际大道；在后文中，我们会解释为何这条路没有走通。他的另一设想涉及北部海域，并为此将帝国轴心从莫斯科迁至圣彼得堡，但斯堪的纳维亚国家将一直手握波罗的海及其海峡的控制权，而且德国近来实现的海上扩张也使俄罗斯错失所有机遇。

在远东地区，对日战争也关上了另一条通往太平洋的大门。

至于波斯湾，俄罗斯出让巴格达铁路给野心勃勃的德国后（1911年，《德俄波茨坦协定》），完全放弃了这条路。

总之，被英国长期压制的俄罗斯，如今在各个领域都被德国超越。它是否会放弃所有喘息的希望呢？经历过长期的斗争后，在德国展示它新的抱负，并和奥地利联手觊觎巴尔干半岛时，俄罗斯是否会任由这场针对它的争夺，在它还没插手时就结束了呢？而彼得大帝的遗嘱是否会以一份仅针对俄罗斯的追加遗嘱收场呢？

最终德国得到了君士坦丁堡，这就是俄罗斯以听天由命的顺从态度，实行保留政策的结果。俄罗斯先前在普列文战役中战胜土耳其，夺得波黑作为胜利果实，随后直逼圣斯特凡诺。但是，也是由于它在德国面前示弱，使后者在柏林会议上把这两颗本属于它的果实给了奥匈帝国。

波黑被吞并后，"海峡问题"及其带来的一切后果，就此被摆上了历史台面。

塞尔治·戈利亚诺（Serge Goriainow），作为一名可算作官方书籍、有关俄罗斯的东部政策的著名作者，说道："对俄罗斯而言，所有问题的核心都可用一句话概括：博斯普鲁斯海峡和达达尼尔海峡为谁所有？谁是它们的保护伞？"

他的这一观点也许有点儿绝对、狭隘。俄罗斯花了3个世纪来证明，它不仅重视这些海峡通道的自由航行权，也致力于解放此地区的斯拉夫人民。

更准确、全面地说，俄罗斯只能承认，土耳其领土和人民的命运，在自己还未发声前就已被决定了。

涅瓦河上的柴木排

俄罗斯地处黑海北面，需要为其舰队打开一个通往地中海的口子。但在土耳其手握两大重要海峡的情况下，它应如何实现这一合理要求？而且，土耳其难道不能随自己心意，行使巩固国防的权利吗？

另外，如果俄罗斯要求开放海峡，那么是否应对所有人开放？俄罗斯是否应该接受，非黑海沿岸强国的舰队如入公海一般进入黑海？"这扇门，要么开要么关，对所有人一视同仁……"这就是全部问题所在。

如果这一问题只涉及土耳其，那么事态还能保持平稳发展。但是，当德国手握君士坦丁堡，奥地利通过打压塞尔维亚，要占领萨洛尼卡和巴尔干时，事态变严重，俄罗斯难道还能坦然接受这一点？海峡问题会以针对它的方式阴险地得到解决吗？显然，面对如此严重的威胁，俄罗斯无法在德国往君士坦丁堡派遣将领时，还任由奥地利不受损害地去攻打塞尔维亚和巴尔干。

海峡问题的历史缘由要追溯至彼得大帝时期，在戈利亚诺发表的一份文书中有所表述："彼得大帝在夺得亚速海沿岸及组建俄罗斯军事舰队后，装备了第一艘驶向君士坦丁堡的俄罗斯军舰'克列波斯特'号（Kriépost），派遣第一位接近苏丹的俄罗斯杰出使节埃米利安·乌克雷佐夫（Émilien Oukraïntzow），在沙皇格勒（Tsargrad）（君士坦丁堡）下船。后者的任务是达成一份土俄和平条约，使俄罗斯海军能在黑海，即从亚速（Azow）、塔甘罗格（Taganrog）直至君士坦丁堡区域内自由航行。但苏丹的心腹亚历山大·马夫罗科达特（Alexandre Mavrocordato）向他传达了一份不可更改的宣言，说黑海在土耳其被称作'贞洁处女'，因此任何人都无权进入，而且禁止一切外来船只航行。"

争论就此开始，并且几个世纪以来，无论俄罗斯强弱与否，土耳其是否自暴自弃抑或受到西方强国支持，都未曾停止。

这些西方强国，尤其是英国，都认为开放海峡仅对俄罗斯有利。俄罗斯舰队的介入会打破内海的平衡，有悖于它们自身的利益。因此土耳其得到了英国的支持，来抵制俄罗斯。只有德国逐渐扩大的影响力，最终才改变了英国之前的决心。

在战争前夕，事态发展如下。通过1871年的《伦敦条约》第二条款，事情得到解决。这份条约签署的缘由是俄罗斯要求对《巴黎条约》进行修正："1856年3月30日所签订的《巴黎条约》，约定关闭博斯普鲁斯海峡和达达尼尔海峡。在保留这一方针的前提下，如果需要执行条约中的特定条款，苏丹有权在和平时期，对盟友国舰队开放海峡。"总之，对俄罗斯来说，海峡不太可能对它开放，因为苏丹所能行使的这项权利，无论如何都会对它不利。更何况，苏丹还要听命于他人呢！

一方面，君士坦丁堡和海峡航行问题未解决。另一方面，德国将领掌控土耳其军队，使上述矛盾加剧。这应该是引起世界大战的深层原因之一。

接下来，有必要说明萨拉热窝（Sarajevo）事件是如何成为打破巴尔干和欧洲势力平衡的导火线之一的。

作为拜占庭的继承者，俄罗斯把圣索菲亚（Sainte-Sophie）的名字深深刻进自己的灵魂深处。这是

俄罗斯老百姓的形象

一种潜藏的内疚感。该如何认识到，经历几个世纪后，十字架的污点还未被消除？我看见，莫斯科妇女蓝色眼眸中，要么饱含痛苦的泪水，要么喷射熊熊的怒火，只为喊出这个名字："圣索菲亚！"

那么是否可以得出以下结论，俄罗斯梦想将君士坦丁堡定为首都……说真的，我可不这么认为。二十年前，一位俄罗斯政治家洛巴诺夫（Lobanoff）公爵，向我详尽阐述了俄罗斯应对帝国中心的转移有所担忧的原因，他说："我们的中心已定，决定了我们是一个北方帝国。君士坦丁堡并非一个无足轻重的城市，若将它收入俄罗斯囊中，选为首都，俄罗斯将突然变成地中海帝国，要面临所有随之而来的风险与危害。里斯本（Lisbonne）临海，对葡萄牙（Portugal）有利；君士坦丁堡同样临海，但它是否会将整个俄罗斯置于险境，如当年的拜占庭将整个希腊帝国的命运暴露在危险中一样？而且，君士坦丁堡对人有心理上的影响：拜占庭永远都不会变，我们在这个十字路口，闻到的都是从前没落的遗味。我们还是更喜欢那片吹着北风的辽阔平原。

"坐拥广袤的亚洲和资源丰富的西伯利亚，难道我们会为了君士坦丁堡，这些已衰竭的土地而放弃它们吗？此外，面对日后作为连接我国与世界通道的苏伊士运河，我们是否会参与到你们欧洲的争吵中？是否会碰这些海岸上棘手的陈年旧事呢？我跟您说，不会。我们已决定，不会要求拥有君士坦丁堡。我们想要的只是别人不会独占君士坦丁堡，我们应该共享……"

这位睿智的部长继续说道："对了，我们并不否认，在圣索菲亚这点上，也存在异议。我们希望圣索菲亚重归基督教崇拜，也想解放我们的斯拉夫同胞。但是，这不再是政治问题，而是情感问题。此时，我们的外交家跟随的是人民的脚步。这不涉及武力争夺，而是一场圣战，直到我们能阻止重大暴力行为为止。余下的，只需满足我们的利益需求就好，因为以感情行事，并非我们的本意。我们完全明白，情感有别于政治，也知晓俾斯麦所说的，被解放的人民是忘恩负义的这一道理。"

这些话足以明确定义俄罗斯在巴尔干的政治方向：说到斯拉夫人民，人民运动将迅速、短促地发生，而且只允许坦率、忠诚的解放运动；关于巴尔干半岛，已在政治和贸易上受到威胁的俄罗斯，不会任由另一个大国，尤其是已经手握其他大陆出口的中部大国，控制巴尔干半岛；至于君士坦丁堡，俄罗斯并无野心征服它，只怀揣一个带宗教色彩的美好愿景；对于海峡，俄罗斯要求获得自由航行权。

确实，对一句话可以有两种理解：开放海峡，明显意味着放弃考虑巩固两岸国防；但是否可以说，在任一时刻，各个国家的军舰将被允许进入黑海呢？

是否对一切海上势力而言（当然，俄罗斯除外），黑海还应坚持做"贞洁处女"？在很长时间内，这一难题都成为阻碍地中海和平的绊脚石。

如今，完全打开海峡上下游的通道，似乎是最简单有利的解决办法，即便对俄罗斯而言，也是如此。俄罗斯足够强大，完全不担心给其他国家机会接近黑海，因为这片海域处在它庞大统治领域中相对次要的地区。而欧洲实力也不弱，有足够自信，同意让俄罗斯进入地中海，因为世界的未来不会仅限于这片群岛，而将分布在各大海洋，苏伊士运河这条真正世界意义的海峡，从此为它们提供了通往各大海域的通道。

东部问题的解决，虽然其结果似乎是1914年大战的导火索，但是它令俄罗斯得到极大的平和，实现了后者的愿望：君士坦丁堡得到自由，巴尔干半岛得以解放，海峡得以开放。

波兰问题

此外,俄罗斯帝国还剩另一个需要完成的任务。地理形势和历史因素,决定了这一任务不比东部问题轻巧、容易,那就是波兰问题。它也是引发1914年大战的深层原因之一。

由于土耳其支配着海峡,俄罗斯通往海洋的通道受阻,而日耳曼人对波兰的控制,也阻碍了俄罗斯在欧洲大陆的通行。

在日耳曼人的影响下,斯拉维亚(Slavie)与人瓜分波兰,是它所做的一大错事。波兰的毁灭,对奥地利而言,是它对俄罗斯进行忘恩负义行动的开始。瓜分波兰,是小普鲁士自负贪食的一大体现。通过瓜分波兰,日耳曼尼亚继续实施已持续好几个世纪的驱逐斯拉夫主义的行动。而斯拉维亚只有分为两派才能获得成功。

俄罗斯东正教神父聚餐

要阐述波兰问题，用一卷书都讲不完。在此，我只会简要说明历史学家和公正的政治家及关心过去与未来、具有进步思想的朋友得出的结论。这些结论由两个词概括：整修与复兴。

波兰应该重生，而且应以斯拉夫的面貌重生。波兰不用再害怕俄罗斯，而俄罗斯也无须再因波兰而忧虑，因为后者将成为它的手足兄弟。

智者德莫夫斯基（Dmowski），作为第二届及第三届俄罗斯帝国国家杜马（Douma）中的华沙议员，驻圣彼得堡的波兰决策委员会主席，是第一个明确点明以下基本方针，并决定一切的人："在东部，德意志不断以和平方式取得战利品，加之普鲁士的带领，它的势力得以扩大，速度异常，不成比例。这是威胁波兰的主要因素。只有波兰民族，才能阻止德国势力的侵蚀，避开危险。"

听了对斯拉夫家族如此忠心耿耿的宣言后，俄罗斯当然明白，波兰在战前说的这些话，是向它谋求永久联盟的保证。面对相同的危险，双方应放下过去的纷争，握手言和。

我们来看看德莫夫斯基的陈述。提出基本方针后，他开始分析波兰可在何种条件下进行反德行动："波兰民族只有通过在人类所有活动领域中都进行密集工作，才能避开来自德意志的危胁，还须在各方面增强实力，才能与之匹敌。这些工作应在波兰王国这片土地上进行。"

俄罗斯乞丐

接着，这位强势的政论家转而对俄罗斯说："但不幸的是，因俄罗斯政策的阻碍，波兰无法在本土取得对抗德意志所需的进步。此政策只是普鲁士反波兰政策的拙劣仿制品，它既不能证明自己对俄罗斯有利，也无法说明其所提计划能在波兰行之有效。其唯一结果是，为德意志提供便利，令它为占领整个东欧做准备。所以，推翻这个俄罗斯政策，使俄罗斯与波兰间的关系改头换面，不仅是波兰民族利益所在，也是所有受到德意志势力扩张威胁的民族，其中包括俄罗斯，心之所向。"

莫斯科的救世主教堂

因此，这位具有很强判断力的创始人，不知不觉间，实实在在地想到了尼古拉大帝的前面。当俄罗斯对波兰的意图还有所怀疑时，波兰的领导人之一站出来表明了态度。反之，当波兰对俄罗斯犹疑时，沙皇作为所有斯拉夫人的主宰，做出表态。两者态度一致、和谐。

与德国彻底断交，甚至与之对战，是俄罗斯帝王发出的波兰独立自主声明：整修与复兴！

这场不可避免的战争，影响巨大：它改变并澄清了最模糊的问题，甚至比这更好，它通过刺痛所有人血肉的力量，让人人都意识到，且明白了了这些问题。

若想要土耳其消失，长期悬而未决的东部问题得以解决，欧洲不再争执不休，地中海问题得以调解，各大通道得以开通，那么，只需令搅浑水的德意志从此消停、沉寂。

波兰的败落令欧洲自责，是个噩梦。为了波兰能在土耳其消失那刻重生，只需打消德国的气焰即可。

德意志帝国将自身与土耳其的尸体捆绑，而俄罗斯帝国的灵魂则与从坟墓中重生的波兰站在一起。

波兰已淡忘它长期所受的苦难，并认清了真正的敌人。它慢慢转向俄罗斯大哥的阵营，领会到坐在王座上的帝王，目光柔和，是位能感受帝王和人民苦难的君主，他没有忘记他登基时所说的话："我的波兰子民经受了太久的苦难，对于他们，我明白自己的责任。"

这样的相遇是正好的。对德国宣战，是俄罗斯历史上最杰出的行动之一。因为，尼古拉大帝作为海牙（La Haye）会议的发起人，为了俄罗斯及全世界的荣誉，深感有责任发起这场必要的、不可避免的"和平之战"。而他本人，尽管发动了这场战争，也希望得到"和平大帝"这一前所未有的崇高称号。他当之无愧。

皇帝

与奥匈帝国或德意志帝国的皇帝相比，俄罗斯皇帝的职能性质完全不同。前者是战争的领导者，而后者扮演继承者的角色，父亲最大。

如果不站在这个角度分析俄罗斯政府，将完全无法理解其历史。在我们西方人看来，俄罗斯政府并不能用"专制君主制"一词来概括。在俄罗斯，绝对权力是完全家庭式的，它建立在一种情感交互的基础上。

皇帝爱他的子民，像管理一个大家庭一样，统治国家。俄罗斯人民自愿服从于皇帝的统治，因为他们信任他、爱戴他。如果这种公约遭到破坏，起义者将被视作家中的逆子，反抗将被视作最恶劣的行为。

所以在俄罗斯，一切政治运动都会以向"最知情的"沙皇请愿的方式结束。同样在法国，在旧政权统治时期的大型反抗运动，都不针对国王，而是以国王的名义反对其政治顾问。

1905年1月9日（按格列历为22日），在这令人难过的星期日，东正教神父加波尼（Gapone）带领民众逼向皇宫。这些容易轻信他人的老实民众，总是被同一套谎言蛊惑。在运动发生的前一天，煽动者派遣工人代表团向皇宫提交了一封请愿书，表达对皇帝的信任，只有皇帝能使他们动摇信念。他们写道："皇帝，不要相信你的部长们，他们对现今形势有所隐瞒，所有人民完全信任你。我们决定在明天下午2点，聚在冬宫前，表达我们的诉求……"而部长斯维亚托波尔克·米尔斯基（Sviatopolsk Mirsky）公爵则收到了另一封激动人心的请愿书："希望皇帝能像一位真正的沙皇一样，勇敢出来面对他的子民。希望我们能亲手向他呈上请愿书。这是为了他好，也是为圣彼得堡的居民和祖国好而提出的请愿。不然，迄今为止沙皇和人民间维持的道义纽带，可能就此断裂。"

总之，皇帝是世间一个重要人物，置于日常生活的一切人事之上，代表互相友爱，使国家团结，令子民齐心。分散在领土各地的子民只有在他的统治下，才能相互融合。他是权力祭台上树立的圣像，代表着难以定义的、受人民喜爱的神圣俄罗斯。

在广袤的亚洲领土上生活的人民，祖祖辈辈习惯了崇拜那个被神父或圣职者藏在宫殿或游牧帐篷深处、不可接近的存在。难以想象，另一种政治形式能在这片土地上实现推广。比如，我们的议会是不是这样的形式呢？总之，皇帝是全俄罗斯不可或缺且不可触犯的代表。

也就是说，俄罗斯皇帝不是一位亚洲式君主。事物的力量及罗曼诺夫（Romanoff）王朝的意志使他成为一位欧洲式君主。他确实管理着国家和人民，凡事亲力亲为，直接有效地置身于日常行政中。用一句话概括：他是字面意义上的欧洲式君主。但他无法只用一己之力，必须借助中坚力量；他还是重新回到我们的常规步调中，注定要经受有特殊要求的人群的批评。

他既会统治，也会做实事。政府人员尊重他的权威，以他的名义进行行政管理、政策实施。在其他国家，由大臣、党派或世袭种姓以传统或立宪方式代表君主权力。在俄罗斯，既不存在权倾朝野的部长大臣，也没有贵族党派或立宪制度，几个世纪以来，由官僚制度代表君主权力。

官僚制度，既是俄罗斯政府的重要力量，也是它的一大缺陷。若说不存在一个紧围人民的网，用一根线把他们与帝国绑在一起，是极不可能的。但若这张网太紧、太笨重，伤到了人民的血肉，它将变成一个障碍，这就是俄罗斯政府最棘手的问题之一。

另外，俄罗斯和欧洲间的必要接触使俄罗斯人接受了一些欧洲思想，这种思想输入，或多或少是全面且明显的。

特别是在知识分子中，一种自由主义已成形。人们憎恶滥用官僚主义，想要合理捍卫人民的需求，而上层阶级也如其他欧洲社会的上层阶级一样，对权力有所诉求。

大规模的皇室改革还不够，需要的是大规模的自由主义改革。

总而言之，人们想要扯住皇帝世袭大衣的衣摆，让他走下神台，参

沙皇和皇后　　　　　　沙皇之子

与到世俗中。

　　尼古拉二世统治时期遇到的重大难题就在于此。在某个时期，所有问题同时汹涌而至，更不要说那些特殊问题了：芬兰问题、波兰问题、切尔克斯（Circassie）问题、亚美尼亚问题，还有永恒不变的外交问题，等等。

尼古拉二世

　　尼古拉二世是如何应对历史局面的呢？

　　在前文中，我提到了他登基时所面临的动荡形势，他父亲——坚忍的亚历山大三世，以及母亲——丹麦的德格玛公主对他所造成的影响，和他1894年11月1日坐上王位宝座时的不安。

在沙皇宫殿前举行士兵阅兵仪式

他的第一个关键词是"和平",他认为自己能成为一位"主张和平的皇帝"。所以,在首份面向子民的声明中,他说道:"我将为我亲爱的俄罗斯取得和平的进步与荣耀,为我亲爱的子民的幸福,奉献毕生精力。"他的决心与承诺虽真诚,但非常罕见的是,其做法却背道而驰。人力无法违背天意的例子太多了。这位自称主张和平的人,在刚过执政中期时就已发动了两场大规模战争!

无人否认皇帝有颗赤子之心,天资聪颖,为子民福祉绝对尽心尽力,从登基起就不忘誓言,只为最好地在其位谋其政。但人们指责他意志不坚定,顺从于他人的影响、能量甚至手段。

似乎不用怀疑的是,尼古拉皇帝的执政方针是维持君主专制,他在各大重要场合都重复提到过。而且,他似乎感到,以人民福祉为目的的必要大规模改革应由他本人自发完成,作为新一任的沙皇,如果有必要的话,他应该成为"改革者",正如当年亚历山大二世成为"解放者"一样。但是,他被自己美好的意愿蒙蔽,经常被官僚和朝廷的阴谋欺骗,因徒劳的努力而疲惫,因不被理解而失落,还有因执掌如此广袤、利益关系如此复杂的国家时,要面临的无尽困难而苦恼。

若尝试对这位年轻人二十多年的执政做一个简短摘要,则为:在维特伯爵和科科伍佐夫（Kokovtzoff）伯爵的推动下，不断重复进行的军队重组，这是财政体系中最稳定、时间最长，但也是最慢、最难的重组活动；巩固了与法国的同盟；缓和了与英国几个世纪以来的紧张关系；与保加利亚重修旧好；重新取得对整个斯拉夫群体的影响力；外高加索和西伯利亚铁路的完工，"亚瑟港"政策犯下的巨大错误及日俄战争带来的致命后果，都使俄罗斯势力向亚洲跨了极大的一步；在人民起义后，皇帝为保住帝国统治做出了努力；皇帝所做的一些睿智决策，一点点拯救起看上去奄奄一息的帝国；得益于维特伯爵的坚持与罗斯福（Roosevelt）总统的调解，俄罗斯与日本签订了一份"耗资不巨大，内容不辱人"的和平协议；与奥匈帝国达成的《米尔茨施泰格协定》，为帝国在1904—1905年的内部动荡发生后赢得了时间。在那段危机时期，沙皇、其家人及其部长官员不断受到威胁，1905年10月为平息动乱尼古拉二世签署了《十月诏书》，"自由主义"势力对皇权的危害小于对官僚专制的危害，在推行新政时遇到了层层内部难题，政党不成熟一致，用人不太合宜，斯维亚托波尔克·米尔斯基、布雷金（Boulyguine）、维特（他手段强大，但性格高傲）及斯托雷平（他也许是最懂皇帝心思的人，而且也是杜马体制的实际修整人）先后担任内政部部长；地方杜马所做的努力一开始留下的只有厌烦与失望，这促使皇帝进行大规模改革，尤其是在一定程度上强制国家杜马进行土地改革，令260万农民在战前成为土地所有人，改变了农村面貌。一位客观的观察家写道："这项工作极其巨大，就算是一个最积极活跃的官僚体制，都不一定能在超短时间内迅速完成。对这项土地改革及其背后的推动者，我深感敬佩。他们都是杰出的人才，坚定有毅力！这就是俄罗斯需要的人。"除了以上总结的这些，还有一些重大事件需要留在暗处。可以说，尼古拉二世在这段

俄罗斯女公爵奥尔加、玛丽和塔蒂亚娜

动荡甚至悲惨的执政期内，还是有所作为的。

何不把这个时期的特征与尼古拉大帝的性格结合来看呢？

他懂得缓和局势，能够坚持，知道提升自我。他内心忠实，思想可塑性强，在其作为中都有所体现。

我们还未提到他的一些特性：重新拥有的自信给他带来的优势，重新整修陆军和海军，发展公共教育，尤其是基础教育，在三十年间将财政预算增至四倍，增加税收（1913年税收为30.00558亿卢布，1卢布约为2.66法郎），推动整个国家的繁荣发展，甚至开始将铁路建设延伸至深山老林。1910年俄罗斯的出口额为9.01亿卢布，而1900年的出口额仅3.82亿卢布，同时进口额由1900年的7300万卢布增至1910年的1亿卢布。总之，俄罗斯更加富饶、自由，更加充满希望！

这些都是毋庸置疑的事实。那么，人们还能说尼古拉大帝毫无作为吗？

提议召开和平会谈，作为杜马的奠基人、土地改革的发起人和推动工农业繁荣的倡导者，尼古拉大帝为了忠于自己的心意，在战争爆发前几周，自发为子民做了一个善举，非恳求性而是强制性地取消酒类售卖。

这是俄罗斯财政预算的一大收入来源，尼古拉大帝却毅然舍弃了它。针对财政官们的评论，他说道："上帝会赋予我们缺失的那部分的！"

此外，他最终接受以庞大斯拉夫家族的名义，与日耳曼部族进行延续了几代人的古老斗争，着手将被德意志人压制的俄罗斯子民及欧洲人民脱离苦海。在他做出此项决定的那天（他并无其他选择），宣告了一项符合他内心默默期许的事，即解放波兰。

取消售酒、向德国开战、实现波兰自治，这三项在1914年实行的举措，都毫无疑问地令尼古拉二世的统治拥有了一副崇高的历史面貌。

在不太充分的资料基础上，是否应该对尼古拉二世本人进行一项心理研究？历史告诉我们，在不知道一位君主的结局前，无法判断他是否幸福。如果其子民注定幸福，那他就值得拥有幸福。

尼古拉二世身材矮小，面容庄严精致，常常挂着一抹善意的微笑，性格亲切柔和，害羞、谦逊、优柔寡断，无法直接将他与傲慢的罗曼诺夫家族联系在一起。他与其表兄——英国的乔治国王，却出奇地相似，显示了流着丹麦（Danemark）王朝血液的君王的特点。他才思敏捷，兴趣不外露，家庭生活隐蔽，充满温情。他懂得隐藏自己的感受，直到心里的想法渐渐成形，并突然付诸行动，就好像在此之前，他害怕这个想法一样。他是个多愁善感的人，但受过的伤却无法治愈。似乎他从未完全将自己的心交付给任何一个亲信。总之，他信任他人后，又将此信任收回。人们因此指责他，但难道不是因为君主肩负的责任，经常迫使其变成忘恩负义之人吗？

我们说过，尼古拉二世柔和，而维特伯爵严厉，双方个性不和致使关系破裂。沈阳一役后,这位年轻君主一改往日沉默形象,在理事会上当场指责部长们向他隐瞒了真相。受到指责的维特站起来直视他,说道:"陛下,照您所说,我向您提供一个解决方案,即部长委员会集体请辞。"皇帝说:"先生,您从来只把您的辞职当作唯一的论据!我需要您辞职时,自然会告诉您。"说罢,他重新保持沉默。

其实在政治路线上,尼古拉二世追随着父亲的脚步。其父临终前,再次向他强调:"你要时刻懂得坚持帝国的基本方针。"他从未忘记这番叮嘱。他为国效力都是以遵照此忠告为前提。

尼古拉二世外表保守,内心极其敏感。开心和悲伤的时刻,他都会铭记在心。他很少做出承诺,但言出必行。

首次到访巴黎的经历,在他心中留下不可磨灭的记忆。那次,当他离开巴黎时,他对某个人说:"我永远都不会忘了这次旅行!"他果然从未忘记。几年后,他重新来到法国。这次,人们只带他去了贡比涅

尼古拉二世、爱德华七世、亚历山德拉王后及俄国皇后

（Compiègne）。在围着热情招待他的人群中，他认出了上次离开前，对巴黎之行表达过难忘之情的人。他走近那个人，说："很遗憾，这次形势不允许我再游巴黎。您记得当时我说过的话吗？皇后和我，永远都不会忘记那次巴黎之旅。"他补充道："所有一切都令我们陶醉不已。除了巴黎的调皮小孩儿，用你们的话怎么说来着？'巴黎街头机灵调皮的流浪儿童'……我记得很清楚。在卢森堡（Luxembourg）宫附近，陪同我的军官下车了，我独自坐在车后座。一个流浪儿童靠近车子，人们没来得及阻止他。他看着我的脸，认出了我，说道：'看啊，是尼古拉！'还喊着：'尼古拉万岁！'我还挺高兴的，因为我也亲身经历了一次小型的'典型巴黎式'事件。"

维特伯爵

如同他对在欧洲的大多数旅行都没什么好感一样，他也从未真心喜欢过他聒噪的表兄——威廉二世。只要在一个典礼上，看到他们站在一起时，就能意识到两者性格有多么南辕北辙，也能看出谁是敏感、细腻、有分寸的那一个。威廉二世对尼古拉二世一副照顾的样子，不拘礼节地称呼他为"尼基"（Nicky），带有炫耀意味地与他大力握手。这些都让害羞的表弟不自在，他选择躲闪、嚷声，并默默记在心里。

在战争开始前的几个小时，双方往来的电报中，就可以看出各自的性格，一个力图做好事，另一个力图牟利。

德国在其官方声明中，小心去掉了尼古拉二世的这封要求将奥地利—塞尔维亚争端提交至海牙会议的、简短感人的电报：

> 感谢您的那封亲切友好的电报。鉴于今日您的大使向我的部长呈交的正式函件，与之前的措辞大相径庭，请您解释其中缘由。公平的做法是将奥塞冲突提交给海牙会议。我相信您能做出智慧、友爱的决策。
>
> 尼古拉

一辆军需马车上的俄罗斯士兵

这一举措（若提议被德皇接受，那么它就指明了一条出路），符合尼古拉二世的初心及看法。他寻求和平，但德皇想要开战，所以后者未回复此电报。

战争不可避免。既然如此，俄罗斯及其君主果断运用手中一切可用军事资源，进行战前准备。

俄罗斯的陆军和海军

日俄战争中俄罗斯惨败。此后，它明白从符合现代战争的要求和国防需要出发，应该对陆军和海军进行改革。斯托雷平内阁着手进行此项工作，联合杜马委员会，构想及实现了一项真正具有国家意义的事业。国防委员会得以成立，由十月党领袖古契科夫（Goutchkoff）领导，其成员包括议院中大多数大型党派的代表。所以，致力于陆军和海军的重要改革，是在完全符合国家代表看法的前提下进行的。

对于内阁而言，这次军事改革是接连两任陆军部部长——瑞迪格（Roediger）将军及苏霍姆利诺夫（Soukhomlinoff）将军的成果。后者生于1849年[①]，骑兵上将，是德拉戈米罗夫（Dragomiroff）将军的前副官，自1908年12月起担任总参谋长。在整个改革过程中，他注意留心将来的大元帅，尼古拉·尼古拉耶维奇（Nicolas Nicolaïevitch）大公所行使的权力。显然，这是尼古拉二世出于警惕而安排监视大公的眼线。

在仔细介绍1901年及1906年的法令前，我们先来看看1912年6月23日所定法令的基本指导方针。俄罗斯总人口为1.66亿，除神职人员、高加索的穆斯林、亚洲中部或西伯利亚部分地区居民（在哥萨克推行的是一条1909年的特殊法令）外，所有人都要服兵役。1910年入伍的士兵有119万人，再加上前几届推迟入伍的12万人，每年大概有130万人入伍。在这些士兵中，实际上战场的只有45.6万人，还不到同年入伍士兵人数的一半。

在现役部队服役完成后，士兵进入后备部队，最长可服役十八年。在这期间，他们至少要被征召两次，进行每次为期6周的演习。

在后备部队的十八年兵役期结束后，他们加入人民军队或本土军队中，从39岁服役至43岁。

在哥萨克，兵役总年限为十八年，其中十二年为实际服役期，三分之一的时间在军中，其余三分之二的时间在家。但发生民众起义，那所有可动员的哥萨克人都要参军。

俄罗斯步兵分为卫兵部队和前线部队。卫兵部队有13个卫兵团、1个四营卫兵团和4个两营狙击团。前线部队有16个四营投弹手团、208个四连及四营团和106个狙击团（通常每团2个营），总共有355个团、1288个营。

步兵配备M1891型步枪，其口径为7.62毫米，每个弹夹有5发子弹，

---

① 存疑，此处或为1848年。——编者注

正在展示武器的俄罗斯步兵

枪上通常带有刺刀。每个营都有一支配备2~4挺机枪的队伍。

骑兵也分为卫兵部队和前线部队。卫兵部队由4个重骑兵团、2个龙骑兵团、2个枪骑兵团、2个轻骑兵团和4个四连哥萨克营组成。前线部队包含21个龙骑兵团、17个枪骑兵团、18个轻骑兵团和1个克里米亚鞑靼人（Tartares）兵团，以上每个团都由6个连组成。此外，还有50个哥萨克兵团，大多数团由6个连组成。总共有739个连组成的122个团，战时连队数量可增至1545个。武器装备为卡宾枪和马刀，枪骑兵和哥萨克兵配有长枪。每个团都有一支配备6挺机枪的分队。

炮兵分为轻型骑马炮兵（59个旅）、炮骑兵（1个旅和25个大队）和重型炮兵（35个两连榴弹大队和7个两连重型大队）。

总共有449个骑马炮兵连、51个山区炮兵连、69个炮骑兵连、71个迫击炮连和21个重型炮兵连，未算上要塞炮兵连的数量。

轻型炮兵配有1902型速射炮，比在日俄战争中使用的炮速度更快，山区炮兵连使用的是后者。重型炮兵配备榴弹炮和口径为105毫米的大炮，战争爆发时，这两种炮正处于替换过程中。不同武器的军需品由分布在境内的政府或私人工厂生产。

工兵有40个团、11个架桥兵团、17个铁路兵团、16个飞艇驾驶员连、7个无线电报连和1个驾车员连。在要塞工兵中有一定数量的排负责以上不同勤务，尤其是无线电报站和军队信鸽站的工作。在战时，有25个辎重营。

在1910—1912年的大型军队改革中，所有技术部队及后勤部门都是改革及调整的目标。但整个改革直到1915年才结束。而且德国政府可能因为知晓俄罗斯的军事改革行动，因而加快了发动战争的步伐。

经历过日俄战争后，人们明白内部动员，其实质是激起最严重的骚乱。所以，1910—1912年所完成的改革，具有以下特征：

改革目的是改造所有地方组织，以达到如下结果：要集结足够数量的掩护部队（9个军），以便保卫边疆，抵抗奥地利和德国的联合入侵。同时要避免将暴露在东普鲁士侧面攻击下的波兰军队过于置前，而导致战线中断。

掩护部队的中心退至维斯瓦河（Vistule）后方，面对东普鲁士的入侵，可攻可守，战线成直线。

此外，在境内成立了一支强大的中心后备部队，它可以变成边防军队，发往波兰、哥萨克、土耳其、波斯、中国等任一边境。这支部队由7个军组成。

如果俄罗斯拥有足够多的铁路线，能快速转移军队和军需，那么这样的部署是完美的。俄罗斯与法国的军队参谋部共同商定了多条已完工或在建的铁路线，但我们都知道，德国境内密集的铁路网为德军向俄军发动大型攻势，提供了极大优势。

俄罗斯东部阵线的最强要塞分别是：地处尼曼河（Niémen）与涅里

斯河（Neris）交汇处的科夫诺（Kovno），地处纳雷夫河（Narewa）与流经华沙（Varsovie）的维斯瓦河交汇处的新格奥尔吉耶夫斯克（Novo-Georgiesk）及地处布格河（Bug）岸、面朝加利西亚、波兰边境的布列斯特—立托夫斯克（Brest-Litovsk）。其他强大要塞，尤其是华沙和伊万哥罗德（Ivangorod），则没有这么重要。

由格里戈洛维奇（Grigorovitch）海军上将领导的俄罗斯海军，在战争爆发时同样紧锣密鼓地进行全面重组。他们决定同时在波罗的海和黑海推进2支舰队的建设。俄罗斯海军打算自1910年起的二十年内，拥有24艘装甲舰和17艘大型鱼雷艇。但至宣战时，此计划才刚开始实施。

1914年，俄罗斯在波罗的海的舰队，有8艘装甲舰、7艘装甲巡洋舰、83艘驱逐舰、12艘鱼雷艇和14艘潜艇。

在装甲舰中，只有4艘无畏级战舰，分别为"波尔塔瓦"号（Poltawa）、"彼得罗巴甫洛夫斯克"号（Petropolowk）、"塞瓦斯托波尔"号（Sébastopol）和"甘古特"号（Hangest），每艘平均吨位为23,000吨，可运载42,000匹马。此外，还有3艘无畏级战舰在建："叶卡捷琳娜二世"号（Catherine Ⅱ）①、"亚历山大三世"号和"玛丽皇后"号（Impératrice Marie），它们将在黑海服役。

表9-1　俄国舰队火炮构成

数量	口径
4门	254毫米火炮
16门	305毫米火炮
50门	203毫米火炮
92门	150毫米火炮

① "Catherine Ⅱ"，即叶卡捷琳娜二世的法语译法，本文采用其通行译法。——编者注

俄罗斯步兵

哥萨克士兵

塞尔维亚

罗马帝国衰落后,民众骚动。应征加入拜占庭军队的斯拉夫士兵号召他们的同伴,开始在欧洲东部进行一场渐进的渗透,如同日耳曼人在高卢的渗透一样。

此外,受到利益驱使的众多部族离开了加利西亚,穿过匈牙利,越过多瑙河,直到遇上了阿尔巴尼亚古老的本土民众,才停止前进的脚步。

这说明了巴尔干半岛的民族起源,概括了巴尔干问题的主要源头。但不能忽略土耳其占领君士坦丁堡,并在半岛上建立统治,进一步激发了当地矛盾。

希腊人是拜占庭帝国的后代,罗马尼亚人是罗马帝国的子孙,保加利亚人是斯拉夫驻军和部族的幸存者,塞尔维亚人和克罗地亚人代表着来自加利西亚的入侵者,阿尔巴尼亚人一直在他们的山上坚持抵抗。而长久统治这些居民的土耳其的力量,如潮水般退去,逐渐衰弱,并意识到前者的抵抗如岩石般坚韧,从未改变。

在巴尔干的斯拉夫家族中,保加利亚和塞尔维亚—克罗地亚这两大分支,长期处于竞争状态,两者轮流在岛上称王。

他们都对土耳其或希腊怀有敌意,这暂时拉近了他们的关系。但家族内斗不可避免,要么这方取胜,要么那方得利。他们交替着向家族的老大哥——全俄罗斯的君主,大献殷勤。

公元9世纪时,克鲁姆(Krum)是一位非常重要的保加利亚大公。811年,他打败并杀死了拜占庭皇帝尼基弗鲁斯(Nicéphore),并将其头颅做成酒杯。之后,他带军围攻君士坦丁堡,但还未见胜利就已战死。

这次权力扩张,可类比我国的克洛维一世(Clovis I)当年所进行的领土扩张，这是保加利亚人传播福音的过程。"斯拉夫人的使徒"西里尔（Cyrille）和梅多德（Méthode），将虔诚的鲍里斯（Boris）归并于东正教派。这位残忍的克鲁姆大公变成了一只"温驯的绵羊"，时常出入教堂，接济穷人，成了大西梅昂（Grand Siméon）的圣父。

西边的斯拉夫人，塞尔维亚—克罗地亚人，是温和的牧师。一方属于东正教，亲拜占庭；另一方信奉天主教，亲罗马。王和地方执政官这一相对平静的组合，曾在某刻差点儿扮演了一个重要角色：那时，希腊王朝因为1204年的十字军东征而摇摇欲坠，保加利亚也陷入无政府状态。当时，在塞尔维亚出现了一位举足轻重的人物，似乎注定要在半岛上扮演征服者和组织者的角色，那就是艾蒂安·杜尚（Étienne Douchan，1331—1355）。

他觉得王这个头衔还不够响亮，所以自称沙皇（最近，保加利亚的斐迪南大公也是这么做的）。当土耳其人的逼近威胁到巴尔干半岛时，他提出征服半岛的计划："为了实现这一最高目标，他强行要求保加利亚与他联盟。但是，这位新上任的斯拉夫沙皇与罗马人，还应在拜占庭登基，赶走君士坦丁堡的堕落继承人。如此，半岛将成为一个大塞尔维亚帝国。拜占庭沙皇，艾蒂安·杜尚将移驾君士坦丁堡，传播查士丁尼（Justinien）与该撒利亚的巴西流（Basile le Grand）的法令；守卫东正教，防止拉丁人分立教会，防范伊斯兰教的传播，并复兴文明。对于已准备穿过博斯普鲁斯的土耳其人，他将其与希腊人做对比，无论曾经多么风光，如今都不再是'一个真正的国家，没有真正的军队'。也许，东欧的命运能彻底改写，有益于全人类（注意，历史学家的这段评价阐释了当今政治局势的表象及实质）。但在土耳其人登陆加里波利（Gallipoli）的前一年，驻扎在君士坦丁堡城下、准备围攻的艾蒂

安·杜尚突然离世（1355年12月20日）。人们说，他的督军们喊道：'谁能来接管帝国啊？'"[朗博（Rambaud）]

这也是巴尔干半岛近6个世纪以来的呐喊。因为土耳其的到来，塞尔维亚、保加利亚和希腊，等了5个世纪才能在半岛上当家做主。

关于巴尔干半岛的历史，不能只谈巴尔干人民在长期的内斗中，经常借助于外力这一点，这样太过片面。10世纪时，拜占庭皇帝尼斯福鲁斯·福卡斯（Nicéphore Phocas）向罗斯（Ross）沙皇斯维亚托斯拉夫（Sviatoslav）求助，后者则乘着用树干做成的细长小船，穿过黑海和多瑙河来支援。但罗斯很快与巴尔干的斯拉夫人联合起来，对付曾经的帮助对象，并一度自诩为君士坦丁堡的主人。随后，"拜占庭历史"上的英雄约翰·吉米斯基（Jean Tzimiscès），击退了罗斯的进攻。

匈牙利人和多瑙河沿岸的人，也都数次感到罗斯对巴尔干人民的威胁。意大利人与塞尔维亚—克罗地亚人、黑山人及乌斯科克人（Uskoks）合作，使后者保住了在它统治范围内的亚得里亚海沿岸上的尊严。由此，挑起当今悲剧的所有相关人员，已接连亮相。历史将不断重演。

但真正能够决定历史的，是地理。君士坦丁堡的地理位置，令其成为兵家必争之地。三面环海的巴尔干半岛（黑海、亚得里亚海和群岛海域），一直在这三处海域的诱惑中摇摆不定。以河流山川的地势而形成的商贸之路，自然对入侵的过程和权力的建设有所影响。

在拜占庭之后，直到今日都一直是土耳其占据君士坦丁堡。群岛海域属于希腊，亚得里亚海属于意大利，并对德国和俄国开放。至于内陆，通向君士坦丁堡的路由保加利亚人掌握，塞尔维亚人则手握通往萨洛尼卡之路。"经过索非亚，从维亚纳通向君士坦丁堡、巴格达和印度的

俄罗斯军舰上的枪械训练

世界大道,是如此瞩目,以至于'东部快道'几乎还复制着当年十字军东征的路线。"

但若想更快抵达地中海,那就需要放弃多瑙河这一条线路,经过塞尔维亚的重要城市贝尔格莱德,穿过大河。摩拉瓦河(Morava)遍布巴尔干半岛,通过瓦尔达尔河谷(Vardar),也能抵达萨洛尼卡。

这片平原美丽富饶,但面积不大。整个巴尔干历史,就是各河流区域的居民奋力越过一个个河谷,以便更快到达海洋的故事。

土耳其征服半岛后,迫使当地居民暂停内斗。但一旦征服者稍微松懈,内斗又死灰复燃,就如从前一样,他们之间的竞争需要外力的介入。俄罗斯人、匈牙利人、日耳曼人、意大利的拉丁人(Latins),甚至更远的、来自西欧的诺曼底人(Normands)和法兰克人(Francs)都先后进行过干涉。

如今,自土耳其衰退后(见第八章),塞尔维亚似乎起了主导作用。在艾蒂安·杜尚统治时期,他们扩展了疆界。通过与保加利亚和希腊联盟，他们对土耳其施加了压力。但当他们即将成功时，巴尔干人民间的内讧传统重新登场。德国和匈牙利趁此是非之际，插手保加利亚和塞尔维亚—克罗地亚这两大斯拉夫家族之间的事务；俄罗斯向塞尔维亚和黑山示好；意大利则竭力扩大它在亚得里亚海上的权益。

由此，塞尔维亚纠纷成了引发欧洲大战的源头之一。

在以上事件发生之前，塞尔维亚及其周边居民的处境如下："从种族和语言上看，塞尔维亚人与克罗地亚人属于一个民族。双方的主要不同点在于，后者通常信奉天主教，使用拉丁字母；而前者属于东正教徒，使用西里尔字母——与俄罗斯字母一致。根据基辅的弗洛林斯基（Florinsky）教授的最新研究，当前塞尔维亚—克罗地亚人口总数已超过900万，他们分布在多个地区：250万人在塞尔维亚王国，25万人在黑山，186.1万人在波斯尼亚和黑塞哥维那，77.9万人在奥地利属内莱塔尼亚［伊斯特拉半岛（Istrie）和达尔马提亚（Dalmatie）］，近300万人在匈牙利，还有超过50万曾经的奥斯曼帝国人住在老塞尔维亚、马其顿和斯库塔里省。"除此之外，还应算上塞尔维亚和平吸纳布加勒斯特后新增的约超过130万居民。

塞尔维亚的解放，要追溯至19世纪初期。

乔治·彼得罗维奇（Georges Pétrovich），又称卡拉乔尔杰（Karageorges）

精锐警卫队的士兵

或黑乔治（Georges le Noir），在舒玛迪亚（Choumadia）森林深处集结了一些放牧人，并与他们一同决定撼动近卫军士兵的桎梏。后者煽动叛乱，反对苏丹，令人民惊恐不安。

行动很快变成了一场反对奥斯曼帝国统治的起义。起义虽然失败了，但是另一位新领袖，来自奥布雷诺维奇（Obrénovitch）家族的米洛什（Miloch），也于1815年拿起武器。从此，塞尔维亚的两大王朝，卡拉乔尔杰维奇王朝与奥布雷诺维奇王朝成为世仇。

1830年，塞尔维亚从苏丹手中获得了完全的内部自主权。奥布雷诺维奇王朝坚持至1842年。那时，议会选出了卡拉乔尔杰维奇（Alexandre Karageorgevitch），即黑乔治之子担任大公。1856年，《巴黎和约》将塞尔维亚置于基督教国家的保护之下。

塞尔维亚逐渐走上正轨，有了一定的发展。但公国没有通向海洋的出口，它依旧没有未来，依然受土耳其的钳制。1858年，土耳其重新利用其影响力，使米洛什·奥布雷诺维奇复位，代替亚历山大·卡拉乔尔杰维奇。

我们这代人熟悉的是米兰·奥布雷诺维奇四世（Milan Obrénovitch IV）。1868年，自他表兄米海洛（Michel）遭暗杀身亡后，他登上了王位，当时他才14岁。从1872年起，他才开始真正意义上的统治。在他动荡的统治时期，存在一个残酷的两难境地，关系到王国的未来：塞尔维亚是继续忍受奥地利的桎梏，还是冒险进行扩张，即使扩张之路荆棘重重？

米兰是位勇于冒险的王，同时，他也粗暴、腐朽、操劳忙碌，有着赌徒的脾性。

1876年7月，波黑起义。之后，米兰低着头，投身于反抗土耳其的战斗中，并激起了土俄战争。他得到了其勇敢子民的支持。但不要忘了，就在土俄战争爆发前不久，俄罗斯在帝国议会上已抛弃塞尔维亚，任其自生自灭，并任奥匈帝国发挥其影响力，只庇护新生的保加利亚。为《柏林条约》做出牺牲的米兰，只能眼睁睁地看着奥匈帝国吞并波黑，屈服于其霸权。1882年，因为顺从，他被准许获得国王的头衔。

保加利亚尽情利用了俄罗斯给它的所有恩惠。得益于《柏林条约》，获得自治权的保加利亚扑向东鲁米利亚，于1885年将其兼并。在托普哈纳（Top-Hané）会议上，这一兼并被欧洲承认。气急败坏的米兰向保加利亚宣战。但他战败于皮罗特和斯利夫尼察（Slivnitza）。保加利亚确实成了巴尔干半岛上的明日大国。

米兰再次向奥地利求助，委身于它。但他越来越不受人欢迎，他的暴力和过失令人难以忍受。他将权杖传给了他儿子，可怜的孩子，亚历山大·奥布雷诺维奇，他想将其培养成一个统治的工具（1889年）。

亚历山大听从他父亲的意愿。仅在娶妻这件事上，他能依自己的心意：他娶了他母亲娜塔莉（Nathalie）王后曾经的伴娘——德拉加·玛琴（Draga Machin）为妻。不久之后，他在贝尔格莱德的王宫中被杀身亡。奥布雷诺维奇王朝的统治结束。

彼得·卡拉乔尔杰维奇（Pierre Karageorgevitch）被召唤，并于1903年6月15日登上王位。

米兰委身于奥地利，而彼得一世则转向了俄罗斯。俄罗斯和保加利亚之间已产生巨大分歧。一部分保加利亚政派觉得，救星俄罗斯的手腕有点儿强硬。

巴滕贝尔格的亚历山大大公，没有遂俄罗斯的愿，使东鲁米利亚置于险境，并挣脱了俄罗斯的束缚。但他并没有处理此类纠纷的能力，所以垮台了。

贝尔格莱德的风景

萨克森—科堡（Saxe-Cobourg）的斐迪南大公雄心勃勃、精明狡猾，但易动感情、畏首畏尾，在俄罗斯和奥地利间犹豫不决，轮流向两者献殷勤，总是通过顺从或许诺而获得某些好处。有德国支持的奥地利，已完全在巴尔干半岛上立足。

奥地利先取得了罗马尼亚，随后是保加利亚，剩下要做的，似乎只需放下手就能压垮塞尔维亚。这对彼得一世而言，是非常艰难的时期。但作为军人，毕业于圣西尔（Saint-Cyr）军校的军官，他倾尽所有来构建一支高质量军队，旨在给奥地利一点儿教训。彼得和其子民坚决抵抗奥地利的入侵。

奥匈帝国想凭借粗暴手段，让塞尔维亚因饥荒投降。这是"一场猪肉之战"。塞尔维亚人设法从萨洛尼卡或安蒂瓦里运回猪肉，但经常被奥地利在半路截获。最终，塞尔维亚凭借坚韧不拔的精神，赢得了各方民心，并未诉诸武力。甚至埃伦塔尔伯爵都赞成签署一份合适的商贸协议（1908年）。

但也是这位埃伦塔尔伯爵，决定吞并波黑，给了塞尔维亚最沉重的打击。

这次，受打击的不仅是小塞尔维亚王国，还有分布在巴尔干半岛不同地区的主权国家、静静怀抱艾蒂安·杜尚古老梦想的"大塞尔维亚"。自奥地利做此决定后（这一决定为欧洲带来的后果，令人担忧），塞尔维亚就不再默默无闻，它的位置变得重要起来。在巴尔干半岛上的斯拉夫家族中，它位列榜首。

从那时起，可能发生的后果："即使这一'大塞尔维亚'屈服于当前局势，在巴尔干半岛上，对它自己和侵略者而言，都是个危险的存在。人们可以压制它，但不能将它摧毁。因为摧毁它，就意味着要消灭整个民族。如果只是将奥地利专制代替土耳其专制，那没什么意义；如果是在巴尔干半岛上创建另一个波兰，这办法则更加糟糕。塞尔维亚很难在奥匈帝国中同化，在帝国之外，则更加难以将其缩小。设想一下，即使目前没有冲突发生（这段话写于1908年10月），埃伦塔尔也会不断在欧洲制造麻烦……塞尔维亚是一股势力，或更准确地说，它具有实在性——没有失去希望，也不会丧失希望；它将在某位切尔尼-乔治或米洛斯的战吼中崛起。"[1]

此后，事态遵循一种命定的逻辑向前发展。塞尔维亚已武装好军队；依靠俄罗斯，并在它的保护下，与黑山建立了越来越紧密的关系。它的外交手段是接近希腊，甚至保加利亚。"巴尔干同盟"似乎已经成立。

---

[1] 见加百利·阿诺托的《平衡的政治》。

奥地利军队监察员
在贝尔格莱德的一家猪屠宰场中

随即发生了1911—1912年的巴尔干事件（详见第八章巴尔干战争部分）。

在对抗土耳其的战争中，巴尔干同盟取得胜利。随后，在一场自相残杀的斗争中，受到罗马尼亚支持的塞尔维亚和希腊，打败了保加利亚。

塞尔维亚的疆土，以出乎意料的比例得到扩张。艾蒂安·杜尚的梦想得以实现。

但奥地利无法忍受，一个它憎恶、蔑视的邻近民族突然崛起。

1913年4月，它告知意大利，它已决定攻打塞尔维亚。战争在即。

塞尔维亚军队

现在，已指明在正面冲突发生前夕，与黑山联合，并在俄罗斯之后加入协约国阵营的塞尔维亚所拥有的兵力。

在巴尔干战争前,塞尔维亚拥有4.83万平方千米的领土、295万居民。《布加勒斯和约》赋予它3.55万平方千米的领土和129万居民。如今,其疆域为8.38万平方千米,总人口为424万。

1886年11月13日的征兵法令,于1901年1月27日得到修改,规定17~50岁的男性必须服役。法定服役时长为:在骑兵部队中服役2年,随后在其他部队中服役18个月。实际上,三分之二同年入伍的士兵,仅服役6个月。

根据惯用计算方法,塞尔维亚应该拥有至少40万名战斗人员。

官方数据显示,每年入伍士兵为1.7万人;预算编制(1913年)为2394名军官、2313名副官、2489名下士、31121名士兵、11124匹马、304门火炮和96挺机枪。诚然,预备军队未得到足够的训练和领导,但针对所有健壮男性(几乎都由农民组成)所进行的严格军事训练,能够使这个为生存而战,并决心抵抗到最后一刻的国家,得到超过预期的结果。

与土耳其对战时,塞尔维亚约有16万兵力,其中有7.5万人驻扎在通往于斯屈布的摩拉瓦河谷,3.2万人在托普利扎(Toplitza)河谷,还有3.5万人在丘斯滕迪尔(Kustendil)附近与保加利亚人协作。

战后,塞尔维亚军队由5个师增至10个师(5个师驻守在原本的领土上,另外5个师驻扎在后来吞并的领土上)。随后,整个军队中成立了一些新的部队,编制翻了一倍。

步兵配备M1899型口径为7毫米的毛瑟连发枪,第二批及第三批动员令召集的步兵则配备旧型号步枪。骑兵配备毛瑟连发马枪及短军刀。

洛巴诺夫公爵　　　　　　塞尔维亚王国国王彼得一世

炮兵部队分为轻型炮兵、山地炮兵和要塞炮兵。新的轻型炮和山地炮属于施奈德型速射炮，前者口径75毫米，后者口径70毫米。榴弹炮和迫击炮同样属于施奈德型。后备团则配备拉贡德班戈型火炮。

工兵部队由工程兵、架桥兵、报务员、装备兵和铁路连组成。

1912年，他们设立了军队总监察员一职，由亚历山大王储管理，并决定在尼施附近搭建一个航空仓库。同时，总参谋部制订了一项军队制度重组的计划，旨在延长服役期限，并从宣战那刻开始实行。

黑山

从人种、历史、政治上来说，黑山的命运与塞尔维亚不可分割。这个山区小国有个得天独厚的优势，即濒临亚得里亚海。

黑山和通向大陆的贝尔达山为两大山脉，在两山中间，形成了与海岸线平行的泽塔河谷，这就是整个黑山。此国虽小，却蕴藏宝藏。山脉可防御土耳其的入侵，且与意大利相邻，地处东西交界处，为巴尔干半岛的出口，这就成为它最重要的资本。

1687—1851年，黑山由涅戈什家族的主教们统治，叔叔传位给侄子。最后一位亲王主教、诗人、佩塔尔二世彼得罗维奇·涅戈什（Pierre II Petrovich Niegosch），于1851年传位给达尼洛（Danilo），后者放弃宗教头衔，成为首位世俗国君。1860年，达尼洛的侄子即位，即当今的黑山统治者，尼古拉一世（Nicolas/Nikita Ⅰ）。

这个小而勇敢的国家的历史，可概括为，其统治者为了自身的国防与发展，将两股在过去保护它的势力——俄罗斯与意大利，结合在一起的历史。

彼得大帝决定，将俄罗斯势力触及这块遥远的地方。想要构建反对土耳其联盟的大帝，从塞尔维亚的移民口中得知，亚得里亚海边存在这样一个斯拉夫族群。于是，他派遣米洛拉多维奇（Miroladovich）上校到黑山，巩固亲族关系，并策划一场针对共同敌人的集体行动。从那时起，黑山就进入了俄罗斯的圈子，意

尼古拉一世

味着亚得里亚海边的斯拉夫人的未来，是可见的。

形势即将体现拥有这个临海斯拉夫后备力量的重要性。同时，尼古拉一世也无法忽视意大利，这个一直帮助黑山独立的邻居。1896年10月，他女儿海莲娜（Hélène）公主，嫁给了意大利王位预定继承人那不勒斯（Naples）大公——现今国王维托里奥·埃马努埃莱（Victor Emmanuel）。由此，权力的平衡得以巧妙地维持。

在这个小国的不同历史时期，它的雄心抱负都有所体现。1848年，尼古拉一世的一位先辈、主教，向著名的热拉施（Jellacchi）发出呼吁："亲爱的总督！大地因可恶的不公发出痛苦的呻吟。拥有崇高思想的斯拉夫人民，因可憎的不公和无止境的折磨而痛苦不堪。因为我们所处的、与欧洲兄弟间的关系，斯拉夫人民在世界面前抬不起头。我们习惯为他人服务，不了解自己的实力，并选择自我束缚。事实上，我和我的子民，是自由的！但当我看到，我身边数百万的兄弟在束缚的链条中痛苦呻吟时，自由在哪儿呢？"

这群大胆敢闯的人民，果断选择用这副愤慨的姿态面世。1876年，他们通过波斯尼亚起义，引起了一系列事件的连锁反应，并导致1877—1878年土俄战争的爆发。尼古拉一世不太满意在柏林会议上取得的结果，他想待时机允许时，再次翻盘。

他是巴尔干联盟的创立者之一，也是在1912年10月向土耳其宣战的人。所以，他的这两次行动，对当今战争的起源产生了决定性的影响。一开始人们以为，黑山是取得俄罗斯和意大利的同意后，去了结土耳其的。但事实证明，黑山自认为有能力独立做决定。

1913年4月，黑山军队占领斯库塔里，差点儿引起欧洲战争。尼古拉一世反抗奥匈帝国甚至欧洲。我们可以想象，从那以后，在奥地利的

塞尔维亚的亚历山大大公,王位继承人
周围是他的参谋部成员

要求下,最严重的事情即将发生。我写道:"斯库塔里一事,只不过是奥地利政策的意外事件之一。无论它决定或要求如何,它致力于向亚得里亚海或在巴尔干半岛进行扩张,但它都没有成功……如果这一扩张政策它不叫停,那么当前危机只能以冲突结束(写于1913年5月)。那将是怎样的灾难啊!现在,所有人都保持警惕,任何国家都不会任人突袭。在战争全面爆发时,所有国家都会倾尽全力。这样的冲突一旦爆发,将无法平息、难以遏制。人们可以攻打军队,但不能击杀平民。"[1]

但奥匈帝国还是下定决心,要继续实行扩张政策。

1913年4月,它通知意大利,决心镇压亚得里亚海边不受束缚的斯拉夫族群。1914年7月,它实施计划。黑山则果断选择和塞尔维亚站在一起。

---

[1] 见加百利·阿诺托的《巴尔干战争和欧洲》(*La Guerre des Balkans et l'Europe*)。

黑山军队

1910年8月,黑山王国成立。它拥有28.5万居民,其中1.4万人为穆斯林。《布加勒斯特和约》使其领土和人口翻倍。现在,它的人口约为50万。

格拉沃萨和斯库塔里湖

所有健康的、18—62岁的黑山男性都要参军。只有穆斯林免服兵役，而是缴纳一种军事税。年轻的18岁男性首先要接受新兵训练，20岁时，进入常备军，服役至52岁，之后进入后备军。所有入伍男性都必须参加每周日的射击训练。这真是一个"武装国家"。

整个军队编制为，5万常备军兵力及超过12个后备营。

步兵配备温德尔（Werndl）步枪，炮兵配备克虏伯87.5毫米口径火炮、榴弹炮和重型炮（四十多门）。常设管理部门只有参谋部、近卫军及特殊行政部门。军中军官属于民兵军官，与士兵联系紧密，和平时期和战争时期都是如此。

黑山近亚得里亚海的位置和它的安蒂瓦里港口，使它成为塞尔维亚的一个珍贵盟友，也解释了在历史上，它作为欧洲王国之一的重要性。

第十章

欧洲大国：英国

英国想要和平；战前英德谈判；海上军备竞赛；
"英国男人"；英国的军事力量与资源

我们不是要再次阐述英国从1870年至爱德华七世去世期间的政策。

前文中，我们已提过英国政策的彻底转变（英国从德国长期的合作伙伴，转变成三国协约的创始人）是如何完全改变欧洲平衡的。

在回看战前各国力量时，我想指出英国在国际事务中所具备的影响力，德国针对英国所做的预防措施及英国参与冲突所拥有的武力。总之，我想说明当德国轻率地挑衅英国时，后者对前者而言是怎样的对手。

英格兰，或者说大不列颠（Grande Bretagne），在普遍国际事务中所发挥的作用如此重要，以至德国在决定支持其盟友奥匈帝国在巴尔干半岛扩张时，必须要到了非常轻率糊涂的地步，才会犯下轻视英国的错误。这也并非不可能，英国和奥地利在巴尔干事务上，曾是合作伙伴，双方曾因共同反对斯拉夫在巴尔干地区的扩张，长期绑定在一起。

自爱德华七世登基后，尽管英国决定拉近与法国的关系，并提防德国日益增强的势力，还因德皇那句"我们的未来在海上"的名言而不信任德国，但不用怀疑的是，英国还是害怕与德国决裂。

它在《英法协约》中所制定的限定条款，小心避免使用"同盟"一词，担心失去与德国的外交联系，这证明了它不想与德国决裂。当涉及"英法协约"这一敏感主题时，英国部长们的声明都非常审慎。爱德华·格雷爵士和阿斯奎斯不停地重复说："英法之间不存在任何秘密契约，能迫使英国提供军事或海上援助。"（1911年12月）

其实，英国在做出决定前，要考虑它的所有国际利益。它的决定只有等到最紧要关头的时候，才会发声。

英国想要和平

英国的秉性，决定了它本质上是个爱好和平的国家。在历史上，经商之人个性总是如此。英国利益的重大影响力，将其暴露在财富之战的危险中，一丁点儿危险都能威胁到它。经过几世纪的财富积累，英国本土与海外领土兴旺发达、蒸蒸日上，难免担心来自外界的任何小纠纷。社会各界非常享受这数世纪以来所取得的成果：河流舒缓，树木成荫；富饶的平原上家畜、家禽成群。他们的生活丰富多彩：公园里有参天的百年古树；小别墅的阳台上种满花卉；城市街道充满活力；在郊区，人们可尽情放松；

黎明，空气纯净；太阳升起后，光彩夺目；傍晚，天空镶着金边，浅色房子上空炊烟袅袅。英国的一切风光都透着和平的气息。

英国人从前属于征战沙场的民族，现已逐渐放弃士兵这一职业，觉得派不上用场。体育运动和身体训练也仅是娱乐，单纯为了保持强健的体格和敏捷的思维。他们对上战场洒热血已无斗志、激情，也认为苦练杀敌本领毫无用处。没人认真想过，会有那么一天，大不列颠需要一支强大的军队。尽管一些有识之士多番提醒，人们还是认为在整个英国领土上，义务兵役制只在未来与他国在大陆上产生纠纷时，才能派上用场。

威廉二世

对所有聪明的英国人而言，如果让数百万人放下手中的生意或工厂的工作，派他们去兵营训练，那真是荒唐至极。

如果存在反对英国旧的干预或进攻政策的声音，那就是自由党的杰作。在自由党参加政权选举前夕，党内一位最有威望的领袖亨利·甘贝尔-班纳曼（Henry Campbell-Bannerman）爵士是"激进唯心主义的正式捍卫者"。政府方针与其他党派的好战政策对立，他对前者有完美的定义。

他表现出忧心人民疾苦的样子，认为有必要进行社会改革。选举竞争进入白热化时（1904年6月4日），他在亚历山德拉宫（Alexandra Palace），面对1万名自由党派人士，描述了两个不同体制的特征："现在，我们有两条路可选。一条宽敞平坦，主旨是保护主义和兵役制度，目的是削弱自由制度。另一条提倡自由与公平，主张签署调解与友爱的条约，削减军事支出，减轻商人和穷人的税收负担……"而且，"我们反对，我国在外交上那副咄咄逼人、硬充好汉、忌妒他人的姿态，反对立法和行政上的反动精神，也反对一而再、再而三地给英国人民灌输军事精神，因为只有和平才与我们的利益、愿望、需求相符……"

而劳埃德·乔治（Lloyd George）思想尖锐，有能鼓舞人心的口才，用《圣经》中的故事令社会的物质主义神圣化，难道他没有数百次向人们许诺和平与安康吗？"总会有这么一天，一国拔剑对抗另一国，将其撂倒在不忠不义之人的长凳上，就像在气头上的两兄弟打架。我不知道要经历几代人、几世纪，他们才会放下农具而拿起武器。我可以确定的是，那天到来时，将是人类历史值得铭记的、最崇高伟大的壮举之一：住在这个小岛上的人们，独自对抗世界，成功用人性之路捍卫了自由。这个王国一直受和平的君主统治，也将永远如此。"

这个经济神秘论似乎成了文明的硬道理。自由党在即将实现愿望时，引吭高歌，甚至为此不惜破坏英格兰统一，在事态骤然转变时，竟不顾风向同意爱尔兰自治。风向转变时，它接受命运并甘心开战。

在这个背景下，它是怎样有了如此转变的呢？

一本发表于1907年的书，有力阐述了英国在面临德国威胁时，逐渐转变态度的原因。我们已在前文提到引起英国注意并反思的"德国制造"运动所带来的结果。商业竞争只是其次。德国贸易额在十二年间实现了百分之百的增长，同一时期，英国商贸也飞速发展，并一直处于霸主地位。真正令那些高瞻远瞩的人担忧的是德国已表露无遗、称霸世界的决心。

德皇及其臣子早就宣扬了"世界政策"，并反复表明这一决心。泛日耳曼主义文学的发展，以及学校的文化教育也显示出它想"将德国置

在泰晤士河畔举行的亨利赛舟会

于一切之上"的愿望。而且，德国为此所做的筹备工作、外交及扩张手段，都毫无疑问地显示出其称霸的野心。

在这之中，英国看到了德国的自大与自负①。借用弗里德里希·朗格（Freiderich Lange）所做的有关德国宗教研究中的这句有关《圣经》的话，可以解释德国的自大："德国人民是天选之子，与其作对就是与上帝作对。"

当德国的整个阴谋计划都展现在英国面前，并不断被证实时，英国才彻底睁开眼！

第一要素是，德国的做法使其注定走上称霸世界之路。"一个简单纯粹的事实是，当一个国家的领土面积无法承载其增长的人口时，它必然走上帝国主义之路或马尔萨斯主义（Malthusianisme）之路。要么扩张领土，要么控制生育率，只有这两种选择。"所以，可得出的第一个结论是：

---

① 见学者埃米勒·赖希（Emile Reich）的《德国的自负》（Vanité allemande）。

英国无畏级战舰"无敌"号

"除了扩张,德国人是否有其他选择?当它无法在大陆上实现扩张时,它是否必然会考虑海上扩张?这就是它与海上霸主英国发生冲突的原因。"

这解释了德国为什么必须推行针对英国的扩张计划。一个被证实了的事实,进一步确认了这一推论:"海上扩张意味着争夺海上霸权,也意味着需要战胜英国。德国人为了实现目标,只需对付英国。他们打算给它重重一击。认为英德之间不会发生冲突,是大错特错。没人能阻止、阻挡或缓和这一冲突。

"英德对立是决定历史进程的因素之一。无论是外交事件、公报、演讲、报纸文章、协议、会面、宴会、公函、报告、电报还是其他手段,虽然可以改变英德对立的表象,但无法阻止冲突的发生。"

德国知道无法避免冲突,所以对此做好了准备。准确来说,是它挑起了冲突。

德国海军的发展,就是为了与英国的冲突做准备,没有其他目的。

德国逐渐壮大的海军，只有一个任务，即做到能与英国海军抗衡。无论是俄罗斯、丹麦、挪威（Norvège）还是瑞典（Suède）的海军，都无法对德国海军构成威胁。1906年，后者增加了16个单位。现在（1907年），德军拥有24艘大型装甲舰。而且，德国工厂的造船能力很强，能使德军比英军更快地拥有更多军舰。1907年，这些工厂接到2艘无畏级战舰的订单，其吨位大约为2万吨，比英国的"无敌"号战舰的吨位还要多2000吨。

对英国而言，这样的事实说明了一切。德国还建造了一些只用于对付英国的鱼雷艇中心，它们集中在埃姆登（Emden）。从那里出发，德国的巡洋舰只需8个小时就能抵达英国海岸。还需要其他证据吗？德国海军联盟有90.6万名成员，而英国只有区区2.4万名。德国海军在指挥官的领导下进行训练，他们内心充满极大激情（Grande Passion），这是英国海军在伊丽莎白时期才拥有的激情。

若观察一下德国在世界各地设立的界标，不难发现，这都是针对英国、进行扩张而设的。攫取土耳其，悄悄在苏伊士运河、埃及、波斯湾附近，为针对英国的斗争进行准备，这是为了什么？

这么一解释后，所有事都一目了然。不然，一切都显得毫无头绪。而且，有必要令德国人认识到他们到底在做什么。

英国没能成功利用自身的航海优势。大英帝国比其他国家更脆弱、更没有保障，因为它只能依赖于制海权："英国人住在岛上，超过一半的日常食物都要依靠进口。而且，岛上没有一支有效的军队。因为拥有强大海军的英国，认为自己永远都不会被打败……当涉及世界上最冒险的事——海战时；当英国被要求针对一场欧洲海战进行表态时，那次海战使用了比在陆地战场上的武器还要可怕的毁坏性武器；当它被要求针对一场即将到来的战争做出决定时，在这场战争中，所用鱼雷将瞬间炸飞一艘巨轮，

苏格兰乡村

全体船员将尸骨无存，而且隐形的潜艇或鱼雷艇将摧毁对方整个舰队；当人们向英国人提出此类问题时，他们总会说：'英国人是不可能在海上被打败的。'但是，如在英国历史上多次发生过的情况一样，英国人正受制于一场海战。如果在这场战争中，英国海军力量遭到削弱，如在对抗成为北海霸主——荷兰的海战中多次遭受打击一样，那么英国将受到德国的入侵。而英国人依旧简单重复这句话：'我们是不可能在海上被打败的。'"

这位有先见之明的作者看法独到、尖锐，甚至因为低一等的德国反对联盟，而迫使他的观点变得咄咄逼人。他总结道："以下就是问题的主要因素：德国是一个后起国家，它渴望扩张，却无法在欧洲大陆上实现。英国一旦在海上失败，那么在一定程度上会失去一切。为了英国的安全、威望与从前的尊严，所有人，不管他从事什么职业——传教士、老师、政治家、记者，都应共同履行这个使命——向英国人证明应紧急着手准备，以便适时推迟或消除德国的进攻……由于德国拥有强大的陆军和海军，英国应竭尽全力超越它，拥有更出色的军队。如果德国想在

1912年左右攻打英国，那么英国应该在这之前就先发制人……"

如果这位作者知晓威廉皇帝对欧布陆彻夫（Obroutcheff）将军所说的话——"战争是有必要的。得进击至伦敦，我才会宣告世界和平"，那么他将会写出怎样更激动人心、更能引起警醒的警告呢？

确实，英国被盯上了，而且它也知道这点。那些了解欧洲或紧跟时事的英国政府人员，对此坚信不疑。德国海军兵力的迅速增长，已将最明显的证据昭告天下。

但是，英国人害怕扰乱这百年来的宁静和他们热衷多年的安宁，并不愿知道、相信以上警告。爱好和平的英国充耳不闻，紧闭双眼。当它漫不经心地听取预言家的不好预测时，后者就想方设法打破它的宁静。

说到1905年的事件，自由党内阁的做法并非只体现了和平主义趋势，还有内阁自身的公开意愿。众所周知，很多内阁成员都支持与德国签订协议，而且他们在此事上极度热心。我们将会看到，即便涉及对英国而言极其重要的海军政策，自由党内阁出于对自己政治规划的自信，而一度任人摆布，甚至冒险任由英国被解除武装。一些大型报纸，如《每日新闻》（*Daily News*），自由党公开机关刊物，毫不掩饰地表明它一直不信任三国协约，尤其是英俄间的联合。爱德华·格雷爵士多次谈到这一主题。如果欧洲事务的发展，使英国内阁将其政治行动与俄国及法国的政策相结合，那前者总会有一些保留；它审视自己，同时也被人监视。在三国协约确立的同时，英德两国一直保持协商关系。总之，英国不愿与德国断交，自由党内阁也做不到与后者断交。

这种优柔寡断还体现在1911年12月爱德华·格雷爵士的一场讲话中。当时，他解释了英国在摩洛哥事件商定过程中所扮演的角色。

他首先提到英国是自由的："我们已公开1904年英法秘密协议的章

程，不存在其他秘密协议。"12月6日，阿斯奎斯也更加具体地重申此事。

但事情远不止于此。英国人还坚持表明并公开对德国的好意。它宣称，它不仅不反对德国在全球扩张，反而会尽力帮助德国，即德国推行的"世界政策"，只要不对它的利益造成直接威胁即可。对于一场有关法国将一部分刚果让给德国的协商，英国的主要态度是："德国在与法国的第二阶段谈判中，其主要目的是什么？是为了能进入刚果和乌班吉（Oubanghi）。我们从未对此持有反对意见，反而尽我们所能帮助德国实现此抱负。"

此外，英国人的指导方针为："如果非洲还会发生其他的领土更换，并通过谈判达成和解，那就不关我们的事了。如果德国通过与其他国家协商达成友好协议，而实现在非洲的扩张（这里主要涉及葡萄牙的殖民地），我们将不会挡它的道。扮演一只抢占食槽的狗，阻碍马进食，对我们而言毫无意义。"

都柏林附近的风景

通过对比英国的诸如此类、完全自发的声明，和在同一时期，尤其在1911—1912年，大大超过英国海军、实现迅猛发展的德国海军，反观一直保持安静的英国政治领导人，我们只能感到非常震惊。德皇的部长们已采取行动，胜券在握。冯·贝特曼·霍尔维格在帝国议会上，回应英国部长的声明并指明德国的要求，对于爱德华·格雷爵士的"主动接近"，他是多么趾高气扬："我非常高兴地看到，英国总理和爱德华·格雷爵士声明对我国发展并未感到忌妒与不悦。先生们（他充满力量地说道），我们也真心希望能与英国友好和平地共处（此时会场里鸦雀无声）。但是，只有在英国政府准备好积极推动两国拥有更好关系的情况下，我们才能与其和平相处（爆发掌声）。其他任何国家都应顾及我国的进步。我们不能停止前进的脚步！"

是谁骄傲自大、目中无人？是谁贪得无厌？又是谁不知分寸？

英国被触怒了吗？并没有。爱德华·格雷爵士在一场讲话中，确定

乔治五世对法国进行访问

了英德两国建立一种潜在的、长久的和睦关系的基本原则。在讲话中，他非常自制，甚至用上了一套历史哲学观。"在这个国度（英国），生活着很多工业人民，享受着巨大工业进步带来的成果，并希冀取得更大的进步。在德国，同样生活着很多处境和愿景相同的人。为了两国人民着想，需要维持和平。"

英国已抛出橄榄枝。支持英德和睦相处的霍尔丹大人，多次造访德国，表现出英国政府的诚意。

考虑到整体形势，两国似乎心照不宣地达成了共识。显然，人口、经济、领土都得到不断发展的德国，作为事件主宰者，只需顺其自然。

"从整体形势而言，和平即赢，开战即输。其实，如果开战，至少有三大强国将阻止德国夺取霸权作为共同目标。无论是否签署协议，它们都会联合起来，而德国将面临最大风险。"（《平衡的政治》）

如果德国没有在很久之前就已做出决定，并且没有下决心表明——如马克西米利安·哈登所说"要像管理一大产业一样，着手世界大战"，以上看法将对德国政府具有决定性作用。现在，我们知道德国已秘密计划超过并控制英国海军，"一个接一个摧毁英国战船，迫使它接受合作"①。总之，我们知道是德国想要挑起冲突，而英国一再忍耐，只不过因为它预见到战争的后果，想要竭尽全力阻止其发生。

海军竞赛

但是，尽管英国忍气吞声、曲意逢迎，英德两国在一个问题上始终

---

① 见1915年2月28日的《闪电报》（*Éclair*），安德鲁斯·朱利（Andrews Juley）的采访。

乔治五世及其王后前往议会

伦敦街头的近卫军士兵阅兵仪式

存在冲突：德国海军军备的不断增强，越来越令人生畏，已威胁到英国的安全。

英国越忍让，德国就越急不可耐。后者趁机让自己拥有成为海上霸主的能力，它的秘密计划也因此暴露。他们的外交辞令，只是用来掩盖积极进行的海军军备的工具：每次做出充满感情的声明后，他们都会将一艘新的装甲舰下海服役。

1907年，无畏级战舰竞赛开始了。一开始，英国还有些勉强、犹豫，但德国对它紧追不舍，它不得不在每次尝试喘息时，不留余地、大步前进。

同时，英国也必须接受这一事实：它的陆军兵力根本不足，无法在国际事务上发挥作用。但是，它仍旧疲软、迟钝地应付着，任由几个兵力强大的国家把它远远甩在身后。

尽管如此，在英国内阁中，很大一部分成员仍然坚持和平政策，完全没有发动战争的倾向。以下两位成员为代表：被威廉二世亲切地称为"我亲爱的霍尔丹"的霍尔丹，以及被形势造就成最有力的军备活动家前，以和平声明著称的温斯顿·丘吉尔（Winston Churchill）。

1907年的军事改革，将布罗德里克（Brodrick）的计划排除在外，认可一种"小英格兰"体制。但在1908年，罗伯茨勋爵提出"时刻准备好的英国"这一论点。1908年11月23日，在上议院，他做了一次具有真正启蒙意义的讲话：

> 每天，危险都在逼近，这难道还不明显吗？短短十年，德国就成为除英国之外拥有最强海上实力的国家。为了继续增强此实力，它还采取了最有力的措施。
>
> 德国北方的港口（世界上没有比其更完美的港口），逐渐得

到改善；铁路网变得更加密集；商船数量增加。可以说，随着时间推移，德国逐渐做好了入侵准备。

日复一日，它入侵所需的前期行动得到迅速发展，而且，获胜概率得以逐步提升。

在德国国会中，从未有过如此多的成员，这么热烈地投身于海军军备建设中。有8万德国人居住在英国。如果德军登陆英国，那他们能在此找到同胞，进行完全有组织的间谍活动。

为了成功实现进攻，德国不必时刻拥有制海权，只需在某时、某地拥有即可。布隆萨特·冯·舍伦多夫（Bronsart von Schellendorf）将军在他的书《参谋部的职责》（*Devoirs de l'Etat-Major*）中，声明了这一点。他写道："在赢得制海权，并使我们的海上交通顺利运行前，我们有理由用上整个海军力量。"这是个警示，我们必须重视！

此时，我们至多有35.3万人（9.3万第一线士兵、6万特殊后备军老兵和20万本土士兵）可供调遣，用来保卫本土（常备军驻扎在海外）。除去生病的、编外的和被召去海外增援的，只剩下24万的兵力。需要20万人保卫军火库、海军基地和主要要塞，那么只剩4万公民士兵可以用来击退入侵者。

我估计需要60万公民士兵，才能在武装水平同等的情况下，对抗一支拥有15万兵力、训练有素的陆军。我们的形势非常严峻。我们要赶紧在军中，插满由霍尔丹组织带领的本土将领。若我们还不抓紧，我们的海军将在自家地盘成为阶下囚；公众的担忧将束缚住出征的军队；我们在外交上将失去武装力量的保护，无法有力发声。

在我们面前，正在上演一出史上最离奇的戏：我们在战场上的头号劲敌，世上第一好战、拥有6000万人的民族，使其海军兵力翻了一倍。我们要做的，不是动怒，而是采取必要的自保措施。作为帝国权力的护卫者，我们应将帝国政治置于自私、狭隘的利益之上。我国海军不仅需要拥有最强兵力，还需要完全的战略自由权。在海岸线上，应该安排足够兵力。

罗斯伯里（Rosebery）大人和保守党代表兰斯多恩（Landsdowne），完全同意罗伯茨勋爵做出的惊人预判和确切结论。但自由党，甚至政府，都保留陈旧的和平意向，我不知道他们犹豫不决到了何种程度。常规的海军军备控制一直都是棘手问题。在1907年的第二届和平会议上，英国就此事发表了观点。我们本以为，在爱德华七世造访柏林，并于2月16日在德国发表非常友好的讲话后，一些事情将发生变化，但什么都没发生。问题无法解决。1909年3月29日，比洛在帝国议会上说："从1907年起，我们就没找到一种能将不同人民利益间的巨大分歧考虑在内，并为有利谈判奠定基础的方法。这样的谈判不会带来任何实际结果。和平与人道主义决定了联邦政府所持观点。因为我们只满足于使用正当权利来拒绝外人插手内政，没有哪个国家会对谈判结果感到惊讶，或认为它带有敌意。"

如果英国不明白，那是它不愿明白。《标准报》（*Standard*）以保守党的名义，定义了局势（1909年2月）："德国海军以能在北海作战为目标，我们必须对此有所准备。生意就是生意……我们无须考虑钱的问题。"

英国继续认为，只需在海上方面有所预防，就可应对威胁。可以说直到1909年，他们才完全醒悟。从那时起，由于越来越多的人，甚至自由党的领导人都逐渐感到不安，英国提高了海军预算。

为了回击德国1909年的海军计划，英国政府要求议会增加3500万英镑的海军预算，比1908—1909年年度预算多300万英镑。因此，1909年7月，2艘无畏级战舰开工（计划1911年7月建成）；11月，另加2艘无畏级战舰（计划1912年4月建成）；还有6艘装甲巡洋舰、20艘驱逐舰及潜艇投产。

爱德华·格雷爵士主动在下议院阐明英国所面临的危险："无论德国的海军计划实施速度如何，它都令这个国家进入一个全新的局面。一旦实现了此计划，德国——这个我国海岸附近的大国，将拥有33艘无畏级战舰，一个史无前例的最强海军舰队。所以，我们在已有的无畏级战舰前提下，有必要完全重新规划舰队建设。

"德国政府口头上表明，它不会加快造船速度，并且不会在1912年年底前，在现役舰队中拥有13艘无畏级战舰，包括巡洋舰在内……

"德国的这番声明，不代表他们没有指挥军舰，没有将回转炮塔对准我们。而且，当它配备13艘无畏级战舰后，还将制造另外10艘。这10艘将于1913—1914年被投到战场上使用。情况就是如此。我们有5艘服役中的无畏级战舰，7艘在建，4艘将在今年建造，总共16艘。如果我们计划中的战舰建成，而且在1910—1911年开足马力造船，那么到1913年4月，我们将拥有26艘战舰。那时，老款军舰和无畏级战舰将能保证我们的安全。"

保守党成员严厉指责自由党任由造船计划中止，阿斯奎斯对此做出回应，补充道："没有什么需要担心的。1912年，英国海军将拥有巨大优势，实力仍然会优于德国海军。"

保守党则没有这么乐观。11月13日，查尔斯·贝里斯福德（Charles Beresford）大人说道："自从我们在特拉法尔加（Trafalgar）取得制海权后，就将我们的绝对优势视作理所当然……一个纯粹的事实：我们面临的劲敌，不单单是一个国家，而是整个庞大的海上势力，而且其中之一还公然挑衅我们的霸权地位。如今，我们已经比它少4艘装甲舰了……我们缺少大量用于探查的轻型装甲舰……我们也没有一支适合在北海服役的鱼雷艇舰队。在各方面，我们的装备都非常不足。我们没有可以用来停靠大船的码头仓库，也没有煤炭储备……不管装备如何不足，我们还要面临一个更严峻的问题：人手不足。我认为我们缺少1.9万人。"

贝尔福发表演说

在霍尔丹大人采取措施后所进行的陆军筹备工作，并未取得令人完全满意的结果。至少那些决定——用潘洛斯·菲茨杰拉德（Penrose Fitzgerald）海军上将的话说"接受德国挑战"的人，不太满意。罗伯茨和埃谢尔（Esher）继续表明，改革非常不充分；越来越多的人认为应该实施陆军义务兵役制。本土军队在前期演习中彻底失败。

1911年，发生了阿加迪尔危机。在这起"国际"侵略事件中，英国反应积极。这次，它的态度明确，温和派不再无动于衷。为了表明最深刻、倔强的态度，内阁委托劳埃德·乔治在众议院发表声明。此声明可被视作对德国的初次警告："如果只有靠放弃英国凭几世纪以来的英勇、辉煌而取得的伟大地位，来维持和平，如果到了关系我国根本利益的那刻，而我们还得不到世人重视的话，那我坚决声明，以此为代价而取得的和平，对我们这样的大国而言是无法容忍的侮辱。"

但是，这样的声明必须有一定的兵力做支撑，而英国人还活在"英国不会在海上被打败"这一名言的泡沫里。这次，德国在英国提出抗议后，让步了。显然，它觉得自己还没准备好。

霍尔丹大人视察殖民军

只要那群安心的和平主义者还用幻想麻痹自己，只要格雷爵士依旧非常冷静地谋求推迟危机，并既不高兴也不信任地继续与德国的谈判，那最终会令公众动荡不安。在议院里，议员们就海陆兵力是否充足，展开了数次大型讨论。人们感到时间紧迫，于是突然加快了脚步。

霍尔丹大人太过满意于自己的军事改革，而改革显然不充分。他被西利（Seely）上校取代，后者支持实施军备政策。

1912年3月18日，时任海军部部长的温斯顿·丘吉尔提交了一份储备预算计划（造船预算比上一年少了109万英镑），以一种节制的态度做了调整，他可能因此被指责行事软弱："近年来，海军部所遵循的方针是在无畏级战舰数量上，超过德国60%……如果德国坚持它现有的海军法令，那我们认为刚刚结束的一轮竞赛（16∶10），将在接下来的四五年内，成为我们制订计划的合适指南。德国每年新增的在建或将建的军舰，将使我们的无畏级战舰不再处于军事衰落期，并推动我国制造新的装甲舰。通过实施超过德国60%的计划，我们需要在接下来的六年内，交替制造4艘装甲舰及3艘军舰。我们将超额完成任务……我国对德国的军舰数量比,将为17∶10……然而,我想明确表明,一旦德国推迟军舰制造,或在一定范围内削减军备,我们将相应削减我国军备。"

在这个声明中,我们是否看出德国有意向让步呢?那时,英国正在就非洲问题,寻求与德国达成基本共识,也正是霍尔丹大人造访柏林有希望取得某些成果的时候。

但是,英国人的幻想很快就破灭了。德国我行我素,继续急切地进行海军军备建设,并在其舰队最重要的部门中,保持全年满员。

1912年7月,海军部部长丘吉尔提交额外的经费计划,以及将有5艘装甲舰开工,而非原计划的3艘,并且增加海军兵力。照他的话说,就是:"政府决心保住英国的海上霸权地位。"

同时,英国海军部为了在另一方面稳定民心,在北海集结了越来越多的兵力。而且与法国签订协约,将保护地中海地区相关利益的任务,交付给法国海军。1912年11月28日,在就《英法协约》进行讨论时,兰斯多恩作为前保守党内阁外交部部长、1904年《英法协约》的签署人,说明了英法军事契约的本质:"这不代表英法建立同盟。双方的契约关系,因时制宜。"这番话非常温和。

英国继续保持自由。

"自治"拥护者卡森在一次集会上发表讲话

德国是否希望将英国置于欧洲冲突之外呢？它为这个冲突准备良久，而且，从威廉二世与比利时国王的对话中可以看出，发生冲突是板上钉钉的事。那时，德国派一流的外交能手马歇尔男爵作为大使造访伦敦。对英国来说，1912年的夏天在和平的希望中结束。爱德华·格雷爵士声明两国关系"极好"。

1912年的冬天，欧洲局势动荡不安。1912年10月，巴尔干战争爆发。没人能预估未来局势。所有重大国际问题都被同时摆上桌面。英国一直看到自身兵力的不足，但构建国家后备军并不能弥补征兵工作的缺陷。仅仅为了构建海军，海军预算就增加了1600万英镑。如果加拿大政府继续其武装政策的话，丘吉尔打算暂停5艘计划装甲舰中的3艘的生产。3月26日，他提议所有大国都同时停止造船，维持一年……那么，人们是否真的有意暂停竞赛呢？其实，德国轻蔑地拒绝了丘吉尔的提议。

难以置信的是，和平主义者还抱有幻想。

3月24日，拜尔斯（W. Byles）爵士和金（King）向政府发问："如果我国必须向法国履行协约义务，那在何种情况下在大陆出兵？"依旧坚持自己理念的阿斯奎斯答道："如我们先前多次声明的那样，我国没有许下任何秘密契约，议会也知晓此事。换句话说，一旦欧洲大国间爆发战争，不存在任何秘密协议能限制、妨碍政府和议会对英国是否参战做出恰当的决定。"然而，他指出一个有关1912年11月协议的细节，补充说："出于一些显而易见的原因，如果政府和议会决定参战，也不会提前对外公开声明出兵。"

在巴尔干危机进入白热化阶段，预示着另一个更严重冲突的来临时，一直认真寻求亲近德国的英国，尽全力避免将《英法协约》贴上同盟的标签。

英国与德国

对那些出于自身利益、有理由关注英国政治局势发展的人来说，英德之间摇摆不定的关系令人担忧。面对两国犹豫不定的举措，人们并不知晓其真实目的。

在战争前夕的那些征兆中，英德关系是能阐明这段短暂而神秘历史的一个要素。1914年10月2日，阿斯奎斯在卡迪夫（Cardiff）发表演讲，对英国于1912年向德国提议签署一份两国政策协议一事，进行了详细说明。

这位英国内阁领导说道："我们向德国政府传达了以下消息，所用措辞由内阁仔细斟酌敲定，指明了我们所构想的英德关系：'英国声明，永远不会无端攻打德国，也不会参加到这样的攻击中。在英国签署的任何形式的条约中，都未涉及袭击德国这一条，而且之后，也不会参与任何与之相关的外交事务。'"

这证明了英国政府对德国不抱有任何敌意。甚至可以说，此后发生的事说明，英国极度信任德国，而与其合作。即便这样，德国还是表现出不满。"这份声明没有令德国政治家们满意。他们要求我们承诺，在德国参战时保持中立……"也就是说，德国通过拒绝他国侵犯，来保留自己侵犯他国的自由权。阿斯奎斯的声明如此结束："他们要求我们明确表明，不会插手他们占领欧洲大陆一事。对于这样的要求，只可能有一个答案：我们已如他们所愿，并未介入其中。"对于这一历史事件，结论是：英国不会侵犯德国，也不会干预后者侵犯他国，而且德国让英国逃出了它的侵袭。

1913—1914年的冬天，英国政界人士在伦敦会议上进行了冗长而无用的辩论。针对整体形势,部长们坚持泛泛的乐观论调。当财政大臣劳埃德·乔治将其担忧抛之脑后,于1914年1月向《每日记事报》(*Daily Chronicle*)再次表达自己炽热的陈旧和平思想、亲德精神时,也就不令人吃惊了。毫无疑问,最近一次造访德国的经历令他转变态度。他指出,英德关系从未如此之好。所以,英国完全可以暂缓海军军备进程。他补充道:"而且现在,欧洲国家都集中精力增强陆军兵力,这使英国能够从军备竞赛中抽身。"

他还说:"从目前形势来看,增加军备完全是有组织的疯狂行动。如果自由主义还不懂得抓住当前机会,那它就彻底辜负了人民的信任!"

劳埃德·乔治也许对未来局势缺乏敏锐的洞察力,但我们不能否认他所属内阁具有强有力的主张和平的意志,因为内阁的坚忍令它不会被任何事情打倒,而且在灾难频发的1914年,能如此行事已实属不易!

可以认为,这只是英国内阁、一部分新闻媒体和英国民众的犹疑与

一场支持"自治"的公共集会

疏忽造成的。他们令德国坚信英国不会干预，从而大胆发动战争。而且另一个证据是在政治上，最好的解决或防止重大难题的方式，是明确自己的决心。

被自己热烈的雄心壮志、政论家和军事家的绝对学说蒙蔽双眼的德国，没办法跳出自己的圈子，以旁观者的角度判断形势。对于英国，它犯下了双重错误：一是没有认清英国政局，二是错误判断英国的真实实力。它以为英国不会出手干预，也以为后者不能干预。

对德国来说，英国不想干预，似乎是因为自由派内阁推诿，内阁内部存在不和，以及在对"自治"政策进行投票和发生立宪纠葛后，整个英国陷入严重纠纷。

战争前夕，所有在英国生活过的人都明白，推行有关爱尔兰的新法令把整个英国置于怎样焦虑震颤的境地。他们知道，立宪及社会改革是所有人唯一关心的问题。而且党派斗争过于激烈，差点儿在爱尔兰打起来。也是因为爱尔兰，军队纪律和国家统一似乎都遭到了破坏或威胁。

也许历史将见证，这些著名事件对德国政府的决定产生了多大的影响。后者可以认为，如此分裂的内部局势将英国变成了一个无武装力量的对手。

在此，我不会阐述关于"自治"政策讨论的细节，只会提及这段似乎已变得遥远的历史中的几个片段：奥斯特（Ulster）的暴动使英国立法进程受阻，政府与保守党尝试和解却失败。贝尔福忧心忡忡地发表了言论："我确信，如果政府坚持当前政治道路，那么我国离一场民族悲剧只有一步之遥……我认为阿尔斯特决定不惜一切代价，保留它眼中不可剥夺的权利。"威尔士和苏格兰也开始要求"自治"。当欧洲形势阴暗时，英国也岌岌可危。也许战争是有必要的，以便英国重新实现统一。

德国对英国形势判断失误，以为能免遭后者的干涉。它犯的更严重的错误是，低估了后者的实力，统一情况下的英国是有能力与它抗衡的。

大英帝国

我不知道，作为一个外国人，是否能准确感知大英帝国的伟大。

阿斯奎斯尝试定义大英帝国，尽管他的措辞庄严、高贵，但还是没能描绘出帝国的雄伟壮丽："于我们而言，帝国是什么？它不是一个用来探索、开发世界种族的工会，也不是一个简单基于利益群体上的商贸协会，更不是一个单纯保护成员免遭外部攻击的互助保险机构。对我们来说，帝国的意义和价值在于，即使它犯过错、失败过，有缺点和阴暗面，它都成功组成了世界上最伟大的自由共同体联盟王国……这样的一

在马尔伯勒公爵宅邸（布伦海姆宫）前的工会示威运动

个理念，不仅不会令帝国陷入瘫痪，反而刺激着所有人迸发激情，共同努力，不断进步。我们政治家要做的，就是让帝国值得人们信赖，令国民愿意住在这片土地上，并愿意为它牺牲。"

这个"因自由意志而不断扩大的共同体"，是长期历史发展的结果。

如果英国不是一个岛屿国家，没有因为地理位置而与世界稍微隔绝的话，那它就不会有如今独特的政治特征。我们可以不喜欢它，但怎样才能做到不佩服它呢？英国人自身的组成如此强健有力，造就了他们强大的个性。所以，模仿他们的生活方式、举止，窃取他们的语言、口音，成为一种潮流。尤其是德国人，他们意识到英国人是首批现代人民的典范。能拥有一个如此高贵的"亲戚"，德国人感到非常自豪。

英国公民，有如此卓越的血统，却保持谦虚低调。他们也明白，为了配得上这份荣誉，在此时此刻应该为了国家，随时做好牺牲的准备。

我认为英国人为此理想所做的最大牺牲，似乎就是自由放任、生活安逸。

英国人处于不断努力的状态。他们经常自我审视，没有点儿严厉的态度还行不通。这种出于本能的自制力，正是公然宣扬个人主义的英国人所寻求的，它能激发生存的意志力与能量，推动其发展。在这场世界战争中，我们应该看到——我把它视作英国的特征之一，英国是世上唯一一个可以根据志愿入伍原则，征募、训练并调动如此众多，而且训练有素的兵力的国家，其他国家需要应用义务兵役制才能保证这样的兵力。这个经商的民族有罗马人的英勇。

对一个组织结构体系化的国家来说，比如德国，蓄意触犯建立在自愿意志上的优秀组织，即英国和法国军队，是非常冒险的。在德国领导人所做的众多错误判断中，冲撞以上两者似乎是最严重的一个错误。

我曾试图描写欧洲的君主制国家和共和制国家在卷入1914年的战争前分别有何优缺点，也想描述在这严峻时刻作为这些国家领导人的王公大臣有何性格。一谈到英国，我就觉得除谈论"英国人"之外，没有什么其他重要的事情可说了。因为其实是英国国民，造就并引导了民族的"实力"而不是他们的领导人。

当然，英国人在20世纪的成长过程中，也存在一些严重缺陷：他们不够灵活，缺乏适应能力；待人冷淡；即使他们坚持公平，崇尚自由，虔诚信奉宗教，但太过操心得失、利益；他们喜欢支配，懂得如何让他人工作，自己却置身事外；在他们的言谈举止中，骄傲与羞怯交织，有些许讽刺。而他们最缺乏的一种品质是敦厚，甚至可以说是缺少真诚。

但从政治的角度看，这些缺点就成了优点，而英国人则成为最出类拔萃的"政治动物"。我对他们只有一个要指责的点：他们的政治以"经济"为主；在公共和个人生活中，他们都追求致富；在英国，"时间就是金钱"这一理论尤其重要。当他们抛下利益，贯彻理想的云淡风轻的生活理念时，才会成为十全十美的人，就如强大而古老的文明能塑造的人物形象那样。

在国际事务治理中，英国设想大胆，有极大的首创精神，坚韧不拔，手段灵活，不屑刻板的方法，对自己和他人都充满魄力。而且，正如一位优秀的分析者对英国精神所做的评价一样，他们"身上集合了追求自由主义与树立权威、宽容与蔑视、善良与矛盾，这几个相互矛盾的特点"。英国人征服世界，要培养的是臣民或儿子，而不是手足兄弟。

这种既固执又灵活的特性体现在英国外交中。可能就是这种特性蒙骗了德国外交界。英德两国的长期谈判，有时拉近了两国关系，有

战时的英国士兵

时又令双方疏远。其中，英国不知道如何分辨被谦恭、宽容的表象遮掩的那些不可改变的事实，看不到被波浪掩藏着的岩石。当他们仅有一腔诚意，愿意为和平牺牲次要的东西时，却相信蹂躏与示弱能解决问题。

思想机械化的德国人，理解不了英国人骨子里的柔韧与活力。作为发迹者的德国，要花费几个世纪的时间向它已功成名就的表亲——英国学习，才能与其平起平坐。而且，德国教授们还有许多要向英国绅士们学习的地方。

德国这些专门研究民众心理的学究，即使如此细致地研究了英国人的心理，也还是无法准确理解其中奥秘。

更加奇怪的是，这些在侦察领域所向披靡的组织者，竟然没能很好地掌握他们所挑衅的对手的真实实力，还非常冒失地把这个对手变成了自己的主要敌人。

英国的实力如何？物质上及精神上的实力

说到英国，只谈它的军事实力还不够，还需要涉及其他的影响因素。

在所有国家中，英国在国际事务上具有最大的威望与声誉。它能拥有如此大的影响力，是因为民熙物阜，以及不可改变的、由古至今的显赫名声。

英国的繁荣经济如一棵生机勃勃的大树，它的根深扎在世界各地，果实养育着不计其数的人。一旦这棵树枯萎，那些已逐渐习惯吸取其精华的国家将被抛弃。

这种从属关系的建立并非没有遭遇过反抗，但它已是既定事实。对数以亿计的人来说，英国已成为供应人、保护者及不可或缺的指导人，虽然他们有时会厌恶它，但缺了它还不行。英国好比垄断国际市场的大型商店，人们不喜欢它，但若它消失，人们则有更多埋怨。

这种史上罕有的优势，取决于英国商贸的特性、临近北海的地理位置及作为岛屿国家的优势。当其他国家的人民为争得独立或统治权而焦头烂额的时候，它得以借助地理优势保全自己。即使卷入纷争，它都极少将自己暴露于危险中，国土一直都丝毫无损。在二十年的征战过程中，拿破仑都没能让任何一只放火小船攻进任何一个英国港口。当空中航线还未开通时，雄厚的经济实力就像装甲舰一样保护了英国领土不受侵犯。而英国领土安全受到威胁，一定是引起当前战争的原因之一。

在哥伦布发现美洲后，人们争夺霸权的目标就从地中海转移至大西洋和北海。那时，世界历史就经历了最重大的变革。北海成为另一个地中海。由南至北的西方国家依次占有海上优势：葡萄牙、西班牙、法国、荷兰、英国。如今，我们需要了解的是，是否会有另一个新国家继

身穿阅兵制服及作战制服的苏格兰高地士兵

续接力，以及德国黑鹰是否会起飞，在海上和英国上空翱翔。

我们知道在这场冲突深处，发生着一场经济战。英国捍卫着它在世界上为自己利益而建立的秩序。

既然涉及自卫，英国正好有自卫所需的既得财力及实力。对于被英国支配的地方来说，另一个更强制、大胆、贪婪的征服势力将是个大麻烦。而习惯了跟英国人做生意、向其提供轻微贡税的世界，也捍卫着这份它了解的、享受的"英国和平"。

我们无法评估英国为了保持繁荣昌盛，将多少财富置于风险之下。因为它所拥有的财富，可与全球资财相当……以千亿计都数不完。计算一下联盟国的财产总和，如果最终是它们取胜，那我们将无法理解英国是如何被打败的。

英国还有另外一种实力，很难理解为什么德国没有考虑这一点，那就是它掌握舆论的能力。半个地球的人都在等着听伦敦人的想法。

这一独一无二的优势，得益于英语的普及。暹罗国王朱拉隆功（Chulalongkorn）对我说过他来欧洲时的经历："在穿过苏伊士运河前，我以为欧洲只有英语这一种语言。"他还说："当我踏上欧洲后，我发现欧洲不止一种语言，它还有法语。"

英语简洁、方便，使用起来直接、迅捷，是一个极佳的传播因子。它适用于所有文化程度的人。

它没有方言，因为单一，所以不会变质、衰退。

如果说英语使英国的声音被全世界听到，那么新闻媒体则是英国用来说服世界的工具。这个非常会做宣传的组织，每天早上通过报纸，为全世界提供能满足人们求知欲或好奇心的信息。

在哪儿？是谁？发生了什么？这三个问题是一切文明发展的初始动

力，英国新闻界总有能回应这三个问题的答案，而且它的答案既不卖弄学问，也非毫无新意：这是由细腻、准确的言辞决定的。说到写新闻，我不知道世上是否存在能与英国记者媲美的大家。其熟练写成的"新闻"，刺激着这个主宰世界的、无可比拟的力量——舆论。

论掌握舆论，英国排第二，没人敢称第一。此外，英国公法的理论家，是第一批发现舆论在英国是政府最重要的原动力的人。英国人既不服从国王，也不听从政府，却服从舆论。舆论是阶层的本能，是在群众能进行更深层次的思考前，决定他们行为的内心看法。

英国人能在处理内政时，赋予舆论如此重要的位置，那它在国际上把舆论作为统治工具，并加以完美运用，也就不奇怪了。英国批发商，是打广告的能手，创造了这个工具，社会活动家和政治家只需拿过来用就行。他们无限扩大了信息的影响力，以伦敦为中心，向世界辐射。为人类带来光明还是黑暗，都由掌控舆论的人说了算。

在海洋上航行的轮船、电报线路网、无线电报的天线、广告代理连锁店，所有一切都有利于英国在每天每时每刻，对每个人进行思想控制。无人能幸免，所有人都接收到英国的消息，不然至少也会受到一点儿影响或冲击。所有英国报纸的读者都自愿接受这种思想奴役。在自己和他人的领域，英国都通过运用消息的无限影响力，在世界上手握说服的权杖。

显然，德国政府不够明智，不太有分寸，意识不到英国表示不干涉将使他们付出多大的代价。或者对征服的迷恋，使他们迷失了心智。现在我们明白，他们是讨厌英国的，只想着结束后者令人钦佩的历史……

那么，他们不了解这段历史吗？

英国除物质资源丰富，有海岛的优势外，还有雄厚的财力，在国际上享有盛誉。而且它行事坚韧不拔，至此，这一实力令它所向无敌。这就是英国伟大的原因。无论是面对西班牙国王腓力二世（Philippe II）的无敌舰队、路易十四或拿破仑的军队，还是要征服印度、非洲、地中海或大西洋，英国一旦做出决定，就会勇往直前，坚持到底。

英国从不会放弃。英国豹子懂得等待时机，它跳着前进，从不退却。到此为止，德国好像明白了这点，避免猛烈抨击这位令

一艘英国军舰上，正在进行训练的水兵

人生畏的"亲戚"。后者暗地里做着伪造商品的勾当，在银行及海运事务中逐渐进行不正当的渗透，秘密侵袭有利位置，以此获得巨额红利。即便如此，德国还没有与它发生正面的决定性冲突，手拿刀戟，涉及生死。由于威廉二世犯的一个近乎荒唐的错，事情发展到了剑拔弩张的地步。可以说，是他彻底颠覆了德国利益的方向，才使"世界政策"成了既针对全球也针对英国的袭击。由此，德国招致了所有危险。

然而，俾斯麦早就做出警告。可是，辞退他的德皇又怎么会领略并遵循他尖刻的建议呢？这位失宠的部长，在他的"政治遗嘱"《回忆录》中写道：

> 未来，光有军备还不够，还需要用准确的战略眼光来操控德国军舰在各大联盟潮流中的航行。我国地理位置和历史体

制将我国置于这些联盟的威胁中。我只担心，我们现在所走的路，会迫使我们为眼前微不足道的事牺牲未来。从前，君主们的才干令人尊敬，比一味让人服从高明得多，把服从作为评判一切的标准，是赋予一位君主一个普遍通用的才干。腓特烈大帝可不这样。但话说回来，那时治国没有今日这么艰难。

我们越懂得如何远离与我国无直接利害关系的问题，越能稳步提高推理能力和安全水平。为此，我们应该学会无视虚荣心所带来的诱惑。如果在东部问题，这种没有特殊好处的事中，德国想要在其他有直接利害关系的国家前出手，那就做了件大蠢事……确实，在东部问题中不牵扯任何直接利害关系，对德国来说是一大优势，但不能忘了这些严重的劣势——德国的中心位置将其置于一切危险下，而且我国防卫阵线如此广泛、分散，反德势力很容易组成联盟。还有，德国是唯一一个不受任何计划引诱的欧洲大国，如果此计划只能通过战争实现的话。(这不是与伯恩哈迪的军国主义背道而驰吗！)当所有大陆邻国（当然也包括奥地利）都许着只有靠战争才能实现的愿望时，我们关心的是如何维护和平。所以，应该审时度势地制订政治计划。我想说的是，应该阻止或限制战争，尽可能坚持到最后一刻，不因为焦急、他人奉承、虚荣心或朋友的挑衅而妥协。在适当时机来临前，没有什么能令我们下定决心放弃希望，投身于战争中，不然，昏君闯祸，黎民遭殃（Plectuntur Achivi）。

我们的君主，应该尽全力减少因我国实力增强而招致的负面情绪。成为大国，我们有义务正直、和平地运用影响力，并向世界证明，当涉及他人的自由权时，相较于法国、俄国或英国，德国会行使更有益、公正的支配权……当我们在一定程度上实现统一后，我的理想一直都是获得大国的信任。比如，欧洲次要国家的信任。而且我会尽力向它们证明，在解决民族分裂问题、实现统一后，德国只想成为一位忠于和平与公正的朋友。

这个聪明老狐狸的建议并未被听取，没人有能力继续实现他的理想。俾斯麦提前刻画了一位只会要求他的子民、部长"服从"的君主形象。在这个君主的统治下，德国不懂预见"来自反德联盟势力的危险"，也不懂取得"大国的信任"，甚至在决定性一刻，它遭到盟友抛弃，更加不懂招揽"次要国家"，还厚颜无耻地侵犯了比利时的自由与领土主权，只因为需要从那儿经过，而"需求就是法则"。所以，它遇上了与之势不两立的对手——英国和俄国，即使俾斯麦已指出后果，它还插手东部问题，卷入涉及英国切实利益的地中海及国际事务中，迫使后者以其根本利益的名义进行干预。这时，德国老百姓该责怪谁呢？责怪俾斯麦提到两次的虚荣心吗？毕竟，在指出过失前，他还写下了错误所能招致的后果：昏君闯祸，黎民遭殃。

陆军和海军实力

德国对英国判断失误，也没能准确预见，如果后者进行干预所带来的后果。究其原因，是威廉二世对"可以忽略的小英国军队"的评估有误。准确来说，因为德国不了解英国，所以没料到后者征兵制度所具备的极大灵活性，以及它在本土和庞大殖民地的居民中所能挖掘的为民族事业献身的无限人力资源。

1912—1913年，英国的军事预算为2.42895354亿英镑（1英镑为25法郎）。这是一笔用于以下事项的巨款。

英国军队通过志愿征兵制进行征募。由霍尔丹1907年8月2日提出的法令，以及后续一系列措施，完全改变了军队结构。它被分成几部分：野战军，又称远征军，在海外服役；特殊后备军，取代了从前的民兵部队；本土军，代替从前的志愿部队和民兵的骑兵部队。此外，还有技术后备部队，集合了所有特殊勤务人员及国民后备军，又称老兵后备军，不受约束，只在紧急时刻，受国防部支配。

预计用于1912—1913年操练的军队人员编制表（表10-1）：

表10-1　1912—1913年军队人员编制表

军种	预算人数（人）	实际人数（人）
常规军	186,600	181,727（*）
常规军后备部队	139,000	137,682
特殊后备军	89,913	61,751
民兵部队（盎格鲁—诺曼底岛屿）	7064	7983
本土军	313,730	265,911
总计	736,307	655,054

（*）其中约5.5万人驻扎在印度。

战时，英国能向海外派遣一支含6个步兵师、1个骑兵师和2个骑马步兵旅的强大远征军，总计为15.6万来自常规军及其后备部队的兵力。在本土，还剩大约42.5万的兵力，其中26万为本土军兵力。[约翰·达尼（Jean Dany）]

在任何时候，远征军都聚集在奥尔德肖特（Aldershot）营地。他们在那儿休养、训练，以便在第一个警报响起时就能出发。

但如果只考虑编制中的人数，那将对英国兵力做出极其错误的评估。经过英国政府的多次斟酌、考量，军队实际价值发生变化。而且，在英国庞大的殖民地上分布着众多军事支队，大部分步兵团在本土和海外都各有一个营，这些兵力不容小觑。

比如，1911—1912年的兵力组成为：本土13.6万，南非约1.2万，印度7.6万，埃及6000，马耳他7000，等等。

步兵部队有73个团，其中4个卫兵团。他们配备7.7毫米口径的、改装版李－恩菲尔德（Lee-Enfield）弹仓的M1903型步枪，在战前换成了毛瑟枪。骑马步兵有18个营。

英国舰队的潜艇

被操作中的一艘英国装甲舰

骑兵部队有31个团，其中17个在本土、9个在印度殖民地、5个在其他殖民地。本土军有42个团。骑兵配备李－恩菲尔德卡宾枪、马刀和长枪。

炮兵部队（皇家炮兵）有144个骑马炮兵连（其中66个在本土、3个在印度）、28个炮骑兵连（14个在本土）、21个山地炮兵连（在印度）、12个重型炮兵连（6个在印度）、87个徒步炮兵连（37个在本土、21个在印度殖民地、29个在其他殖民地）。在建的后备部队将组成一支强大的炮兵部队，但在战时，它仍处于萌芽阶段。轻型炮兵配备速射炮，骑马炮兵所用速射炮口径为83.8毫米，炮骑兵的速射炮口径为76.2毫米。1912年，他们配备了一种新型速射榴弹炮。

工兵部队有86个连，辎重部队有87个连。

1912—1913年，英国陆军进行了非常重要的改进，军官短缺危机得以部分解除。但霍尔丹大人承认，仅在步兵部队就有1100名军官的空缺。

1912年4月11日的法令促成了军事航空部门的建立。1913年春，陆军和海军共有150~160架飞机。完善后的法令旨在改善信号、机械运输、接收马匹等方面的工作。英军处于转变期。在战争爆发时，它已为更广泛地应用新体制做好准备。

德国以为英军在本土只拥有计划兵额中的部分兵力，它没料到后者能在几个月后集结数百万志愿卫国的兵力。

此外，殖民地能为英国本土带来的补给也不容忽视。

印度的兵力达36.5万，其中7.4万来自英国本土分遣队；在其他印度部队中也有英国指挥官，最多可支配兵力达12.8万。

在埃及，除了一支6000人的远征军，还有一支1.65万人的本土部队。

在加拿大，通过志愿兵役制征募的民兵，组成了一支10.5万人的部队。

澳大利亚的民兵部队有8万人，而开普敦（Le Cap）除了能提供一支

1.2万人的职业军队，还能提供约1.5万的志愿兵力。

英国海军

德国受坚决有力的帝国主义意志推动，对"英国是海上之王"的昔日公理提出疑问。从敌对初期开始，德国海军所扮演的角色能更好地证明，德国是多么想要发动战争，而英国的躲闪，又是怎样差点儿给自己招致致命性后果的。也许德意志帝国宣战有点过早，但何时开战还未尘埃落定，因为德国舰队还未做好准备。不要忘了德国舰队建立者所提出的两个目标。他们说："英国也许在造船上领先，但他们舰队人手不够。"他们还说："我们将用炸药、鱼雷和潜水艇消耗英国海军，而将装甲舰停在港口好好养护。我们会选择合适的时机出港。"

德国没能预计或承认的一点是，在英德海军规模等同的情况下，英国海军总是更胜一筹。另外，需要考虑到德军作战计划所暴露的两方面：德军小心避开在北海使用装甲巡洋舰，而在地中海、黑海、大西洋和太平洋使用；在英吉利海峡和英国海域使用潜艇，违反人权条例，威胁英国及中立国的商业航行。

这些信息并非毫无用处，因为它们指出了英国舰队是在何种情况下，为1914年战争赋予它的角色做好准备的。也就是说，一方面做好海战准备，另一方面为盟友保障航行及军需安全。

从德国开始无畏级战舰竞赛的那天起，英国就放弃遵循著名的"两强标准"（Two Power Standard）方针，即英国海军实力不应低于世界第二及第三名海军强国的海军实力的总和。他们尝试执行另一个方针：投入制造比

从飞机上拍摄的英国舰队画面

视察英国舰队

在一艘英国军舰上,水兵操作舰炮

第十章 欧洲大国:英国

德国多两倍的装甲舰，但后来他们也放弃了这个方针。最后，丘吉尔踌躇良久，凭借经验确定了这一比例：英国要拥有16艘装甲舰，比德国多60%。需要注意的是，这条准则只在假想的双方海战中有直接作用。如果德国舰队隐蔽起来以逃避英国舰队的进攻，那准则并不能保证后者一定取胜。

为了陈述尽可能与真实情况吻合的海战结果，我会遵循贝尔坦（Bertin）给出的数据。他是法国最懂行的人之一。

他合理地观测了一些数据。通过这些数据，可以确定1914年年初的欧洲各国海军实力对比的大致比例。在最近15个月来，这些数据发生了变化。但工厂的造船速度不会有太大差别，所以比例基本没变。

贝尔坦对比了五种巨轮的数量，做出10-2表格。此表格分为两部分，一部分为英法两国海军的数据，另一部分为两大日耳曼帝国海军的数据。

表10-2 "一战"各国海军数据表

海军装备类型	英国（艘）	法国（艘）	总计（艘）	德国（艘）	奥地利（艘）	总计（艘）	比例（%）
前线装甲舰	54	21	75	38	10	48	1.6
战列巡洋舰	10	0	10	5	0	5	2.0
装甲巡洋舰	35	18	53	8	2	10	5.3
防护型巡洋舰、侦察舰	92	10	102	40	9	49	2.0
鱼雷艇	245	88	333	52	18	70	4.7
潜艇	74	73	147	21	14	35	4.2

需要考虑到以上各国完成在建造船任务及进行采购后，所增加的船只数量。

英国建成14艘装甲舰，采购了3艘或4艘。

法国建成3艘装甲舰。

德国建成4艘装甲舰，采购1艘。

奥地利建成2艘装甲舰。

还要想到其他种类舰艇数量的变化：德国肯定已建成2艘战列巡洋舰，还可能制造了数量可观的远洋潜艇；英国投入精力，建造了炮艇和平底巨轮，用来靠近海岸。为了满足在北海和英吉利海峡轰炸海岸、抵御潜艇和开采矿藏的需要，英国建造了这两种军舰。

无论如何，英国都有力保住了它在军舰数量上的优势，也保住了在舰炮和人员上的优势。德国对其人员不足的预测失误了。与陆军的情况一样，志愿入伍制为海军提供了远超所需的兵力。

表10-3、10-4（根据宣战后的采购及下水舰艇数量，完善了部分数据）展示了英国舰队的船舶吨位和舰炮数量。

表10-3　英国军舰吨位表

军舰及数量	吨位
60艘装甲舰	1,006,735吨
10艘战列巡洋舰	21,800吨
34艘装甲巡洋舰	406,800吨
62艘防护型巡洋舰	
222艘驱逐舰	
59艘鱼雷艇	
75艘潜艇	

表10-4　装甲舰及装甲巡洋舰的舰炮数量表

数量	口径
132门	343毫米舰炮
300门	305毫米舰炮
8门	254毫米舰炮
120门	234毫米舰炮
98门	190毫米舰炮
782门	150毫米舰炮
422门	100毫米舰炮

1914年1月1日，英国海军军官和士兵的人数总和为14.6万。

1913年7月23日，350艘巨轮参与了大型海上演习——这是一支史无前例的巨大舰队。

以下是1914年年初，吨位在1.7万～2.8万之间的英国无畏级战舰：

"无畏"号（Dreadnought）、"柏勒洛丰"号（Bellerophon）、"勇敢"号（T-éméraire）、"壮丽"号（Superb）、"圣文森特"号（Saint-Vincent）、"柯林伍德"号（Collingwood）、"前卫"号（Vanguard）、"海王星"号（Neptune）、"巨人"号（Colossus）、"猎户座"号（Orion）、"征服者"号（Conqueror）、"君主"号（Monarch）、"雷神"号（Thunderer）、"乔治五世"号（King-George）、"百夫长"号（Centurion）、"埃阿斯"号（Ajax）、"大胆"号（Audacious）、"铁公爵"号（Iron-Duke）、"马尔博罗"号（Marlborough）、"本鲍"号（Benbow）。

主要的战列巡洋舰有：

"无敌"号（Invincible）、"不挠"号（Indomitable）、"不屈"号（Inflexible）、"不倦"号（Indéfatigable）、"狮"号（Lion）、"长公主"号（Princess-Royale）、"虎"号（Tiger）（2.8万吨）。

建造者们踌躇良久才确定了装甲巡洋舰这一战舰类型。这类战舰、潜艇和航空技术，将成为决定当前战争的关键。战舰建造者们（法国并未追随他们的脚步）想要建造一种稍微轻巧一点儿的装甲舰，它防守性能没么好，但它的速度、舰炮和续驶里程都达到最优水平。

对此，贝尔坦的观察如下：

海战是大装甲舰间的炮火之战。如此，谁的火炮好，谁就占优势。通过增加吨位，人们一开始能迅速在舰炮重量和排水量的比例上占优势。一旦战舰吨位超过3万，这种优势将相应下降。一个更奇怪的、长期未被料到的事实是，吨位超过6万，留给舰炮的可用排水量将会减少。而且，在拥有相同舰炮重量的情况下，战舰越大，它的射程越短、射击越密集。总之，当前的兵法是拥有大排水量的战舰。

"光是'战列巡洋舰'这个名字，就足以说明它注定要用在大型战场上。需要区分两种不同类型的战舰：因速度快而用于侦察的和因火炮强大而用于作战的。对于行驶最慢的军舰来说，在战略上快是极其必要的。除了在一场小型武装冲突中，'戈本'号被一艘俄罗斯装甲舰打得比较严重外，装甲巡洋舰还没上过大型战场。所以，它的作战能力还悬而未决。演算结果断定，一艘军舰不可能同时拥有装甲舰的最强作战实力和巡洋舰的最快速度。如果我们认为这两种战舰都触及了各自实力的极限，那么将两者优势结合在一起似乎是不可能办到的事。而且如果这种极限接近最大值，那这种结合是绝对不可能实现的。如果装甲巡洋舰优于其他巡洋舰，那对于它的战斗能力是否能媲美装甲舰，还存在争议。"

费用问题也值得重视：俄国开造4艘博罗第诺级（Borodino）、吨位为3.2万的巡洋舰，以对抗德国的德弗林格尔级（Derfflinger）巡洋舰，而一艘博罗第诺级巡洋舰的价值可达100万马克以上。

战争一开始，潜艇就占有重要地位，而且它的重要性可能会逐渐增强。当英国的军事和商业舰队受到德国潜艇的攻击时，德国几乎已经废除了它的商业舰队，而它的军事舰队则躲在港口不出港。

需要了解的是，潜艇是否会在短时间内变得更加重要。"潜艇的发展还没有结束。有一天，蓄电池将减轻它的负荷，为它提供能量；在水下，它能如在水上一样航行；它将不再属于小型舰队，而是比今日更适合跟在大型远洋舰后作战，但它现在的任务是帮助后者隐蔽在老巢中。"

英国特别重视地跟进了潜艇的发展，留心德国舰队的任何动作。因为英国潜艇，德国舰队遭遇阻力，这个阻力是提尔皮茨海军上将所做的冒失估量没有预料到的。

鱼雷和炸药在海战中的作用，将逐渐显现。当要对英国海军实力进行准确评估时，不能忽略这一点，因为它在这方面有所欠缺。

最后，我将对英国舰队的分布进行阐述。1911年，英国海军分为本土舰队、大西洋舰队和地中海舰队。1912年，英军参谋部与法军参谋部商议后，对海军进行了深度改组。一部分地中海兵力被调至北海，以专门抵御德国舰队；法国舰队则专门保卫地中海。

1912年起，英国拥有三支舰队：第一支，兵额满员，由四支分舰队组成，每支分舰队分别配备8艘装甲舰；第二支有两支分舰队；第三支兵员削减，也有两支分舰队。在宣战前夕，英国总共拥有八支分舰队，每支分舰队都分别有一支装甲巡洋舰分舰队做支撑。总共军舰数量为60艘装甲舰和32艘装甲巡洋舰。这些数据随实时所需而变化。总之，庞大的英国舰队已准备好与小心隐蔽在北海和波罗的海港口的德国舰队作战。

然而，在地中海发生的事迫使英国再次调整初始计划。巴尔干战争爆发后，英国的地中海舰队得以强化。一支战列巡洋舰分舰队和一支装甲舰舰队驻扎在此海域。它们的作用将逐渐显现，其实力也将不断增强。

海上帝国非常庞大。英国不是只盯着一部分海洋，而是放眼全球，为应对一切危险做好准备。

第十一章
欧洲大国：比利时

比利时中立；比利时与英国；比利时军队；
亚洲国家：日本

如果世界上存在一个国家，认为自己能不加入任何阵营，安全生存，那无疑就是比利时了。它自己想要保持中立，而且欧洲各国也专门为此提供了保证。

1831年6月26日的《"十八"条约》(*Traité des 18 articles*)，使比利时与荷兰分离，实现独立，也保证它拥有中立地位。1831年11月15日的《"二十四"条约》(*Traité des 24 articles*)写道："第七条：在遵循第一、第二、第四条规定的前提下，比利时将成为一个永远中立的独立国家。对所有国家，它都必须保持中立，一视同仁。"

1839年4月19日，比利时与荷兰签订一份最终条约，再次提出上述条款。而且，奥地利、法国、大

比利时国王阿尔贝一世

不列颠、普鲁士和俄罗斯等大国，干预了条约的签署，并声明条约中的所有条款都"受到他们的保障监督"。

对欧洲来说，比利时的中立地位是维持平衡的必需品。比利时遥望英国和斯堪的纳维亚，地处中欧各大路线尽头，是埃斯科河（Escaut）和默兹河（Meuse）的流经地。自从北海成为欧洲通往世界的出口（这对地中海有点不利），比利时的特殊地理位置就为它的重要地位提供了保障。同时它的独立，保证了欧洲健康发展。有它，后者才能呼吸。

比利时历史是一段为独立做斗争的悠久历史。在抗争中，它经常得到英国的支持。

此外，需要强调的是，即使经历了数世纪的纠葛，紧密的亲族关系都能将比利时与南部邻国联合在一起。图尔奈（Tournai）法兰克国王克洛维一世，将其统治领土扩张到整个高卢地区，并在高卢罗马主教们的帮助下，创立法国。

问题是，法兰克人（无止境地与日耳曼人为敌）是否属于日耳曼种族。

一份认真的历史研究表明：存在一个北欧种族，与斯堪的纳维亚人、丹麦人、英格兰人、弗里斯兰人和诺曼人有姻亲关系。它并非来源于欧洲中部和亚洲，而是"海那边的地区"，可能是挪威和一些已沉入北海的地区。

无论如何，在欧洲历史书上，同样的理想拉近了比利时人和他们南方邻居的距离。史书上记载双方最早的接触发生在通厄伦（Tongres）地区，默兹河畔及阿登（Ardenne）森林中；几乎所有比利时诸侯都附属于卡佩（Capétien）王朝。布永的戈弗雷（Godefroy de Bouillon）和佛兰德斯伯爵鲍德温九世（Baudoin IX），与法兰克军队打仗，他们一个成了耶路撒冷（Jérusalem）的国王，另一个成了君士坦丁堡的皇帝。

勃艮第（Bourgogne）王朝与巴黎卡佩王朝的长期斗争，属于家庭纷争。

确实，通过继承勃艮第，奥地利—西班牙帝国控制了北海海岸，而且在与路易十四相关的一系列战争结束后，荷兰依旧附属于奥地利帝国。但不要忘了，在西班牙—德国统治时期，联合省和比利时各省的反抗运动，是多么悲惨！

革命爆发时，一场运动使比利时人投靠法国。在比利时和法国经历无数次政治或军事危机的考验后，他们都能重新建立友谊！法国见证了荷兰王国和比利时的诞生。

伦敦会议通过创立比利时这个中立国，承认了一种本质上符合法国理念的政策。

在比利时人的古老血统中，还有两个说着不同语言的种族，也生活在这片肥沃的土地上，即弗拉芒人（Flamand）和瓦隆人（Wallon）。后者热情、活泼、能吃苦耐劳，但变化无常，容易激动，也易感动，时而阴郁，时而孩子气，阴晴不定。前者则更沉着冷静，忠于信仰，依恋古老风尚，一步一个脚印，稳当可靠。如果说弗拉芒人代表一个民族的坚实骨架，那么瓦隆人就是血肉之躯。两个种族融合在一起，才能实现完美平衡。

全速前进中的英国驱逐舰

安特卫普港口

这个建立在此基础上的民族，虽小却令人钦佩。从它建国起，不到一百年的时间，就为世界在首创精神、吃苦耐劳、功成名就方面提供了惊人的范例。

自然环境为它提供了有利条件：没发生过什么自然灾害。只要和平得到保障，它就能安心地不断发展。那么，什么能危害到它诚心诚意、充满自信构建的繁华呢？

这份平静，应该为它敲响警钟。天神们忌妒人类的幸福，生存只会令肉体享受转瞬即逝的欢愉，所以必须让灵魂受苦。

警钟已经响过，但他们左耳进右耳出。当征服者沉重的脚步声发出回响时，工业和农业还一味沉浸在肥沃土地养分的争抢中。

一方面是蒙斯（Mons）和埃诺（Hainaut），另一方面是沙勒罗瓦。煤是工业的养分。平原上立起一个个车间、作坊烧煤作业。如果德国烧酒（Schnaps）没有迷了比利时人的心窍，令他忽视现在，不关心未来，那么生活将会多么容易、富足啊！军事城市列日（Liège），金属、钢加工业发达，机械制造业为现代工业提供了多种工具；韦尔维耶（Verviers）是羊毛之乡；根特（Gand）产棉花，制造黄铜器具；梅赫伦（Malines）产织带；布鲁塞尔是资产阶级政治中心，凭借生存的意志、勇敢的气魄和真挚的情感，使国家兴旺、壮大；而布鲁日（Bruges）则是忧郁的，只坐看潮起潮落。

安特卫普向世界船队打开了港口，体现了自己存在的真实意义。为了跻身大陆一流港口，它追赶汉堡，想把后者比下去。它着手港口建设，将建成长63千米、水域面积达705公顷的码头。

安特卫普依靠和平，奔向一个有把握的未来。它相信传奇：巨人安蒂冈努斯（Antigonus）砍掉了逆埃斯科河而上的船夫们的手，布拉博

（Brabo）则砍了他的手。

安蒂冈努斯还会回来吗？德国人在埃斯科河岸安家。他们观察、评估、戒备、厌恶着比利时这个新兴力量，想要占有它。

比利时中立

一些有远见的人早已预感到了德国人的敌意。1882年，政府委员会研究了德国入侵的危害。比尔芒（Brialmont）将军指出，三四支部队和2个骑兵师可能会越过列日和马斯特里赫特（Maëstricht）间的默兹河，向桑布尔河（Sambre）行进，进入比利时领土。一支联络部队可能会穿过阿登山区。第十日，他们会在亚琛（Aix-la-Chapelle）集结。然后，德军将在7日内走完160千米，到达莫伯日（Maubeuge）。

虽然这些预测还不够明确，但也令比利时下决心在列日和那慕尔（Namur）建造四周设防的兵营。营地建成后，比尔芒继续使用一贯的预测方式，并加以明确。他断定德军将尽力绕过默兹河的法国战线，那里土地贫瘠，地形崎岖，不可能通过卢森堡和比利时的阿登山区发动有力进攻，德军将从维塞（Visé）和马斯特里赫特间穿过，向通厄伦、阿韦纳（Avesnes）、让布卢（Gembloux）、莫伯日前进。比利时侦察部队将掩蔽列日和那慕尔要塞。比尔芒实在是非常高明啊！

另外，德国感到暴露了，但并没有隐瞒它的企图。我们会讲到德军参谋部的计划。虽然他们的计划比人们预想的更庞大、坚决，我们还是可以在此引用德国主要军事家伯恩哈迪众多讲话中的一段，他提前宣告了德军参谋部破坏比利时中立的决心："大国军队应该受唯一思想的指

阿尔贝一世和伊丽莎白王后游安特卫普

导，保持统一，必须放弃单纯的侧翼行动。但是，我们完全可以将适合现代形势的战略形式，用在侧翼进攻的基本概念上。

"战略侧翼进攻好比倾斜的队列。从战术角度看，小范围的点重新出现在战略领域的最广范围内……若忽略一切政治形势（不考虑比利时的中立原则），可以想象一下，德国向法国发起了一场进攻战。德军北翼将同梯形部队一起前进，穿过荷兰和比利时；右翼的部队将沿海岸行进。在南部，德军将避开敌方的突击，通过阿尔萨斯和洛林秘密向北行军，在德国南部给敌人留下一条自由通道。德军侧翼的梯形行军，将迫使敌军左翼对战线进行大幅调整，而使它处于不利形势；在南部，法军也将不得不变换左翼阵线。就其根据地而言，他们的形势将变得不利。所以，从战略上看，我们已赢得了当年腓特烈大帝通过梯形进攻在洛伊滕（Leuthen）会战中得到的东西。

"若德军在北部取得胜利,将能立即进击巴黎,并赶在法军在德国南部取得决定性胜利前,扰乱其重要机关……我们还必须坚决保持在洛林北部和卢森堡的行动基准点。我们常想将特里尔变成军事要塞,也基于相似假设,想在卢森堡筑防御工事。"

以上就是德国真实进攻的大致整体计划。虽然没提到荷兰,但出发点在哪儿并不重要。

比利时采取措施,在默兹河的列日段和那慕尔段,筑防御工事(显然,这是为了提防德国入侵);在安特卫普筑壁垒、构建防御系统,似乎可用来当作隐蔽处,以挽救国家的主权。在这之后,如果它依旧担心那些担保国是否能保护它的中立与自由,又有什么好吃惊的呢?

1906—1912年的英国—比利时谈判

在这部分,我们将谈到在1906年和1911—1912年发生的一系列事件,它们见证了比利时下定决心放弃中立,盲目冲向毁灭。德国政府强烈指责比利时,德国新闻界也大肆利用这些事攻击后者。

德军攻占布鲁塞尔后,掠夺了比利时国家档案馆,找到了两份文档(一份属于国防部,另一份属于外交部)。德国政府将其出版,取名为《英国—比利时协议》(*Conventions anglo-belges*)(这是档案封面上的字,极有可能是德国人加上去的)。

其实,这并非实际意义上的一份或几份"协议"。

第一份档案写于1906年4月19日,在阿尔赫西拉斯危机发生后。它是一份国防部领导迪卡尼(Ducarne)将军递交给国防部部长的报告原稿。

这份报告阐述了迪卡尼将军与英国武官巴纳迪斯顿（Bernardiston）的一次会晤。当时，后者正在研究，"当比利时遭到袭击时，英国将在何种形势下，向比利时派遣一支有10万兵力的远征部队"。迪卡尼将军特意在文档空白处提到了这个可能性："只有在德国破坏比利时中立后，英国才会派兵进入我国。"

俄罗斯皇帝尼古拉二世、英国国王乔治五世和比利时国王阿尔贝一世

但是，德国人在笔战中，忘记提及这个表达得如此明确的条件。在比利时政府的官方要求下，德国政府才终于决定公布这份影印版档案"少了最重要的那句话，英国的一切行动，都取决于德国是否破坏比利时中立"。

自1870年的埃姆斯密电事件（Dépêche d'Ems）发生后，人们还没有使用过比它更令人恼火的外交手段。在散播到其他中立国家的翻译版本里，那个决定性的句子也被删除了。德国的这个假意疏忽，是它在破坏比利时中立过程中，做过最丢脸的事。哎呀！它的丑闻可太多了！

无论如何，这份报告都不是一份"协议"。迪卡尼将军特意在他的机密报告中提到，巴纳迪斯顿上校一再强调：（1）谈话属于绝对机密；（2）英国政府不受此次谈话约束等。读过档案后，人们心中不会留有任何疑虑。

第二份档案同样以影印版形式发表在德国册子《比利时中立》(Die belgische Neutralitoet)上。它写于4月23日，没有提及年份，叙述了巴纳迪斯顿上校继任者布里奇斯（Bridges）中校与比利时军队参谋长容布卢特（Jungbluth）将军的谈话。（我们不确定它是写于1911年还是1912年，似乎后者是正确年份。）

这份档案涉及什么内容呢？它提及，"如果德国人尝试穿过比利时，发动战争"，那么英国会派遣一支有16万人的军队。容布卢特将军是如何回应的呢？"将军提出反对意见说，在这点上，需要征得双方的一致同意。"

这足以证明英国和比利时之间不存在任何协议。甚至在1912年4月，一场有助于达成这类协议的谈判都没能开展。比利时将军说："需要双方一致同意。"所以，双方仍是自由、不受约束的。这个所谓英国—比利时签订协议的证据，反过来打了那些歪曲事实的人的脸。

这些档案说明了什么？只说明了一件事，英国和比利时担心德国侵犯比利时领土和破坏中立。它们有道理吗？现在，谁又能对此表示质疑呢？德国人高调宣布了这项计划，而且通过修建铁路、筹划动员、建造四周设防

拉肯市长正在宣读一篇阿尔贝国王一世的讲话

的兵营，推动计划的实施。

伯恩哈迪说过："法国必须被消灭。我们不惜任何代价，都要达到这个目的……比利时的中立阻止不了我们。"1914年9月2日的德国军事联盟官方报纸《德国军事报》(Deutsche Krieger Zeitung)写道："很久之前，入侵法国的计划就已确定。我军在北方取得胜利后，要穿过比利时，避开很难冲破的防御战线。"

1914年8月4日，冯·雅戈说："德国作战，行动快速……我们不能在比利时边界前屈服。闯入比利时，是有必要的。"

德国首相说："中立条款，不过是一张废纸！"真是一环扣一环啊！

所以，英国有权思忖怎样"保障"比利时中立。而比利时表现出谨慎对待、忠于中立的态度，即使危险逼近，以自己名义发声的军官，仍坚定地对英国武官表明"此事需要两国达成一致"；他信任骁勇善战的比利时军队，补充道："我军有能力阻止德国人穿过比利时……"

当英勇的比利时正审慎部署兵力时，野心勃勃的德国也张开了大网。

1911年，在经历过一场新闻界的笔战后，比利时政府谨慎询问德国政府，是否有意愿尊重比利时中立，并提醒它，一份声明将能减少前者的担忧。贝特曼·霍尔维格回应德国"不会破坏比利时中立"，但一份这样的公开声明将削弱德意志帝国的军事形势。

1913年，"外交部秘书长雅戈，在帝国议会预算委员会上，回应一位社会党议员的质询时，声称比利时中立是国际约定俗成的，德国要'坚决尊重这一约定'"。

1910年，德皇以个人名义到访布鲁塞尔。在闲聊和官方祝酒词中，他都表明对比利时国王及其臣民的友爱与敬意。但他的真实想法是什么，人们到后来才知道答案。1913年11月，他向比利时国王表明向法国开战的意图。他有意吐露这一心声，显然是为了督促阿尔贝一世进行表态[1]。同时，趁着比利时国王及其王后"开心返回"列日时，德皇派冯·埃姆米希（Von Emmich）将军前往当地，代表自己向他们致意。人们说，在边界统率德军的冯·埃姆米希将军，把自己的女儿送到了一所列日的寄宿学校读书。而且，他还在闲暇时研究这个城市，为一年后的突袭做准备。

还有人比他们更诡计多端地、更可恶地布下如此陷阱吗？陷阱为谁而设？他们准备侵害的，是一个从来都光明磊落、与世无争的民族。

他们欺骗这个民族后，压制它。最可憎的是，他们还竭力抹黑它！

犯下如此大罪，历史都为之蒙羞！

比利时军队

比利时已经知道它将受到攻击，于是决心自卫。这是从以上令人敬佩的档案资料中，得出的最明确的结论。下了这个决心后，比利时集结必要兵力，担起了因从前中立而放下的军事重担。

1912年，议会议长德·布罗克维尔（De Broqueville），在议院上提交了一份普及兵役制的法案，以使兵力翻倍为目标。可惜，这一新法令在1913年生效，直到1917年才完成目标。在这点上，德国已感到比利时越来越不信任它。

一个被关押的德国军官，表明德国急于开战，是"为了阻止将在

---

[1] 见《黄皮书》第20页。

阿尔贝一世和伊丽莎白王后在根特博览会上

1916年发生的军事灾难，那时，法国将已执行完三年兵役制"。对俄罗斯和比利时的新军事法令，德国也持同样的观点。①

德国知道，比利时、俄国与法国处于相同局势，而且所有受到它威胁的国家都采取了措施。如果想利用自己提早准备所带来的优势，那它已没有时间可浪费。

现在，我们来看看比利时为保卫主权而被迫参与战争时，它所拥有的兵力。

1909年12月14日的征兵法令，是比利时军队建设的基本法令。如上文所说，1913年6月19日的法令对此做了深度调整。第一条法令制定了义务兵役制的基本原则，即每家出一个儿子，教会学生和牧师可免除兵

---

① 见1913年3月17日的《时报》（*Temps*）。

役。第二条法令则确立了普遍兵役制的基本原则。这种倾向于巩固兵力的调整，足以说明近几年来，比利时担心自己的中立地位不保。

新法令规定，同年入伍士兵人数占在册士兵人数（约6万）的49%。所以同年入伍人数大约为3万，另外要算上构成分遣队或民兵部队的2000名志愿入伍士兵。免除兵役的理由可以是身体状况不佳、家庭负担过重。教会学生和牧师也被征召入伍，"以担任对军队有益的人道职务"。

民兵组成了常备军，他们需要在常备军中服役八年，后备军中服役五年；在步兵部队中服役十五个月，骑兵部队中服役两年，炮骑兵部队中服役二十一个月。

此外，所有21~50岁的健康男性，都属于公民卫队（Garde civique），主要职责是维持国内秩序，在战时也能被征召至战场，保家卫国。

1913年和平时期的编制为：3542名军官、4.5万名士兵和1万多匹马。战时，新法令极大提升了兵力。包括后备部队在内，总兵力构成如下：野战部队15万人，要塞部队13万人，辅助部队6万人。

此编制仅涉及13届军人，常备军由最新5届的年轻士兵构成。

步兵部队有20个团，每团3个营。步兵配备口径7.65毫米的连发枪（毛瑟系统）。

骑兵部队有10个团，每团由4~5个骑兵队组成。骑兵配备马刀和毛瑟卡宾枪，枪骑兵则配备长矛。

1913年12月16日，炮兵部队有6个隶属于师的骑马炮兵团，20个隶属于20个混合旅的骑马炮兵大队。在安特卫普，特别设立了要塞炮兵、海岸炮兵和围攻炮兵这几个兵种。战时，一支重型炮兵部队还在组建中。

在列日，专门安排了12个常备连和4个后备连驻守；在那慕尔，有9

个常备连和3个后备连驻守。

1913年12月16日,工兵部队有6个隶属于师的营和一些特殊勤务连、排,主要负责列日、那慕尔和安特卫普要塞的特殊勤务。

1913年7月19日的通报,下令创立一个运输部队。1912年,新的经费投入安特卫普的国防工程建设中。一批马克西姆(Maxim)机枪分发给了步兵。一所军事航空学校在布拉斯哈特(Brasschaet)建起。

埃勒博(Hellebaut)将军的继任者,国防大臣米歇尔(Michel)将军,改组了国防部,创立了高等国防理事会和检验委员会,以实时核查军队形势和经费的使用。

比利时军队非常清楚自己的形势。国家形势、自由与刚毅的优良传统要求它大公无私、英勇无畏,它已准备好履行这一崇高责任。

比利时民族下定决心,支持国王和政府的强有力的措施。在职公民卫队的5万名士兵和一支7000人的志愿部队,准备好响应第一个集合号,以辅助常备军。非在职的公民卫队(隶属人口数量少于1万的城镇)则组成第二支10万人的分遣队。

日本

日本参与欧洲战争的两个原因,都取决于德国的处境:一方面,德国无法无视日本和英国的同盟条约。另一方面,德国占领了胶州,蓄意置身于远东国际利益中心,与日本竞争,以开拓市场和在政治上控制中国。

1895年,正值殖民扩张时期,一些欧洲国家盯上了日本这块肥肉。

东京古城墙和上野公园

俄罗斯受到德国的推动，攻占了亚瑟港，这是挑起日俄战争的首个导火索。英国占领了威海，但之后放弃，因为在其他亚洲事务上，它都与日本共同商议。德国，攫取了胶澳。

人们将福州献给法国，但它不为所动。以争夺北直隶湾为目标的纷争即将爆发，法国不难预见这点，认为最好不要卷入纷争，如此比较明智。

俄罗斯在沈阳战败，英国与日本结盟，德国需要非常谨慎，以推动在中国的经济利益发展，并且不让东方帝国起疑。

德国在中日签订《马关条约》（Traité de Simonosaki）之后干涉还辽，这是德国在东方的首次行动，也是对日本的羞辱。即使开头不好，但如果德国能更灵活、温和地对待日本，并非不能成功。多年来，日耳曼民族一直在日本进行扩张主义活动，在那里占据了非常有利的地位，影响力与英国相当，并取代法国的地位。日本学生非常崇尚德国文化，因此到柏林留学。

但对于日本，德国还是犯下了错，危害了既得成果。

盲目推行的"世界政策"，将德国的靴子重重踩在了精美作品上，没法靠能工巧匠的一己之力挽回。

而它犯下的最严重错误，就是长期掩盖山东的军事及航海特征，把它美化成一个简单的商贸销售市场。日本无法忍受在自家门口有个

日本僧人

直布罗陀（Gibraltar）的存在。也就是说，日本无法否认，德国竭力占领胶州，并将此地筹备成从北方攻打大清的根据地。德国所做的这个努力，也表明了失败将给它带来多大的打击。

德国舰队在仔细考察了中国所有海岸后，在1896年选定胶州作为根据地。胶州地处山东半岛尽头，离上海有24小时海路路程，离北河河口有24小时路程，操纵着北直隶湾，即通往北京的路。

那里气候宜人，不会如其他占领地一样受到如下指责，"要么富饶，但太冷或太热；要么气候非常宜人，但贫瘠"。胶州当地人口不多，而且他们早就发现了煤矿和铁矿，是个非常适合长期占有的地方！

德国一制订好计划，就迅速着手实施。他们用的第一个借口，是两个德国传教士在一场暴动中被杀。一批德国海军士兵登陆中国。之后，普鲁士亨利公爵（Prince Henri）很快就被任命，带领一支舰队逼向大清。就是那时，德国说出了那个著名的"铁手套"句子。

清政府与德国签署了一份条约，将胶澳地区租借给德国，租期99年，可续订。胶澳地区，海洋直径为22千米，地基非常好；入海口的吃水深度为10米，中部吃水深度为15米~20米，利于巨轮在海岸停泊。小港口青岛，注定成为未来胶澳租借地的真正行政中心。令清政府让出青岛和整个半岛，是为了掌控青岛港口周边的山丘。而且，德国用火力压制一个60千米的地区，没有它的同意，清政府不能实施任何重要措施。①

德国于1897年11月14日占领胶澳，于1898年3月6日与清政府签订租借条约。这就是它通过十五年的努力，所获得的成果。它将青岛建成一个

---

① 见丹尼尔·贝莱（Daniel Bellet）的《两个世界》（Revue des Deux Mondes）。

日本天皇、天后

港口城市，将山东收入囊中，开创了一个在中国进行侵略渗透的体系。它首先做的，是在胶州湾进行部署，将其变成德国舰队在远东的据点。

为了确保这一点，它没有将"保护领"的领导权交给殖民署，而是交给海军部。它建设防御工事，安装大炮，着手各种形式的军事工程。德皇的个人意志体现在各个细节中，他想将胶澳变成能与香港匹敌的租借地。

至1907年，德国已花费超过1.25亿马克的经费，我们可以认为，截至1914年，开销总额翻倍。它宣布青岛是个免税港口，不受任何海关手续约束。在青岛，德国的商贸和军事力量同时得到发展。

1914年，租借地人口达6万。1904年，702艘船、687艘汽船进出港口，其中400艘次德国船。1913年，到船量939艘次、132.3万吨，其中331艘次德国船。1899—1900年，进出口总额为1250万马克；1912年，达2.1亿马克。

但这个数据,与未来建成山东及通往中国腹地的铁路后所能实现的商贸额相比,是九牛一毛。

胶澳及其腹地经济发展联合会领导租借地的经济组织,并创办了本金为6750万法郎的山东铁路公司。

这家公司的目标:其一,建造连接港口与山东主要煤矿的铁路;其二,建造连接山东与整个中国的联络线。这样的计划,不是单纯地方性机构的愿景。总是有点儿自大的威廉二世所想的,是通过青岛至济南和北京的铁路,山东铁路线应成为西伯利亚铁路通向亚洲首个全年不结冰港口的终点。旨在打通一个德国利益铁路网,连接"亚洲的德国"和"欧洲的德国",两地路程时间为12天,撇开了斯拉夫中间势力和日本敌对势力。德国只想到自己,没有考虑敌对利益。

然而,敌对利益是存在的。日本正监视着它的一举一动。

日本步兵阅兵式

打败俄国后,日本是否看到了另一个亚瑟港的出现?这个"亚瑟港"同样占据有利条件,可能会造成更大威胁。

有了铁路后,德国开始矿藏开采,开发中国的资源。山东矿藏公司每年开采量超过55万吨。德国海外矿业及工业公司也开始从事新事业。

总之，1913年，租借地铁路运输量达91万吨，载客量达131.5万人次。（丹尼尔·贝莱）

诚然，日本只是在等待时机。它会出手吗？无论如何，一旦机会出现，它就会毫不犹豫地抓住。一份可续订租约，即使变更承租人，也可以续订。

对日本的盟友而言，确保日本在与德国的竞争中成功，是非常有必要的。英国，就不必担心太平洋地区；法国，就能确保在印度支那的安全；俄国，也能获得在西伯利亚和满洲的平静。这是有远见的英国，为盟友所准备的结果。

日本女人形象

英日同盟，可追溯至1895年大清与日本签订《马关条约》时。日俄战争后，法国、俄国依次拉近与日本的关系，展示了自己的实力和对欧洲文化适应力强的大日本帝国，与三国协约的成员国之间，再也不存在任何大的分歧。但日本感到，与美国的关系有点儿尴尬。不知道在这两大太平洋国家之间，是否潜藏敌意。

而中国则是决定双方关系的关键所在，日本和美国都盯着这块大肥肉。大清帝国局势不稳定，招致外界势力的介入。

利益关系复杂化，使这个问题变得非常棘手：日本会投入所有精力对抗德国，还是会限于在太平洋和远东地区行动？答案只有随着事件发展，才会逐渐浮现。

总之，日本站在与德国为敌的三国协约那边。它决心动用自己的军事实力，打破德国在中国的影响力。所以接下来，我们将介绍日本的陆军和海军。

日本的陆军和海军

日本的密集人口有5200万，整个帝国人口有7000万。依照一份1889年1月21日出台、于1904年及1907年修改的法令，所有17~40岁的男性公民都有义务服役。

在常备军（Gueneki）中，服役期为2年；在后备军（Yobi）中，服役期为5年4个月；在一级战时后备军（Kobi）中，服役期为10年；在公民卫队（Kokumin）中，服役至40岁止。

1909年，可征召人数为559,317名，另外有102,864名推迟征召的。

日本海员

同年入伍人数为12万。如果只算受过训练的人，那么日本陆军总兵力为115万。兵力最高可达150万。

包括公民卫队在内，步兵部队有228个营，配备M1905型〔阿维萨卡（Avisaka）系统〕、口径为6.5毫米的连发枪，每团配备6挺霍奇基斯（Hotchkiss）机枪。

日本的宗教仪式队伍

骑兵部队有89支骑兵队，配备马刀和带刺刀的卡宾枪。

轻型炮兵部队有150个野战连、100个后备连和25个兵站连，总共275个连，配备M1905型75毫米克虏伯速射炮。

山地炮兵部队有21个连；重型炮兵部队有96个一线连、24个后备连和6个兵站连，总共126个连。配备M1909型明治（Meidji）火炮，它是施奈德、埃尔哈特和斯柯达（Skoda）火炮的结合。

工兵部队和辎重部队分别有19个营。

和平时期，日本陆军有25万人，还有一支2.4万人的部队驻守中国台湾、库页岛（Sakhaline）等岛屿。动员时期，待命兵力为：前线兵力74.2万、后备兵力78万、本土兵力11.5万。

日本舰队排名世界第五。由于经费不足，造船计划一度暂停。

1912年，两种装甲舰——河内级（Kawashi）和雷速级（Lettsu）

（2.1万吨），配备12门300毫米火炮，开始服役；富士级（Fushi）装甲舰（3万吨）开工；4艘金刚级（Kongo）装甲巡洋舰（2.7万吨，配备8门350毫米火炮）在建；3艘雅哈伊级（Yahayi）侦察巡洋舰（5000吨）将要服役。

考虑到一些军舰已被废弃，日本海军实力评估为：前线装甲舰19艘，战列巡洋舰1艘、装甲巡洋舰8艘、侦察巡洋舰16艘、鱼雷艇25艘、潜艇15艘。

图书在版编目（CIP）数据

一战全史. Ⅰ /（法）加百利·阿诺托著；钟旻靖译. —长春：吉林出版集团股份有限公司，2025.1.
ISBN 978-7-5731-2977-2

Ⅰ. K143

中国国家版本馆CIP数据核字第2024KA3836号

一战全史Ⅰ

YIZHAN QUANSHI Ⅰ

著　　者	［法］加百利·阿诺托
译　　者	钟旻靖
出 品 人	于　强
总 策 划	韩志国
策划编辑	齐　琳
责任编辑	赵利娟
责任校对	李适存
封面设计	王秋萍
开　　本	710mm×1000mm　1/16
字　　数	273千
印　　张	23.375
版　　次	2025年1月第1版
印　　次	2025年1月第1次印刷
出　　版	吉林出版集团股份有限公司
发　　行	北京吉版图书有限责任公司
地　　址	北京市西城区椿树园15-18号底商A222 邮编：100052
电　　话	总编办：010-63109269 发行部：010-63106240
印　　刷	三河市腾飞印务有限公司

ISBN 978-7-5731-2977-2
版权所有　侵权必究